# 般若摄颂释

〔清〕麦彭仁波切 著

索达吉 译

西藏藏文古籍出版社

**图书在版编目（CIP）数据**

般若摄颂释 /（清）全知麦彭仁波切著，索达吉堪布译 .
—拉萨：西藏藏文古籍出版社，2017.6（2025.8重印）

ISBN 978-7-80589-476-8

Ⅰ .①般… Ⅱ .①全… Ⅲ .①大乘—佛经 ②《般若摄颂》—注释 Ⅳ .① B942.1

中国版本图书馆 CIP 数据核字 (2014) 第 052971 号

**般若摄颂释**

**作　　者**　〔清〕麦彭仁波切 著　索达吉 译
**责任编辑**　郭晓斐
**策　　划**　天利文化
**装帧设计**　智悲工作室
**出版发行**　西藏藏文古籍出版社（拉萨市色拉路 4 号　邮政编码：850000）
打击盗版：0891-6930339　13810863743
**印　　刷**　大厂回族自治县德诚印务有限公司
**经　　销**　全国新华书店
**开　　本**　16 开（710×1 000）　**字　　数**　260 千
**印　　张**　19.25
**版　　次**　2017 年 6 月第 1 版
**印　　次**　2025 年 8 月第 4 次印刷
**标准书号**　ISBN 978-7-80589-476-8
**定　　价**　38.00 元

# 前言

般若波罗蜜多，是一切佛法宝藏中最无上、最甚深的精髓，它是佛陀真正的法身舍利，三世如来无不依之而成就正等菩提。如经云：“过去未来十方佛，道皆般若非余者。”

不管你学显宗还是学密宗、藏传还是汉传，只要是大乘佛教，必会对般若的殊胜性略知一二。佛陀曾教诫阿难道：“即使你把我所讲的法都忘失了，般若的只言片语也绝不能忘，当以对如来知恩报恩之心，受持此般若、切莫失毁。这一点理应铭记于心！”鉴于此，宣讲般若的经典不可胜数。就拿藏文的来说，《广般若》有十万颂，《中般若》有二万五千颂，《略般若》有八千颂，其他般若诸经还有许许多多；而汉文的《大般若经》，共有六百卷，字数合计达五百余万之多。如此巨篇，不要说去翻阅、去诵读，仅仅听到它的名字，恐怕很多人也会闻而生畏、望而却步。因此，佛陀宣讲了这部《般若摄颂》，它囊括了般若所有要点，可以说是一切般若的精华所在。

佛经共分有七类，有佛陀亲口善说的，有佛陀身、语、意、功德、事业加持所宣的，也有佛陀开许的经典。在浩如烟海的三藏教典中，《般若摄颂》正是佛陀亲口所宣。此经的教义十分殊胜，纵然是相好圆满、金光灿灿的释迦佛亲临你面前传授窍诀，也不会有比这更高的法要了；就算是你获证五眼六通，亲至十方如来座下聆听教法，也不会有较此更深的法门了。故而在藏地，历来公认的三宝所依，除了佛像、佛塔之外，就是《般若摄颂》经典。许多行者把它作为每天定诵的功课，毕生当中坚持不懈。我等大恩上师法王如意宝亦是如此，他老人家终生日日必念《般若摄颂》，而且完全能够通篇背诵。

当然，你若也能做到一生中日诵一遍，那是最好不过的。即便不能这样，一月或一年诵几遍，或者偶尔随口念上几偈，如此功德也不可思议，久而久之，定会对般若生起不共的信心，得到始所未料的收益，利根者甚至会依此而豁然开悟。

佛陀曾以金刚语断言，犹如孕妇怀胎足月临产时，阵痛是即将分娩的征兆，同样，有缘者得以听闻此《般若摄颂》，此乃迅速证得大菩提的象征。接触此经不仅仅对自身有利，即便身边的旁生听到，也能依此加持获得人身。从前，有位比丘讽诵《般若摄颂》时，屋檐下一只燕子听到念经的声音，凭借此般若法音之威力，它死后投生为人，刚一出生就会朗朗诵《般若摄颂》。所以，大家一定要尽量与本经结上法缘。

结缘的方式有多种，供养、听闻、缮写、读诵、受持等，均会引生不可估量的利益。退一步说，就算你既不能读诵，也不能听闻、思维，更不能实地修持，只是将法本拿到手里，带在身边，不久的将来也能速证佛果。本经亦云："春季好时树叶落，枝不久生叶花果，谁手中得此般若，不久获证佛菩提。"

我本人通过这次因缘，也发愿有生之年将此法本在家时供奉于佛堂，出门过夜时随身携带。希望与我同行的善缘者也尽力而为。

或许有人产生怀疑："只是带上法本，就有这么大的功德吗？"这是毋庸置疑的。如同身上佩戴宝珠，不知不觉间会遣除病痛等灾害一样，我们只要经常不离这个法本，自然就会摄集善法，免遭任何违缘。经中也说："怙主行持此般若，何人恭敬而受持，毒刃火水不害彼，魔王魔眷亦无机。"甚至《般若摄颂》所在之处，该地众生均会得到无穷的利益；如果人在临命终时，没有道友守在近前，只要身边有此法宝，就绝不会堕落。故希望大家对此法本务必要重视。

最后祈愿诸位佛友早证般若、速登彼岸！

一切吉祥！

*2008年11月19日*

索达吉书于喇荣

# 目录

# 般若赞

龙树菩萨•造
索达吉堪布•译

梵语：札匝巴绕莫达多章

藏语：西绕戒帕如德辛莫多巴

汉语：般若赞

顶礼出有坏般若佛母！

您身皆无过，无过者得见，
无量无分别，般若我礼敬。

无染如虚空，无戏无文字，
谁见无边您，彼即见如来。

富德圣母您，佛陀众生师，
有别不可知，如月及月光。

佛法之先行，坚信慈母您，
顺利成悲主，无等大至尊。

一次正思维，如理慧观您，
彼亦定得见，有义之悉地。

现喜他利尊，一切诸勇士，
生育养育者，您是仁慈母。

因佛世间主，悲尊悉汝子，
是故善妙您，众生之祖母。

无垢波罗蜜，一切悉圆满，
诸时随从您，如众星捧月。

依于所化众，所有诸如来，
众理种种名，唯一称赞您。

犹如诸露珠，值遇太阳光，
反方之辩难，逢汝则灭亡。

您令众凡愚，闻而生畏惧，
智者得慰藉，现见是寂静。

谁依怙主您，于汝尚无执，
何况于他者，焉能起贪嗔？

您不从何来，亦非有所去，
故于一切处，智者皆不缘。

如是了知您，思维而修行，
由修得解脱，此是大稀奇！

见您则束缚，不见亦束缚，
见您则解脱，不见亦解脱。

奇哉稀有母，具名贤良母，

难悟如幻术，亦现亦不现。

佛陀辟支佛，声闻定依母，
唯您解脱道，如是余定无。

为利众有情，而于名言中，
慈悲世怙主，亦说不说汝。

于此谁赞汝，无相无染污，
超越语境母，您终无所依。

如是于世俗，我等语如是，
您虽无所赞，称赞极涅槃。

由此赞般若，我积诸福善，
愿世无有余，同趋智慧度。

**般若赞，阿阇黎圣龙树造圆满。**
**克什米尔班智达特列布巴和罗匝瓦智慧由梵译藏。**

# 般若摄颂释科判

༄༅། །འཕགས་པ་ཤེས་རབ་ཀྱི་ཕ་རོལ་ཏུ་ཕྱིན་པ་སྡུད་པ་ཚིགས་སུ་བཅད་པ་བཞུགས་སོ། །

# 圣般若摄颂

索达吉堪布•恭译

རྒྱ་གར་སྐད་དུ། ཨཱཪྻ་པྲ་ཛྙཱ་པཱ་ར་མི་ཏཱ་སཉྩ་ཡ་གཱ་ཐཱ།

梵语：阿雅占嘉巴绕莫达萨匝雅嘎塔

བོད་སྐད་དུ། འཕགས་པ་ཤེས་རབ་ཀྱི་ཕ་རོལ་ཏུ་ཕྱིན་པ་སྡུད་པ་ཚིགས་སུ་བཅད་པ།

藏语：帕巴西绕戒啪如德辛巴都巴策色嘉巴

汉语：圣般若摄颂

འཕགས་པ་འཇམ་དཔལ་ལ་ཕྱག་འཚལ་ལོ། །

顶礼圣者文殊师利！

དེ་ནས་ཡང་བཅོམ་ལྡན་འདས་ཀྱིས་འཁོར་བཞི་པོ་དེ་དག་ཡང་དག་པར་རབ་ཏུ་དགའ་བར་མཛད་པའི་ཕྱིར། ཡང་ཤེས་རབ་ཀྱི་ཕ་རོལ་ཏུ་ཕྱིན་པ་འདི་སྟོན་ཅིང་། དེའི་ཚེ་ཚིགས་སུ་བཅད་པ་འདི་དག་བཀའ་སྩལ་ཏོ། །

尔后世尊为彼等四众眷属皆大欢喜，复说此般若波罗蜜多。尔时，世尊说此等偈曰：

དགའ་དང་གུས་དང་དད་པའི་མཆོག་ནི་ཉེར་བཞག་སྟེ། །

心怀喜敬最胜信，

སྒྲིབ་པ་ཉོན་མོངས་བསལ་ནས་དྲི་མ་ལས་འདས་པ། །

除盖烦恼而离垢，

འགྲོ་དོན་མངོན་ཞུགས་ངེས་པས་ཤེས་རབ་ཕ་རོལ་ཕྱིན།།
行众生利寂静者，

གང་ལ་དཔའ་རྣམས་སྤྱོད་པ་དེ་ནི་མཉན་པར་གྱིས།།
请听般若勇士行。

འཛམ་བུའི་གླིང་འདིར་ཆུ་ཀླུང་ཇི་སྙེད་ཅིག་འབབ་ཅིང་།།
此赡部洲诸河流，

མེ་ཏོག་འབྲས་ལྡན་སྨན་དང་ནགས་ཚལ་སྐྱེད་བྱེད་པ།།
具花果药林得生，

མ་དྲོས་གནས་པའི་ཀླུ་དབང་ཀླུ་བདག་ཧེན་གནས་ཏེ།།
悉源住无热恼海，

དེ་ནི་ཀླུ་ཡི་བདག་པོ་དེ་ཡི་མཐུ་དཔལ་ཡིན།།
龙王龙主威神力。

རྒྱལ་བའི་ཉན་ཐོས་པ་དག་ཇི་སྙེད་ཆོས་སྟོན་དང་།།
如是佛之诸声闻，

འཆད་དང་རིགས་པ་དག་དང་ལྡན་པར་བརྗོད་པ་དང་།།
说法讲法依理诠，

མཆོག་འཕགས་བདེ་བ་བྱེད་དང་དེ་ཡི་འབྲས་ཐོབ་པ།།
获无上乐得彼果，

དེ་དག་ཀུན་ཀྱང་དེ་བཞིན་གཤེགས་པའི་སྐྱེས་བུའི་མཐུ།།
皆依如来威德力。

ཅི་ཕྱིར་ཞེ་ན་རྒྱལ་བས་ཆོས་ཚུལ་གང་བསྟན་པ།།
何故如来宣法理，

དེ་ལ་མི་མཆོག་སློབ་མར་གྱུར་པས་མངོན་བསྒྲུབས་ཤིང་།།
佛陀弟子修学彼，

མངོན་སུམ་བྱས་ནས་བསླབས་པ་ཇི་བཞིན་སྟོན་བྱེད་དེ། །
现前所学如实说，

སངས་རྒྱས་མཐུས་བྱེད་རང་གི་སྟོབས་ཀྱི་མཐུས་མ་ཡིན། །
佛威力致非自力。

གང་ལ་ཤེས་རབ་ཕ་རོལ་ཕྱིན་མཆོག་མི་དམིགས་ཤིང་། །
最胜般若不可得，

བྱང་ཆུབ་སེམས་དཔའ་མི་དམིགས་བྱང་ཆུབ་སེམས་མི་དམིགས། །
菩萨觉心皆不得，

དེ་སྐད་ཐོས་ནས་རྨོངས་པ་མེད་ཅིང་མི་སྐྲག་པ། །
闻此无痴不恐惧，

བྱང་ཆུབ་སེམས་དཔའ་དེ་ནི་བདེ་གཤེགས་ཤེས་རབ་སྤྱོད། །
彼菩萨行善逝智。

གཟུགས་མེད་ཚོར་བ་མེད་ཅིང་འདུ་ཤེས་སེམས་པ་མེད། །
色无受无想行无，

དེ་ལ་རྣམ་ཤེས་གནས་ནི་རྡུལ་ཙམ་ཡོད་པ་མིན། །
识处纤尘亦非有，

དེ་ཆོས་ཀུན་ལ་མི་གནས་གནས་པ་མེད་པར་སྤྱོད། །
不住万法无住行，

ཡོངས་སུ་གཟུང་མེད་བདེ་གཤེགས་རྣམས་ཀྱི་བྱང་ཆུབ་འཐོབ། །
无取获诸佛菩提。

ཇི་ལྟར་ཀུན་ཏུ་རྒྱུ་བ་ཕྲེང་ཅན་ཤེས་པ་ཡིས། །
如遍行派之具鬘，

དམིགས་མེད་ཕུང་པོ་རྣམ་པར་འཇིག་པ་འབྱུང་བ་ལྟར། །
慧观无缘灭蕴得，

བྱང་ཆུབ་སེམས་དཔའ་གང་ཞིག་དེ་ལྟར་ཆོས་ཤེས་པ།།
菩萨通晓如此法，

མྱ་ངན་འདས་ལ་མི་རེག་དེ་ནི་ཤེས་རབ་གནས།།
不证涅槃彼住智。

ཡང་འདི་ཤེས་རབ་འདི་ནི་གང་ཡིན་སུ་ཡི་ཡིན།།
此慧为何属何者？

གང་ལས་ཡིན་ཞེས་ཆོས་འདི་ཐམས་ཅད་སྟོང་པར་རྟོགས།།
何来思择法皆空，

ཉེ་བར་བརྟགས་ནས་ཞུམ་པ་མེད་ཅིང་སྐྲག་མེད་པ།།
详察无沉无畏惧，

བྱང་ཆུབ་སེམས་དཔའ་དེ་ནི་བྱང་ཆུབ་ཉེ་བ་ཡིན།།
彼菩萨即近菩提。

གལ་ཏེ་མི་ཤེས་བཞིན་དུ་གཟུགས་སུ་འདུ་ཤེས་ཤིང་།།
设若不知有色想，

ཚོར་བ་སེམས་པ་རྣམ་ཤེས་ཕུང་པོར་སྤྱོད་བྱེད་ན།།
受行识蕴而行持，

ཕུང་འདི་སྟོང་ཞེས་རྟོག་ནའང་བྱང་ཆུབ་སེམས་དཔའ་ནི།།
思此蕴空而菩萨，

མཚན་མ་ལ་སྤྱོད་སྐྱེ་མེད་གནས་ལ་དད་མ་ཡིན།།
持相非信无生理。

གང་ཞིག་གཟུགས་མིན་ཚོར་མིན་འདུ་ཤེས་སེམས་པ་མིན།།
非色非受非想行，

རྣམ་པར་ཤེས་ལ་མི་སྤྱོད་གནས་པ་མེད་པར་སྤྱོད།།
于识不行无住行，

དེ་ནི་སྤྱོད་ཅེས་བྱ་བར་མི་དམིགས་ཤེས་རབ་བརྟན། །
彼不缘行智慧坚，

སྐྱེ་མེད་བློ་ལྡན་ཏིང་འཛིན་ཞི་བ་མཆོག་ལ་རེག།
具无生智胜寂定。

བྱང་ཆུབ་སེམས་གང་དེ་ལྟར་འདིར་བདག་ཞིར་གནས་པ། །
菩萨于此自寂静，

དེ་ནི་སྔོན་གྱི་དེ་བཞིན་གཤེགས་པས་ལུང་བསྟན་ཡིན། །
彼是前佛所授记，

བདག་ནི་མཉམ་པར་བཞག་ཅེའམ་ལངས་ཞེས་རློམ་སེམས་མེད། །
彼无我入起定想，

ཅི་ཕྱིར་ཞེ་ན་ཆོས་ཀྱི་རང་བཞིན་ཡོངས་ཤེས་ཕྱིར། །
因彻知法自性故。

དེ་ལྟར་སྤྱོད་ན་བདེ་གཤེགས་རྣམས་ཀྱི་ཤེས་རབ་སྤྱོད། །
若如是行行佛智，

དེས་ནི་སྤྱོད་མེད་སྤྱོད་པ་ཡིན་པར་རབ་ཤེས་ཕྱིར། །
彼知无行真行故，

ཆོས་གང་སྤྱོད་པ་དེ་ཡང་དམིགས་པར་མི་འགྱུར་ཏེ། །
行持何法皆不缘，

འདི་ནི་ཤེས་རབ་ཕ་རོལ་ཕྱིན་མཆོག་སྤྱོད་པ་ཡིན། །
此即行持胜般若。

གང་ཞིག་ཡོད་པ་མ་ཡིན་དེ་ནི་མེད་ཅེས་བྱ། །
何法非有彼称无，

བྱིས་པ་རྣམས་ཀྱིས་དེར་བརྟགས་ཡོད་དང་མེད་པར་བྱེད། །
凡愚观其为有无，

ཡོད་དང་མེད་པ་འདི་གཉིས་མེད་པའི་ཆོས་ཡིན་ཏེ།།
有无此二是无法，

བྱང་ཆུབ་སེམས་དཔའ་གང་གིས་འདི་ཤེས་ངེས་པར་འབྱུང་།།
菩萨知此则定离。

གང་འདིར་ཕུང་པོ་ལྔ་དག་སྒྱུ་མ་འདྲར་ཤེས་ཤིང་།།
此知五蕴如幻术，

སྒྱུ་མ་གཞན་དང་ཕུང་པོ་གཞན་དུ་མི་བྱེད་ལ།།
不执幻蕴各相异，

སྣ་ཚོགས་འདུ་ཤེས་བྲལ་ཞིང་ཉེ་བར་ཞི་སྤྱོད་པ།།
离种种想寂灭行，

འདི་ནི་ཤེས་རབ་ཕ་རོལ་ཕྱིན་མཆོག་སྤྱོད་པ་ཡིན།།
此即行持胜般若。

དགེ་བའི་བཤེས་དང་ལྡན་ཞིང་ལྷག་མཐོང་ལྡན་གྱུར་པ།།
具善知识具胜观，

རྒྱལ་བ་རྣམས་ཀྱི་ཡུམ་ཐོས་སྐྲག་པར་ཡོང་མི་འགྱུར།།
闻诸佛母全无惧。

གང་ཞིག་སྡིག་པའི་གྲོགས་ལྡན་གཞན་གྱི་དྲིང་འཇོག་པ།།
谁依恶友仰仗他，

དེ་ནི་སྣོད་སོ་མ་བཏང་ཆུས་རེག་ཞིག་པ་བཞིན།།
彼如新罐触水毁。

ཅི་ཕྱིར་འདི་ནི་བྱང་ཆུབ་སེམས་དཔའ་བྱ་ཞེ་ན།།
何故此者名菩萨？

ཆགས་པ་གཅོད་བྱེད་ཀུན་ལ་ཆགས་པ་ཟད་པར་འདོད།།
能断贪求尽诸贪，

རྒྱལ་བ་རྣམས་ཀྱི་བྱང་ཆུབ་ཆགས་མེད་གྱུར་ལ་རེག།

无贪获证佛菩提，

དེས་ན་འདི་ནི་བྱང་ཆུབ་སེམས་དཔའི་མིང་ཐོབ་པོ།།

是故此得菩萨名。

ཅི་ཕྱིར་དེ་ནི་སེམས་དཔའ་ཆེ་ཞེས་བྱ་ཞེ་ན།།

何故彼名大菩萨？

སེམས་ཅན་ཚོགས་རྣམས་མང་པོའི་མཆོག་ཏུ་གྱུར་པ་དང་།།

堪为有情众之最，

སེམས་ཅན་ཁམས་ཀྱི་ལྟ་རྣམས་ཆེན་པོ་གཅོད་པ་སྟེ།།

断众生界诸重见，

དེ་ཕྱིར་སེམས་དཔའ་ཆེན་པོ་ཞེས་ནི་རབ་བརྗོད་དོ།།

是故得名大菩萨。

གཏོང་བ་ཆེ་དང་བློ་ཆེ་བ་དང་མཐུ་ཆེ་དང་།།

大施大慧及大力，

རྒྱལ་བ་རྣམས་ཀྱི་ཐེག་ཆེན་མཆོག་ལ་ཞུགས་པ་དང་།།

趋入诸佛胜大乘，

གོ་ཆ་ཆེན་པོ་བགོས་ཤིང་བདུད་ཀྱི་སྒྱུ་འདུལ་བ།།

披大铠甲降魔幻，

དེ་ཡི་ཕྱིར་ན་སེམས་དཔའ་ཆེ་ཞེས་རབ་ཏུ་བརྗོད།།

是故得名大菩萨。

དཔེར་ན་སྒྱུ་མ་མཁན་གྱིས་བཞི་མདོར་སྤྲུལ་བྱས་ཏེ།།

幻师十字街幻变，

སྐྱེ་བོ་ཕལ་ཆེར་མགོ་མང་བྱེ་བ་གཅོད་བྱེད་པའི།།

多士众首斩千万，

བསད་བྱ་དེ་དག་ཅི་འདྲ་དེ་ལྟར་བྱང་ཆུབ་སེམས། །
所杀如是菩萨知，

འགྲོ་ཀུན་སྒྱུ་འདྲར་རབ་ཤེས་དེ་ལ་འཇིགས་པ་མེད། །
众生如化无畏惧。

གཟུགས་དང་འདུ་ཤེས་ཚོར་བ་དང་ནི་སེམས་པ་དང་། །
色想受行以及识，

རྣམ་པར་ཤེས་པ་མ་བཅིངས་མ་གྲོལ་ཡོད་པ་མིན། །
未缚未解本非有，

དེ་ལྟར་བྱང་ཆུབ་ལ་འཇུག་ཞུམ་པའི་སེམས་མེད་པ། །
行持菩提无怯心，

འདི་ནི་གང་ཟག་དམ་པ་རྣམས་ཀྱི་གོ་ཆ་མཆོག།
此是正士胜铠甲。

ཅི་ཕྱིར་འདི་ནི་བྱང་ཆུབ་ཐེག་ཆེན་བྱ་ཞེ་ན། །
何名菩提之大乘？

དེ་གང་ཞོན་ནས་སེམས་ཅན་ཐམས་ཅད་མྱ་ངན་འདའ། །
乘之令众趋涅槃，

ཐེག་པ་འདི་ནི་མཁའ་འདྲ་གཞལ་མེད་ཁང་ཆེན་ཏེ། །
此乘如空无量殿，

དགའ་སྐྱིད་བདེ་བ་མཐོན་པར་ཐོབ་བྱེད་ཐེག་པའི་མཆོག།
得喜乐安最胜乘。

གང་ཞིག་ཞོན་ནས་ཕྱོགས་སུ་འགྲོ་བ་དམིགས་སུ་མེད། །
谁乘去所不可得，

མྱ་ངན་འདས་པར་འགྲོ་བར་གསུངས་པ་འགྲོ་མི་དམིགས། །
谓趋涅槃实不得，

དཔེར་ན་མེ་ཤི་དེ་ཡི་འགྲོ་རྒྱུ་མེད་པ་བཞིན།།
譬如火灭无去处，

རྒྱུ་དེས་དེ་ནི་མྱ་ངན་འདས་ཞེས་རབ་ཏུ་བརྗོད།།
因是称说彼涅槃。

བྱང་ཆུབ་སེམས་དཔའ་སྔོན་གྱི་མཐའ་དང་ཕྱི་མཐའ་དང་།།
菩萨前际与后际，

ད་ལྟར་བྱུང་བར་མི་དམིགས་དུས་གསུམ་དག་པ་སྟེ།།
现在不得三时净，

གང་དག་དེ་ནི་འདུས་མ་བྱས་ཡིན་སྤྲོས་མེད་དེ།།
彼是无为无戏论，

འདི་ནི་ཤེས་རབ་ཕ་རོལ་ཕྱིན་མཆོག་སྤྱོད་པ་ཡིན།།
此即行持胜般若。

བྱང་ཆུབ་སེམས་མཁས་རིག་པ་གང་གི་དུས་ཀྱི་ཚེ།།
菩萨通晓证知时，

སྐྱེ་མེད་རྣམ་པར་བསམས་ཏེ་འདི་ལྟར་སྤྱོད་བྱེད་ཅིང་།།
思维无生如此行，

སྙིང་རྗེ་ཆེན་པོ་བསྐྱེད་ཀྱང་སེམས་ཅན་འདུ་ཤེས་མེད།།
起大悲无众生想，

འདི་ནི་ཤེས་རབ་ཕ་རོལ་ཕྱིན་མཆོག་སྤྱོད་པ་ཡིན།།
此即行持胜般若。

གལ་ཏེ་སེམས་ཅན་འདུ་ཤེས་སྡུག་བསྔལ་འདུ་ཤེས་སྐྱེད།།
若起众生痛苦想，

འགྲོ་བ་རྣམས་ཀྱི་དོན་བྱ་སྡུག་བསྔལ་སྤང་སྙམ་སྟེ།།
思利众生除痛苦，

བདག་དང་སེམས་ཅན་ཡོངས་རྟོག་བྱང་ཆུབ་སེམས་དཔའ་སྤྱི།།
执我众生之菩萨，
འདི་ནི་ཤེས་རབ་པ་རོལ་ཕྱིན་མཆོག་སྤྱོད་མ་ཡིན།།
此非行持胜般若。
བདག་ཅི་འདྲ་བ་དེ་འདྲར་སེམས་ཅན་ཐམས་ཅད་ཤེས།།
知诸有情与我同，
སེམས་ཅན་ཐམས་ཅད་ཅི་འདྲ་དེ་འདྲར་ཆོས་ཀུན་ཤེས།།
知一切法如众生，
སྐྱེ་བ་མེད་དང་སྐྱེ་བ་གཉིས་ཀར་མི་རྟོག་པ།།
无生与生不分别，
འདི་ནི་ཤེས་རབ་པ་རོལ་ཕྱིན་མཆོག་སྤྱོད་པ་ཡིན།།
此即行持胜般若。
འཇིག་རྟེན་དག་ན་ཆོས་མིང་ཇི་སྙེད་ཡོངས་བརྗོད་པ།།
世说尽其有名法，
ཀུན་ལ་སྐྱེ་བ་དང་ནི་ཡང་དག་འདས་སྤངས་ནས།།
普皆离生真实灭，
ཡེ་ཤེས་འཆི་མེད་དམ་པ་དེ་ལས་གཞན་མེད་ཐོབ།།
唯得无死妙本智，
དེ་ཕྱིར་འདི་ནི་ཤེས་རབ་པ་རོལ་ཕྱིན་ཅེས་བྱ།།
故名般若波罗蜜。
བྱང་ཆུབ་སེམས་དཔའ་གང་ཞིག་དོགས་མེད་དེ་ལྟར་སྤྱོད།།
菩萨无虑如此行，
ཤེས་རབ་ལྡན་དེ་མཉམ་ཉིད་གནས་པར་ཤེས་པར་བྱ།།
知具妙慧住等性，

ཆོས་རྣམས་རང་བཞིན་མེད་པར་ཡོངས་སུ་ཤེས་གྱུར་པ།།
彻了诸法无自性，

འདི་ནི་ཤེས་རབ་ཕ་རོལ་ཕྱིན་མཆོག་སྤྱོད་པ་ཡིན།།
此即行持胜般若。

སྐབས་དང་པོའོ།།
第一品终

གང་ཞིག་གཟུགས་ལ་མི་གནས་ཚོར་ལ་མི་གནས་ཤིང་།།
不住于色不住受，

གང་ཞིག་འདུ་ཤེས་མི་གནས་སེམས་པར་མི་གནས་ལ།།
不住于想不住行，

རྣམ་ཤེས་གང་མི་གནས་པ་ཆོས་ཉིད་གནས་པ་སྟེ།།
不住何识住法性，

འདི་ནི་ཤེས་རབ་ཕ་རོལ་ཕྱིན་མཆོག་སྤྱོད་པ་ཡིན།།
此即行持胜般若。

རྟག་དང་མི་རྟག་བདེ་དང་སྡུག་བསྔལ་སྡུག་མི་སྡུག།
乐苦爱厌常无常，

བདག་དང་བདག་མེད་དེ་བཞིན་ཉིད་དང་དེ་བཞིན་སྟོང་།།
我与无我真如空，

འབྲས་བུ་ཐོབ་དང་དགྲ་བཅོམ་ས་ལ་མི་གནས་ཤིང་།།
得果罗汉皆不住，

རང་རྒྱལ་ས་དང་དེ་བཞིན་སངས་རྒྱས་སར་མི་གནས།།
不住独觉及佛地。

ཇི་ལྟར་འདྲེན་པ་འདུས་མ་བྱས་ཁམས་མི་གནས་ཤིང་།།
导师不住无为界，

དེ་བཞིན་འདུས་བྱས་ལ་ཡང་མི་གནས་གནས་མེད་སྤྱོད། །
不住有为无住行，

དེ་ལྟར་བྱང་ཆུབ་སེམས་དཔའ་གནས་ལ་གནས་མེད་གནས། །
如是菩萨无住住，

གནས་མེད་གནས་ཡིན་འདི་ནི་རྒྱལ་བས་གནས་པར་གསུངས། །
无住即住佛说住。

གང་དག་བདེ་གཤེགས་ཉན་ཐོས་འགྱུར་བར་བྱ་སྙམ་དང་། །
思成善逝之声闻，

རང་སངས་རྒྱས་དང་དེ་བཞིན་ཆོས་རྒྱལ་འགྱུར་འདོད་པ། །
欲成独觉成佛陀，

བཟོད་པ་འདི་ལ་མ་བརྟེན་ཐོབ་པར་མི་ནུས་ཏེ། །
不依此忍不能得，

དཔེར་ན་ཕ་རོལ་ཚུ་རོལ་འགྲོ་ངོགས་མི་མཐོང་བཞིན། །
如同不见此彼岸。

ཆོས་འཆད་པ་དང་ཉན་དང་བཤད་བྱ་གང་ཡིན་དང་། །
讲法听闻所说法，

འབྲས་བུ་ཐོབ་དང་རྐྱེན་རྒྱལ་དེ་བཞིན་འཇིག་རྟེན་མགོན། །
证果缘觉世怙主，

མཁས་པ་གསལ་བས་ཐོབ་པའི་མྱ་ངན་འདས་གང་ཡིན། །
明智所得之涅槃，

དེ་ཀུན་སྒྱུ་མ་ལྟ་བུར་དེ་བཞིན་གཤེགས་པས་བསྟན། །
此皆如幻如来言。

གང་ཟག་བཞི་པོ་འདི་དག་དེ་ལ་མི་སྐྲག་སྟེ། །
四种行者不畏彼，

རྒྱལ་སྲས་བདེན་ལ་མཁས་དང་ཕྱིར་མི་ལྡོག་པ་དང་།།
知谛佛子不退转，

དགྲ་བཅོམ་དྲི་མ་བསལ་ཞིང་སོམ་ཉི་སྤངས་པ་དང་།
罗汉除垢断怀疑，

བཞི་པ་དགེ་བའི་བཤེས་ཀྱིས་ཡོངས་སུ་ཟིན་པའོ།།
四善知识所摄持。

བྱང་ཆུབ་སེམས་དཔའ་མཁས་རིག་དེ་ལྟར་སྤྱོད་པ་ནི།།
明智菩萨如是行，

དགྲ་བཅོམ་ས་ལ་མི་སློབ་རྐྱེན་རྟོགས་ས་ལ་མིན།།
不学罗汉缘觉地，

ཐམས་ཅད་མཁྱེན་ཉིད་ཆེད་དུ་སངས་རྒྱས་ཆོས་རྗེས་སློབ།།
为一切智学佛法，

གང་ཞིག་སློབ་མི་སློབ་ལ་མི་སློབ་དེ་སློབ་ཡིན།།
一无所学即为学。

གཟུགས་འཕེལ་ཡོངས་སུ་ཉམས་དང་ཡོངས་སུ་གཟུང་ཕྱིར་མིན།།
色增减取故非学，

ཆོས་རྣམས་སྣ་ཚོགས་ཡོངས་སུ་གཟུང་ཕྱིར་མི་སློབ་པར།།
非执种种诸法学，

སློབ་ཅིང་ཐམས་ཅད་མཁྱེན་པ་ཉིད་ཀྱང་ཡོངས་འཛིན་ལ།།
学亦缘取一切智，

ངེས་འབྱུང་གང་ཡིན་འདི་ནི་ཡོན་ཏན་དགའ་བའི་སློབ།།
定生此即喜德学。

གཟུགས་ནི་ཤེས་རབ་མ་ཡིན་གཟུགས་ལ་ཤེས་རབ་མེད།།
色非智慧色无智，

རྣམ་ཤེས་འདུ་ཤེས་ཚོར་དང་སེམས་པ་འདི་དག་ནི།།

识想受行皆非智，

ཤེས་རབ་མ་ཡིན་འདི་དག་ལ་ཡང་ཤེས་རབ་མེད།།

此等中亦无有智，

འདི་ནི་ནམ་མཁའི་ཁམས་དང་མཚུངས་ཏེ་ཐ་དད་མེད།།

此同虚空无异体。

དམིགས་པ་རྣམས་ཀྱི་རང་བཞིན་དེ་ནི་ཕ་མཐའ་མེད།།

所缘自性无有边，

སེམས་ཅན་རང་བཞིན་གང་ཡིན་དེ་ཡང་ཕ་མཐའ་མེད།།

有情自性亦无边，

ནམ་མཁའི་ཁམས་ཀྱི་རང་བཞིན་དེ་ཡང་ཕ་མཐའ་མེད།།

虚空界性亦无边，

འཇིག་རྟེན་མཁྱེན་པའི་ཤེས་རབ་དེ་ཡང་ཕ་མཐའ་མེད།།

世间解智亦无边。

འདུ་ཤེས་ཚུ་རོལ་ཡིན་ཞེས་འདྲེན་པས་ཡོངས་སུ་བསྒྲགས།།

导师说想是此岸，

འདུ་ཤེས་རྣམ་པར་བཤིག་ནས་སྤོང་བ་ཕ་རོལ་འགྲོ།།

破想而断趋彼岸，

གང་དག་འདུ་ཤེས་བྲལ་བ་འདི་ནི་རྗེས་ཐོབ་པ།།

离想得此到彼岸，

དེ་དག་ཕ་རོལ་ཕྱིན་ནས་སྟོན་པའི་བཀའ་ལ་གནས།།

彼等安住佛经意。

གལ་ཏེ་སྟོན་པས་ཀྱང་ནི་གངྒཱའི་བྱེ་སྙེད་ཀྱི།།

设佛恒河沙数劫，

བསྐལ་པར་བཞུགས་ཏེ་སེམས་ཅན་ཞེས་སྒྲ་ཡོངས་བསྒྲགས་ཀྱང་།།
住世普传众生音，

གཟོད་ནས་དག་པས་སེམས་ཅན་སྐྱེ་བར་ག་ལ་འགྱུར།།
本净有情岂能生？

འདི་ནི་ཤེས་རབ་ཕ་རོལ་ཕྱིན་མཆོག་སྤྱོད་པ་ཡིན།།
此即行持胜般若。

གང་ཚེ་ང་ནི་ཕ་རོལ་ཕྱིན་པའི་མཆོག་འདི་དང་།།
如来此述某一时，

མཐུན་པར་སྒྲ་གྱུར་དེ་ཚེ་སྔོན་གྱི་སྐྱེས་མཆོག་གིས།།
我随说胜波罗蜜，

མ་འོངས་པ་ཡི་དུས་ན་སངས་རྒྱས་འགྱུར་རོ་ཞེས།།
尔时先佛授记我，

ང་ལུང་བསྟན་པར་གྱུར་ཅེས་རྒྱལ་བ་དེ་སྐད་གསུངས།།
未来之时得成佛。

ཤེས་རབ་ཕ་རོལ་ཕྱིན་པ་གང་ལ་མགོན་སྤྱོད་པ།།
怙主行持此般若，

འདི་ནི་གང་ཞིག་གུས་བྱས་འཛིན་དང་ཆུབ་བྱེད་པ།།
何人恭敬而受持，

དེ་ལ་དུག་དང་མཚོན་དང་མེ་དང་ཆུས་མི་ཚུགས།།
毒刃火水不害彼，

བདུད་དང་བདུད་ཀྱི་ཕྱོགས་ཀྱིས་གླགས་ཀྱང་རྙེད་མི་འགྱུར།།
魔王魔眷亦无机。

ལ་ལས་བདེ་གཤེགས་ཡོངས་སུ་མྱ་ངན་འདས་པ་ཡི།།
有者于佛灭度已，

མཆོད་རྟེན་རིན་ཆེན་བདུན་ལས་བྱས་ཤིང་མཆོད་བྱེད་ལ།།
建七宝塔供养之，

བདེ་བར་གཤེགས་པའི་མཆོད་རྟེན་དེ་དག་གངྒཱ་ཡི།།
佛塔数等恒河沙，

བྱེ་མ་སྙེད་ཀྱིས་བྱེ་བ་ཕྲག་སྟོང་ཞིང་བཀང་སྟེ།།
遍满佛土千俱胝。

ཡོངས་སུ་བརྟག་བཟུང་ཞིང་རྣམས་བྱེ་བ་མཐའ་ཡས་ན།།
设若无边俱胝刹，

སེམས་ཅན་ཇི་སྙེད་འཁོད་པ་དེ་དག་ཐམས་ཅད་ཀྱིས།།
尽其所住众有情，

ལས་གཞན་མི་བྱེད་ལྷ་ཡི་མེ་ཏོག་སྤོས་རབ་དང་།།
唯以天花香涂香，

བྱུག་པས་དུས་གསུམ་བསྐལ་པའམ་དེ་བས་ལྷག་མཆོད་ལ།།
三时劫或过彼供。

གང་ཞིག་གང་ལས་རྣམ་འདྲེན་སྟོབས་བཅུ་འབྱུང་འགྱུར་བ།།
于生导师之十力，

བདེ་བར་གཤེགས་ཀྱི་ཡུམ་འདི་གླེགས་བམ་ལ་བྲིས་ཏེ།།
佛母经函谁缮写，

འཆང་ཞིང་མེ་ཏོག་བྱུག་པས་བསྟི་སྟང་བྱེད་གྱུར་ན།།
系带供奉花涂香，

མཆོད་རྟེན་བྱས་མཆོད་བསོད་ནམས་དེས་ནི་ཆར་མི་ཕོད།།
造塔供养福不及。

རྒྱལ་བའི་ཤེས་རབ་ཕ་རོལ་ཕྱིན་འདི་རིག་སྔགས་ཆེ།།
佛此般若大明咒，

སེམས་ཅན་ཁམས་མང་མྱ་ངན་སྡུག་བསྔལ་ཆོས་ཞི་བྱེད།།
能灭有情众忧苦。

གང་དག་འདས་དང་གང་དག་ཕྱོགས་བཅུའི་འཇིག་རྟེན་མགོན།།
过去十方世间怙，

རིག་སྔགས་འདི་བསླབས་སྨན་པའི་རྒྱལ་པོ་བླ་མེད་འགྱུར།།
学此明咒成药王。

གང་དག་ཕན་དང་སྙིང་བརྩེར་བཅས་པས་སྤྱད་སྤྱོད་པ།།
行利心怀慈悲行，

རིག་སྔགས་འདི་ལ་བསླབས་ནས་མཁས་པ་བྱང་ཆུབ་རེག།
学此明咒智证觉。

འདུས་བྱས་བདེ་དང་འདུས་མ་བྱས་བདེ་གང་ཡིན་པ།།
当知有为无为乐，

བདེ་བ་དེ་ཀུན་འདི་ལས་བྱུང་བར་རིག་པར་བྱ།།
一切安乐由此生。

ས་བོན་བཏབ་ནས་ས་ལ་གནས་ཏེ་འབྱུང་འགྱུར་བ།།
种播于地将出生，

ཚོགས་པ་རྙེད་ནས་རྣམ་མང་གཟུགས་དག་རྣམ་པར་སྐྱེ།།
得以聚合生众色。

ཕ་རོལ་ཕྱིན་ལྔ་བྱང་ཆུབ་ཡོན་ཏན་ཇི་སྙེད་པ།།
五度菩提诸功德，

དེ་དག་ཀུན་ཀྱང་ཤེས་རབ་ཕ་རོལ་ཕྱིན་ལས་སྐྱེ།།
此等皆由般若生。

འཁོར་ལོས་བསྒྱུར་རྒྱལ་ལམ་གང་ནས་ནི་རྟག་འགྲོ་བ།།
轮王常由何道行，

ལམ་དེ་ཉིད་ནས་རིན་ཆེན་བདུན་དང་དཔུང་ཚོགས་ཀུན། །
七宝四兵经彼道，

གང་ནས་རྒྱལ་བའི་ཤེས་རབ་ཕ་རོལ་ཕྱིན་འདི་འགྲོ། །
如来般若从何行，

དེ་ཉིད་ནས་ནི་ཡོན་ཏན་ཆོས་ཀུན་འགྲོ་བར་འགྱུར། །
诸功德法随彼行。

རྒྱལ་བས་བརྒྱ་བྱིན་དྲི་བ་ཡོངས་དྲིས་ལན་གསོལ་པ། །
帝释提问请佛答，

གལ་ཏེ་གང྄ཱའི་བྱེ་སྙེད་སངས་རྒྱས་ཞིང་གྱུར་ལ། །
设若恒河沙佛刹，

དེ་ཀུན་རྒྱལ་བའི་རིང་བསྲེལ་བྱུར་བུར་གཏམས་གྱུར་ཀྱང་། །
盈满如来之舍利，

བདག་ནི་ཤེས་རབ་ཕ་རོལ་ཕྱིན་པ་འདི་ཉིད་ལེན། །
然我取受此般若。

ཅི་སྟེ་ཅེ་ན་སྐུ་གདུང་མི་གུས་བདག་མ་ལགས། །
我非不敬舍利子，

འོན་ཀྱང་ཤེས་རབ་ཡོངས་སུ་བསྒོམ་པས་མཆོད་པར་བགྱི། །
般若熏修成应供，

དཔེར་ན་རྒྱལ་པོ་བརྟེན་མི་རིམ་གྲོ་ཐོབ་པ་ལྟར། །
如依王人受敬重，

སངས་རྒྱས་རིང་བསྲེལ་ཤེས་རབ་ཕ་རོལ་ཕྱིན་ལ་བརྟེན། །
佛陀舍利依般若。

ནོར་བུ་རིན་ཆེན་ཡོན་ཏན་ཀུན་ལྡན་རིན་ཐང་མེད། །
具德无价摩尼珠，

གབ་ཆེ་གང་དུ་སྐྱལ་བ་དེ་ནི་ཕྱག་བགྱི་འོས།།
置于何篋应礼敬，

དེ་ཕྱུང་གྱུར་ཀྱང་གབ་ཆེ་ལ་ནི་དགའ་བགྱིད་དེ།།
取出亦于篋爱重，

ཡོན་ཏན་དེ་དག་ནོར་བུ་རིན་ཆེན་དེ་ཡི་ལགས།།
彼等功德即宝珠。

དེ་བཞིན་ཤེས་རབ་ཕ་རོལ་ཕྱིན་མཆོག་ཡོན་ཏན་གྱིས།།
如是依胜般若德，

རྒྱལ་བ་མྱ་ངན་འདས་ཀྱང་རིང་བསྲེལ་མཆོད་པ་བརྙེས།།
佛灭舍利得供养，

དེ་ལྟས་གང་ཞིག་རྒྱལ་བའི་ཡོན་ཏན་འཛིན་འཚལ་དེས།།
由此谁欲持佛德，

ཤེས་རབ་ཕ་རོལ་ཕྱིན་བླང་འདི་ནི་ཐར་པ་ལགས།།
应取般若此解脱。

སྦྱིན་པ་སྦྱིན་པའི་སྔོན་དུ་འགྲོ་བ་ཤེས་རབ་སྟེ།།
布施前行即智慧，

ཚུལ་ཁྲིམས་བཟོད་པ་བརྩོན་འགྲུས་བསམ་གཏན་དེ་བཞིན་ནོ།།
戒忍精进禅亦尔，

དགེ་ཆོས་ཆུད་མི་གཟན་ཕྱིར་ཡོངས་སུ་འཛིན་པ་ཡིན།།
为善不损故摄持，

འདི་ནི་ཆོས་རྣམས་ཐམས་ཅད་ཚུལ་གཅིག་སྟོན་པར་བྱེད།།
此示诸法唯一理。

དཔེར་ན་འཛམ་བུའི་གླིང་ན་ཤིང་རྣམས་བྱེ་བ་སྟོང་།།
如赡洲树千俱胝，

རྣམ་པ་སྣ་ཚོགས་རྣམ་པ་དུ་མ་གཟུགས་མང་བ། །
不同种种多形色，
གྲིབ་མར་གྱུར་པའི་གྲངས་སུ་བརྗོད་པ་མ་གཏོགས་པར། །
唯说树影之一名，
གྲིབ་མ་སྣ་ཚོགས་མེད་ཅིང་བྱེ་བྲག་ཡོད་མ་ཡིན། །
影无种种无差别。
དེ་བཞིན་རྒྱལ་བའི་ཕ་རོལ་ཕྱིན་ལྔ་འདི་དག་ཀྱང་། །
佛陀此五波罗蜜，
ཤེས་རབ་ཕ་རོལ་ཕྱིན་པའི་མིང་ཉིད་འཐོབ་པར་འགྱུར། །
亦得般若之名称，
ཐམས་ཅད་མཁྱེན་པ་ཉིད་ཕྱིར་ཡོངས་སུ་བསྔོས་བྱས་ན། །
为遍知果普回向，
བྱང་ཆུབ་ཅེས་བྱ་དྲུག་པོ་འདི་ཀུན་རོ་གཅིག་འགྱུར། །
六度一味归菩提。
བྱང་ཆུབ་སེམས་དཔའ་གལ་ཏེ་རབ་ཏུ་མི་ཤེས་བཞིན། །
菩萨若本未尽知，
གཟུགས་དང་འདུ་ཤེས་ཚོར་དང་སེམས་པ་རྣམ་པར་ཤེས། །
宣说色想受行识，
མི་རྟག་ཡོངས་སུ་སྟོན་པ་བཙོས་ལ་སྤྱོད་པ་སྟེ། །
无常行持假般若，
མཁས་པ་ནམ་ཡང་ཆོས་རྣམས་འཇིག་པར་མི་བྱེད་དོ། །
智者永不坏诸法。
གང་ལ་གཟུགས་མིན་ཚོར་མིན་འདུ་ཤེས་མི་དམིགས་ཤིང་། །
非色非受不缘想，

རྣམ་པར་ཤེས་པ་མ་ཡིན་སེམས་པ་མི་དམིགས་ལ།།
不缘行识尽了知，

ཆོས་ཀུན་སྐྱེ་མེད་སྟོང་པའི་ཚུལ་དུ་རབ་ཤེས་པ།།
万法无生空性理，

འདི་ནི་ཤེས་རབ་ཕ་རོལ་ཕྱིན་མཆོག་སྤྱོད་པ་ཡིན།།
此即行持胜般若。

ལ་ལས་གངྒཱའི་ཀླུང་གི་བྱེ་སྙེད་ཞིང་རྣམས་ན།།
有化恒河沙数刹，

སེམས་ཅན་ཇི་སྙེད་འགོད་ཀུན་དགྲ་བཅོམ་ཉིད་བཀུལ་བས།།
众生皆证罗汉果，

གང་གིས་ཤེས་རབ་ཕ་རོལ་ཕྱིན་འདི་ཡིག་བྲིས་ཏེ།།
书此般若经函赠，

སེམས་ཅན་མཆོག་ལ་གླེགས་བྱིན་བསོད་ནམས་ཁྱད་པར་འཕགས།།
最上有情福更胜。

ཅི་ཕྱིར་ཞེ་ན་སླ་མཆོག་དེ་དག་འདིར་བསླབས་ནས།།
因说第一修学此，

ཆོས་རྣམས་མཐའ་དག་སྟོང་པ་ཉིད་དུ་འདིར་སྟོན་བྱེད།།
能宣诸法此空性，

དེ་ཐོས་ཉན་ཐོས་མྱུར་དུ་རྣམ་པར་གྲོལ་ལ་རེག།
闻彼声闻速解脱，

རང་རྒྱལ་བྱང་ཆུབ་དང་ནི་སངས་རྒྱས་བྱང་ཆུབ་རེག།
证得独觉佛菩提。

མྱུ་གུ་མེད་པར་འཇིག་རྟེན་སྡོང་འབྱུང་ཡོང་མེད་ན།།
无芽世上不生树，

དེ་ལ་ཡལ་འདབ་མེ་ཏོག་འབྲས་བུ་ག་ལ་འབྱུང་།།
枝叶花果岂能出？

བྱང་ཆུབ་སེམས་མེད་རྒྱལ་འབྱུང་འཇིག་རྟེན་ཡོང་མེད་ན།།
无菩提心世无佛，

འབྲས་བུ་བརྒྱ་བྱིན་ཚངས་པ་ཉན་ཐོས་ག་ལ་འབྱུང་།།
焉生帝梵声闻果？

ཉི་མའི་དཀྱིལ་འཁོར་གང་ཚེ་འོད་ཀྱི་དྲ་བ་འགྱེད།།
何时日轮光芒照，

དེ་ཚེ་སེམས་ཅན་ལས་བྱེད་བརྩོན་པ་དེ་བཞིན་དུ།།
尔时众生勤行事，

མཁས་པ་ཤེས་ཕྱིར་འཇིག་རྟེན་བྱང་ཆུབ་སེམས་བྱུང་ན།།
智为慧生菩提心，

ཡེ་ཤེས་ཀྱིས་ནི་སེམས་ཅན་ཡོན་ཏན་ཆོས་དང་ལྡན།།
依智众具功德法。

དཔེར་ན་མ་དྲོས་མཚོ་ལ་ཀླུ་བདག་མེད་གྱུར་ན།།
如无热海无龙王，

འཛམ་བུའི་གླིང་འདིར་ཆུ་ཀླུང་འབབ་པར་ག་ལ་འགྱུར།།
此赡洲河岂能流？

ཆུ་ཀླུང་མེད་ན་མེ་ཏོག་འབྲས་བུ་འབྱུང་མི་འགྱུར།།
无河不生花及果，

རྒྱ་མཚོ་ལ་ཡང་རིན་ཆེན་གཟུགས་མང་མེད་པར་འགྱུར།།
亦无大海众宝色。

དེ་བཞིན་འདིར་ཡང་བྱང་ཆུབ་སེམས་མེད་བདེ་གཤེགས་ཀྱི།།
无菩提心善逝智，

ཡེ་ཤེས་འཇིག་རྟེན་འདི་དག་ཀུན་ཏུ་ག་ལ་འབྱུང་། །
一切世间岂能生？

ཡེ་ཤེས་མེད་ན་ཡོན་ཏན་འཕེལ་མེད་བྱང་ཆུབ་མེད། །
无智无德无菩提，

རྒྱ་མཚོ་འདྲ་བའི་སངས་རྒྱས་ཆོས་ཀྱང་མེད་པར་འགྱུར། །
如海佛法亦成无。

འཇིག་རྟེན་འདི་ན་སྣང་བྱེད་སྲོག་ཆགས་ཇི་སྙེད་པ། །
此世能明诸含识，

ཀུན་གྱིས་སྣང་བར་བྱ་ཕྱིར་འོད་རྣམས་ཕྱུང་བ་བས། །
为照亮故放光芒，

ཉི་མའི་དཀྱིལ་འཁོར་འོད་ཟེར་གཅིག་ཕྱུང་ཆེས་མཆོག་སྟེ། །
日轮一光最至上，

སྣང་བྱེད་ཚོགས་ཀྱི་འོད་རྣམས་ཀུན་གྱི་ཆར་མི་ཕོད། །
能明群光皆不及。

ཉན་ཐོས་ཚོགས་རྣམས་ཇི་སྙེད་སྦྱིན་དང་ཚུལ་ཁྲིམས་དང་། །
所有声闻施持戒，

བསྒོམ་དང་རབ་ཏུ་ལྡན་པའི་བསོད་ནམས་ཚོགས་བསྐྱེད་པའང་། །
修行所生福德资，

བྱང་ཆུབ་སེམས་དཔའི་རྗེས་སུ་ཡི་རང་སེམས་གཅིག་ལ། །
菩萨一念随喜心，

ཉན་ཐོས་ཚོགས་ཀྱི་བསོད་ནམས་ཕུང་པོས་ཆར་མི་ཕོད། །
声闻众福不可比。

འདས་དུས་སྔོན་གྱི་སངས་རྒྱས་བྱེ་བ་ཁྲག་ཁྲིག་གང་། །
先佛俱胝那由他，

ཞིང་མང་མཐའ་ཡས་བྱེ་སྟོང་དག་ན་གང་བཞུགས་དང་།།
住千俱胝无边刹，
གང་ཡང་མྱ་ངན་འདས་པའི་འཇིག་རྟེན་མགོན་པོ་རྣམས།།
离忧世间诸怙主，
སྡུག་བསྔལ་ཟད་པར་བྱ་ཕྱིར་རིན་ཆེན་ཆོས་སྟོན་པ།།
为灭痛苦示宝法。
དང་པོར་བྱང་ཆུབ་མཆོག་ཏུ་སེམས་བསྐྱེད་བསྐྱེད་པ་ནས།།
初发殊胜菩提心，
རྣམ་པར་འདྲེན་པ་རྣམས་ཀྱི་དམ་ཆོས་ཟད་ཀྱི་དུས།།
至诸导师妙法尽，
དེ་བར་རྒྱལ་བ་དེ་དག་བསོད་ནམས་གང་ཡིན་པ།།
期间如来诸福德，
ཕ་རོལ་ཕྱིན་དང་ལྡན་དང་སངས་རྒྱས་ཆོས་གང་དང་།།
具波罗蜜佛陀法，
གང་ཡང་སངས་རྒྱས་སྲས་རྣམས་དང་ནི་ཉན་ཐོས་དང་།།
佛子声闻学无学，
སློབ་དང་མི་སློབ་དགེ་བ་ཟག་བཅས་ཟག་མེད་པ།།
有漏无漏之善法，
བསྡུས་ནས་བྱང་ཆུབ་སེམས་དཔའ་རྗེས་སུ་ཡི་རང་ཞིང་།།
菩萨集已作随喜，
འགྲོ་བའི་དོན་དུ་བྱང་ཆུབ་ཕྱིར་ནི་ཐམས་ཅད་བསྔོ།།
利生回向大菩提。
ཡོངས་བསྔོ་གལ་ཏེ་སེམས་སུ་འདུ་ཤེས་འབྱུང་འགྱུར་ཞིང་།།
回向设若心起想，

བྱང་ཆུབ་འདུ་ཤེས་ཡོངས་བསྔོ་སེམས་ཅན་འདུ་ཤེས་ན།།
觉想回向众生想，

འདུ་ཤེས་ཕྱིར་ན་ལྟ་གནས་སེམས་ནི་གསུམ་ལ་ཆགས།།
想故住见心著三，

དམིགས་པ་ཡོད་པས་ཡོངས་སུ་བསྔོས་པར་ཆུད་མ་ཡིན།།
有缘非入普回向。

གལ་ཏེ་འདི་ལྟར་ཆོས་འདི་འགགས་ཤིང་ཟད་པ་དང་།།
如是此法即灭尽，

གང་དུ་ཡོངས་སུ་བསྔོ་བ་དེ་ཡང་ཟད་པ་དང་།།
回向之处彼亦尽，

ཆོས་ཀྱིས་ཆོས་ལ་ནམ་ཡང་མི་བསྔོ་ཤེས་གྱུར་ན།།
知不以法回向法，

དེ་ལྟར་རབ་ཏུ་ཤེས་པས་ཡོངས་སུ་བསྔོས་པ་ཡིན།།
彻知此理乃回向。

གལ་ཏེ་མཚན་མར་བྱེད་ན་དེ་ནི་བསྔོ་མ་ཡིན།།
执相彼非真回向，

ཅི་སྟེ་མཚན་མ་མེད་ན་བྱང་ཆུབ་བསྔོ་བ་ཡིན།།
无相菩提真回向，

ཇི་ལྟར་དུག་དང་འདྲེས་པའི་ཁ་ཟས་བཟང་ཟ་བ།།
如吃杂毒上等食，

དཀར་པོའི་ཆོས་ལ་དམིགས་པའང་དེ་འདྲར་རྒྱལ་བས་གསུངས།།
佛说缘白法亦尔，

དེ་ལྟས་འདི་ལྟར་ཡོངས་སུ་བསྔོ་བ་བསླབ་བྱ་སྟེ།།
故当如是学回向，

ཇི་ལྟར་རྒྱལ་བ་དེ་དག་དགེ་བ་དེ་མཁྱེན་པའི།།
依佛洞悉善行相，

རྣམ་པ་གང་ཡིན་འབྱུང་གང་མཚན་ཉིད་གང་ཡིན་ལ།།
如此出生如此相，

རྗེས་སུ་ཡི་རང་དེ་ལྟ་དེ་ལྟར་ཡོངས་སུ་བསྔོ།།
随喜如此普回向。

དེ་ལྟར་བསོད་ནམས་བྱང་ཆུབ་ཡོངས་སུ་བསྔོ་བྱེད་ན།།
福德回向大菩提，

དུག་མེད་སངས་རྒྱས་མི་སྤྱོང་རྒྱལ་བས་གསུངས་པ་སྨྲ།།
无毒成佛依佛说，

དེ་ལྟར་ཡོངས་བསྔོ་དཔའ་བོ་འཇིག་རྟེན་དམིགས་ཅན་གྱི།།
如是回向之勇士，

བྱང་ཆུབ་སེམས་དཔའ་ཇི་སྙེད་ཐམས་ཅད་ཟིལ་གྱིས་གནོན།།
胜世有缘诸菩萨。

དམུས་ལོང་དམིགས་བུ་མེད་པ་བྱེ་བ་ཁྲག་ཁྲིག་རྣམས།།
无导天盲千万亿，

ལམ་ཡང་མི་ཤེས་གྲོང་ཁྱེར་འཇུག་པར་ག་ལ་འགྱུར།།
不晓道岂入城市？

ཤེས་རབ་མེད་ན་མིག་མེད་ཕ་རོལ་ཕྱིན་ལྔ་འདི།།
无慧无目此五度，

དམིགས་བུ་མེད་པས་བྱང་ཆུབ་རེག་པར་ནུས་མ་ཡིན།།
无导不能证菩提。

གང་ཚེ་ཤེས་རབ་ཀྱིས་ནི་རབ་ཏུ་ཟིན་གྱུར་པ།།
何时以慧尽摄持，

དེ་ཚེ་མིག་རྙེད་གྲུར་ཅིང་འདི་ཡི་མིང་འཐོབ་བོ། །
尔时得目获此名，

དཔེར་ན་རི་མོའི་ལས་ནི་ཡོངས་ཟིན་མིག་མེད་པ། །
如画竣工无眼目，

ཇི་སྲིད་མིག་མ་བྲིས་པར་ཇིན་པ་མི་ཐོབ་བཞིན། །
未点睛前不得资。

གང་ཚེ་འདུས་བྱས་འདུས་མ་བྱས་དང་དཀར་ནག་ཆོས། །
有为无为黑白法，

ཤེས་རབ་རྣམ་པར་བཤིག་ནས་རྡུལ་ཙམ་མི་དམིགས་ཚེ། །
慧破尘许不得时，

འཇིག་རྟེན་དག་ན་ཤེས་རབ་ཕ་རོལ་ཕྱིན་གྲངས་འགྲོ། །
世间入于般若列，

ནམ་མཁའ་གང་ལའང་ཅུང་ཟད་མི་གནས་དེ་དང་འདྲ། །
犹如虚空毫不住。

གལ་ཏེ་བདག་ནི་རྒྱལ་བའི་ཤེས་རབ་སྤྱོད་བྱ་ཞིང་། །
设思我行如来智，

སེམས་ཅན་སྡུག་བསྔལ་རེག་པ་ཁྲག་ཁྲིག་མང་དགྲོལ་སེམས། །
解众那由他多苦，

སེམས་ཅན་འདུ་ཤེས་ཡོངས་རྟོག་བྱང་ཆུབ་སེམས་དཔའ་སྟེ། །
计众生想之菩萨，

འདི་ནི་ཤེས་རབ་ཕ་རོལ་ཕྱིན་མཆོག་སྤྱོད་མ་ཡིན། །
此非行持胜般若。

བྱང་ཆུབ་སེམས་དཔའ་གང་ཞིག་སྔོན་ཆད་སྤྱོད་པའི་ཚེ། །
菩萨先前行持时，

ཕ་རོལ་ཕྱིན་འདིར་སྤྱོད་པ་མཁས་པ་སོམ་ཉི་མེད།།
行此般若无疑知，

ཐོས་མ་ཐག་ཏུ་དེ་ནི་སྟོན་པའི་འདུ་ཤེས་སྐྱེད།།
闻即彼起本师想，

དེས་ནི་བྱང་ཆུབ་ཞི་བ་མྱུར་དུ་རྟོགས་པར་འགྱུར།།
依此速证寂菩提。

སྔོན་སྤྱོད་ཚེ་ན་སངས་རྒྱས་ཁྲག་ཁྲིག་བཀུར་བྱས་ཀྱང་།།
昔行时事无量佛，

རྒྱལ་བའི་ཤེས་རབ་ཕ་རོལ་ཕྱིན་ལ་མ་དད་ན།།
然若未信佛般若，

ཐོས་ནས་བློ་ཆུང་དེ་ཡིས་འདི་ནི་སྤོང་བྱེད་དེ།།
闻已慧浅彼弃此，

སྤངས་ནས་སྐྱབས་མེད་གྱུར་པ་དེ་ནི་མནར་མེད་འགྲོ།།
舍无救护堕无间。

དེ་ལྟ་བས་ན་གལ་ཏེ་སངས་རྒྱས་ཡེ་ཤེས་མཆོག།
故欲证佛最胜智，

རིག་པར་འདོད་ན་རྒྱལ་བའི་ཡུམ་འདིར་དད་པར་གྱིས།།
于此佛母当起信，

དཔེར་ན་ཚོང་པ་རིན་ཆེན་གླིང་དུ་སོང་ནས་ནི།།
犹如商人至宝洲，

ནོར་ཟད་སླར་ལོག་ལྟ་བུར་གྱུར་ན་མི་རུང་ངོ་།།
荡财返回非应理。

གཟུགས་ཀྱི་དག་པ་འབྲས་བུ་དག་པར་རིག་པར་བྱ།།
当知色净果清净，

འབྲས་བུ་གཟུགས་དག་ཐམས་ཅད་མཁྱེན་ཉིད་དག་པར་འགྱུར། །
果色清净遍知净，

ཐམས་ཅད་མཁྱེན་ཉིད་འབྲས་བུ་དག་དང་གཟུགས་དག་པ། །
遍知果净色清净，

ནམ་མཁའི་ཁམས་དང་མཚུངས་ཏེ་དབྱེར་མེད་བཅད་དུ་མེད། །
如虚空界不分割。

སྐབས་གཉིས་པའོ། །
第二品终

དཔའ་བོ་གར་སྤྱོད་ཤེས་རབ་ཕ་རོལ་ཕྱིན་པ་ཡིས། །
勇士所行依般若，

ཁམས་གསུམ་ཡང་དག་འདས་ལ་རྣམ་པར་གྲོལ་བའང་མིན། །
真超三界非解脱，

ཉོན་མོངས་བསལ་བར་གྱུར་ཀྱང་སྐྱེ་བ་སྟོན་པར་བྱེད། །
虽除烦恼示投生，

རྒ་དང་ན་དང་འཆི་བ་མེད་ཀྱང་འཆི་འཕོ་སྟོན། །
无老病死示死殁。

འགྲོ་བ་འདི་དག་མིང་དང་གཟུགས་ཀྱི་འདམ་ལ་ཆགས། །
众生身陷名色泥，

རླུང་གི་འཁོར་ལོ་ལྟ་བུའི་འཁོར་བའི་འཁོར་ལོར་འཁྱམས། །
漂似风轮生死中，

འགྲོ་བ་འཁྲུལ་པ་རི་དྭགས་རྒྱར་ཚུད་འདྲར་ཤེས་ནས། །
知迷众如兽入网，

ཤེས་རབ་ལྡན་པ་མཁའ་ལ་བྱ་བཞིན་རྣམ་པར་རྒྱུ། །
智者如禽游虚空。

སྤྱོད་པ་ཡོངས་དག་གང་ཞིག་གཟུགས་ལ་མི་སྤྱོད་ཅིང་། །
行清净者不行色，

རྣམ་ཤེས་འདུ་ཤེས་ཚོར་བ་སེམས་པར་མི་སྤྱོད་ན། །
不行识想受及行，

དེ་ལྟར་སྤྱོད་པ་ཆགས་པ་ཐམས་ཅད་ཡོངས་སྤོང་ཞིང་། །
如是而行断诸贪，

ཆགས་ལས་རྣམ་གྲོལ་བདེ་གཤེགས་རྣམས་ཀྱི་ཤེས་རབ་སྤྱོད། །
行解脱贪诸佛智。

དེ་ལྟར་སྤྱོད་པའི་བྱང་ཆུབ་སེམས་དཔའ་མཁས་གསལ་བ། །
明智菩萨如是行，

ཆགས་པ་བཅད་ནས་འགྲོ་ལ་ཆགས་པ་མེད་པར་འགྲོ། །
断贪趋向无贪执，

ཉི་མ་སྒྲ་གཅན་གཟའ་བྲལ་ལྷང་ངེར་འདུག་པ་དང་། །
如离罗睺日昭住，

མེ་བཏང་རྩྭ་དང་ཤིང་དང་ནགས་ཚལ་སྲེག་པ་བཞིན། །
失火焚烧草木林。

ཆོས་རྣམས་ཐམས་ཅད་རང་བཞིན་དག་ཅིང་ཡོངས་དག་པར། །
诸法自性净普净，

བྱང་ཆུབ་སེམས་དཔའ་ཤེས་རབ་ཕ་རོལ་ཕྱིན་ལྟ་ན། །
菩萨慧观般若时，

བྱེད་པ་པོ་ཡང་མི་དམིགས་ཆོས་ཀུན་མི་དམིགས་ཏེ། །
不缘行者一切法，

འདི་ནི་ཤེས་རབ་ཕ་རོལ་ཕྱིན་མཆོག་སྤྱོད་པ་ཡིན། །
此即行持胜般若。

སྐབས་གསུམ་པའོ།།
第三品终

རྒྱལ་བ་ལ་ནི་ལྷ་རྒྱལ་བརྒྱ་བྱིན་གྱིས་ཞུས་པ།།
天王帝释问佛尊，

བྱང་ཆུབ་སེམས་དཔའ་ཤེས་རབ་སྤྱོད་པ་ཇི་ལྟར་བརྩོན།།
菩萨如何勤行智？

ཕུང་པོ་ཁམས་ལ་རྡུལ་ཙམ་བརྩོན་པར་མི་བྱེད་ཅིང་།།
蕴界尘许不勤行，

ཕུང་པོར་མི་བརྩོན་དེ་ནི་བྱང་ཆུབ་སེམས་དཔའ་བརྩོན།།
不勤于蕴菩萨勤。

གང་ཞིག་ཆོས་འདི་སྒྱུལ་དང་སྒྱུ་མ་འདྲར་ཐོས་ནས།།
谁闻此法如幻化，

སོམ་ཉི་མེད་ཅིང་སློབ་ལ་ཕྱིར་ཞིང་སྦྱོར་བྱེད་པ།།
无疑学复行加行，

སེམས་ཅན་དེ་ནི་རིང་ནས་ཐེག་ཆེན་ཞུགས་རིག་བྱ།།
知彼久远入大乘，

སངས་རྒྱས་བྱེ་བ་ཁྲག་ཁྲིག་མང་ལ་ལྷག་བྱས་ཡིན།།
事佛俱胝那由他。

དགོན་པའི་ལམ་ནི་དཔག་ཚད་མང་པོར་ཞུགས་པའི་མིས།།
入多由旬荒道人，

གནག་རྫི་མཚམས་ཀྱི་ནགས་ཚལ་ཕུན་སུམ་ཚོགས་མཐོང་ནས།།
见牧牛人交界林，

འདི་དག་གྲོང་དང་གྲོང་ཁྱེར་ཉེ་བའི་རྟགས་སྣམ་སྣེ།།
思乃临近村城兆，

དབུགས་ཕྱིན་རྙེད་པར་གྱུར་ཅིང་ཆོམ་རྐུན་འཇིགས་པ་མེད།།
得安慰无盗匪惧。

དེ་བཞིན་བྱང་ཆུབ་ཡོངས་སུ་ཚོལ་ཚེ་རྒྱལ་རྣམས་ཀྱི།།
如是寻觅菩提时，

ཤེས་རབ་ཕ་རོལ་ཕྱིན་འདི་མཉན་པ་གང་ཐོབ་པ།།
得闻诸佛此般若，

དེ་ནི་དབུགས་ཕྱིན་ཐོབ་པར་གྱུར་ཅིང་འཇིགས་མེད་དེ།།
彼得慰藉无畏惧，

དགྲ་བཅོམ་ས་ལ་མ་ཡིན་རྐྱེན་རྟོག་ས་ལ་མིན།།
非罗汉果缘觉地。

མི་ཞིག་རྒྱ་མཚོའི་ཆུ་ནི་ལྟ་ཕྱིར་འགྲོ་བ་ཡིས།།
如人为观海水往，

གལ་ཏེ་ཤིང་དང་ནགས་ཚལ་རི་མཐོང་ད་དུང་རིང་།།
见树林山仍遥远，

ཅི་སྟེ་རྟགས་མ་མཐོང་ན་རྒྱ་མཚོ་ཆེན་པོ་ནི།།
不见彼等遥远相，

ཉེ་བར་གྱུར་ཏོ་སྙམ་སྟེ་དེ་ལ་སོམ་ཉི་མེད།།
思近大海无怀疑。

དེ་ལྟར་བྱང་ཆུབ་དམ་པར་རབ་ཞུགས་རྒྱལ་བ་ཡི།།
当知已入妙菩提，

ཤེས་རབ་ཕ་རོལ་ཕྱིན་པ་འདི་ཉན་རིག་པར་བྱ།།
听闻如来此般若，

རྣམ་པར་འདྲེན་པས་མངོན་སུམ་ལུང་བསྟན་མ་གྱུར་ཀྱང་།།
纵未得佛亲授记，

སངས་རྒྱས་བྱང་ཆུབ་རིང་པོར་མི་ཐོགས་བདག་རེག་འགྱུར།།
不久自证佛菩提。

དཔྱིད་དུས་བཟང་ལ་སྡོང་པོ་ལོ་མ་ལྷགས་གྱུར་ན།།
春季好时树叶落，

ཡལ་གས་རིང་པོར་མི་ཐོགས་ལོ་འབྲས་མེ་ཏོག་བསྐྲུན།།
枝不久生叶花果，

ཤེས་རབ་ཕ་རོལ་ཕྱིན་འདི་སུ་ཡི་ལག་ཐོབ་པ།།
谁手中得此般若，

རིང་པོར་མི་ཐོགས་འདྲེན་པ་རྣམས་ཀྱི་བྱང་ཆུབ་ཐོབ།།
不久获证佛菩提。

དཔེར་ན་བུད་མེད་སྦྲུམ་གང་སྡུག་བསྔལ་ཉེན་གྱུར་ན།།
犹如孕妇受苦逼，

དེ་ནི་དེ་ཡི་བཙའ་བའི་དུས་ལ་བབ་ཅེས་བྱ།།
彼谓已至分娩时，

དེ་བཞིན་བྱང་ཆུབ་སེམས་དཔའ་རྒྱལ་བའི་ཤེས་རབ་ཉན།།
菩萨听闻如来智，

དགའ་དང་འདུན་པ་བསྐྱེད་པ་མྱུར་དུ་བྱང་ཆུབ་རེག།
生喜求疾证菩提。

ཤེས་རབ་ཕ་རོལ་ཕྱིན་མཆོག་སྤྱོད་ཚེ་རྣལ་འབྱོར་པ།།
行胜般若瑜伽者，

གཟུགས་ཀྱི་འཕེལ་བ་དང་ནི་ཡོངས་སུ་འགྲིབ་མི་མཐོང་།།
不见色之增与减，

གང་ཞིག་ཆོས་དང་ཆོས་མིན་ཆོས་དབྱིངས་མི་མཐོང་ཞིང་།།
不见非法法法界，

མྱ་ངན་འདས་ལ་མི་རེག་དེ་ནི་ཤེས་རབ་གནས།།
不证涅槃彼住智。

གང་ཞིག་འདིར་སྤྱོད་སངས་རྒྱས་ཆོས་རྣམས་མི་རྟོག་སྟེ།།
行此不计佛诸法，

སྟོབས་དང་རྫུ་འཕྲུལ་ཀྲང་པ་བྱང་ཆུབ་ཞི་མི་རྟོག།
五力神足寂菩提，

རྣམ་པར་མི་རྟོག་རྟོག་བྲལ་བྱིན་གྱིས་རླབས་ཀྱིས་སྤྱོད།།
远离分别依加持，

འདི་ནི་ཤེས་རབ་ཕ་རོལ་ཕྱིན་མཆོག་སྤྱོད་པ་ཡིན།།
行此即行胜般若。

སྒྲ་བའི་ཟླ་བ་སངས་རྒྱས་ལ་ནི་རབ་འབྱོར་ཞུས།།
须菩提问说月佛，

ཡོན་ཏན་དགའ་བ་རྣམས་ཀྱི་བར་དུ་གཅོད་གང་ལགས།།
何为喜功德者障？

སྟོན་པས་བཀའ་སྩལ་བར་དུ་གཅོད་པར་འགྱུར་མང་སྟེ།།
佛言成为障碍多，

དེ་ལས་རེ་ཞིག་ཙུང་ཟད་ཙམ་ཞིག་ཡོངས་སུ་བརྗོད།།
从中稍略普宣说。

རྒྱལ་བའི་ཤེས་རབ་ཕ་རོལ་ཕྱིན་འདི་ཡིག་འབྲི་ཚེ།།
缮写佛此般若时，

སྤོབས་པ་ཐ་དད་རྣམ་པ་དུ་མ་འབྱུང་འགྱུར་ཞིང་།།
不同辩才纷涌现，

འགྲོ་བའི་དོན་མ་བྱས་པར་གློག་བཞིན་མྱུར་དུ་ཡང་།།
未利众生似闪电，

ཡོངས་སུ་ཉམས་པར་འགྱུར་བ་འདི་ནི་བདུད་ཀྱི་ལས།།
疾速退失是魔业。

འདི་བཤད་ཚེ་ན་ཁ་ཅིག་སོམ་ཉི་ཟ་འགྱུར་ཏེ།།
讲此之际有生疑，

འདྲེན་པས་འདིར་ནི་བདག་གི་མིང་ཡང་ཡོངས་མ་བརྗོད།།
导师于此未言及，

རིགས་དང་ས་དང་རུས་ཀྱང་ཡོངས་སུ་མ་བརྗོད་ཅེས།།
我名种族地姓氏，

དེ་ནི་ཉན་པར་མི་འགྱུར་སྤོང་འགྱུར་བདུད་ཀྱི་ལས།།
不闻弃此是魔业。

དེ་ལྟར་མི་ཤེས་དེ་དག་རྩ་བ་བོར་ནས་ནི།།
不明此理舍根本，

རྨོངས་པས་ཡལ་ག་དག་དང་འདབ་མ་འཚོལ་བར་འགྱུར།།
愚昧不解寻枝叶。

གླང་པོ་རྙེད་ཀྱང་གླང་པོའི་རྗེས་ནི་འཚོལ་བ་ལྟར།།
如得象复寻象迹，

ཤེས་རབ་ཕ་རོལ་ཕྱིན་ཐོས་མདོ་ཚོལ་དེ་བཞིན་ནོ།།
听闻般若寻经同。

དཔེར་ན་ལ་ལས་རོ་བརྒྱ་ལྡན་པའི་ཟས་རྙེད་ལ།།
如人获具百味食，

ཟས་མཆོག་རྙེད་ནས་ཟས་ངན་འཚོལ་བར་བྱེད་པ་ལྟར།།
得妙食寻菲薄食，

བྱང་ཆུབ་སེམས་དཔའ་ཕ་རོལ་ཕྱིན་པ་འདི་རྙེད་ནས།།
菩萨得此波罗蜜，

དགྲ་བཅོམ་ས་ཡིས་བྱང་ཆུབ་འཚོལ་བྱེད་དེ་བཞིན་ནོ། །
罗汉果寻菩提同。

བསྙེ་སྟང་འདོད་པར་འགྱུར་ཞིང་རྙེད་པ་འདོད་འགྱུར་དང་། །
贪求恭敬图利养，

ལྟ་དང་བཅས་པའི་སེམས་ཀྱིས་ཁྱིམ་འདྲིས་བྱེད་ལྡན་ཞིང་། །
以有见心熟俗家，

ཆོས་བཏང་ནས་ནི་ཆོས་མིན་བྱ་བ་སྤྱོད་འགྱུར་བ། །
舍法而行非法事，

ལམ་བོར་ལམ་གོལ་འགྲོ་བ་འདི་ནི་བདུད་ཀྱི་ལས། །
弃道入歧是魔业。

གང་དག་དེ་ཡི་ཚེ་ན་འདུན་ཅིང་དད་གྱུར་ནས། །
尔时希求起信已，

ཆོས་ཀྱི་དམ་པ་འདི་ནི་ཉན་དུ་སོང་བ་ལས། །
去听闻此微妙法，

དེ་དག་གིས་ནི་ཆོས་སྨྲ་བྱ་བར་ལྡན་རིག་ནས། །
知说法师依琐事，

དགའ་བ་མེད་ཅིང་ཡིད་མི་བདེ་བར་གྱུར་ནས་འགྲོ། །
不喜不悦而离去。

དེ་ཡི་ཚེ་ན་བདུད་ཀྱི་ལས་འདི་འབྱུང་བར་འགྱུར། །
是时出现此魔业，

དེ་ཚེ་གང་དག་གིས་ནི་དགེ་སློང་མང་དཀྲུགས་ནས། །
彼时扰乱众比丘，

ཤེས་རབ་ཕ་རོལ་ཕྱིན་འདི་འཛིན་པར་མི་འགྱུར་བའི། །
不令受持此般若，

བར་དུ་གཅོད་པ་རྣམ་མང་གཞན་ཡང་འབྱུང་བར་འགྱུར།།
余多违缘亦屡现。

རིན་ཆེན་རིན་ཐང་མེད་པ་རྙེད་འགྱུར་གང་དག་ཡིན།།
有人已得无价宝，

དེ་དག་དཀོན་ལ་དུས་རྣམས་རྟག་ཏུ་འཚེ་བའང་མང་།།
稀有恒时害亦多，

དེ་བཞིན་རྒྱལ་བའི་ཤེས་རབ་ཕ་རོལ་ཕྱིན་པ་མཆོག།
如是如来胜般若，

རིན་ཆེན་ཆོས་ཀྱང་དཀོན་ལ་རྟག་ཏུ་འཚེ་བའང་མང་།།
法宝难得害亦多。

ཐེག་པ་གསར་དུ་ཞུགས་པའི་སེམས་ཅན་བློ་ཆུང་བ།།
新入乘之浅慧者，

གང་ཞིག་དཀོན་པའི་རིན་ཆེན་འདི་ནི་མ་རྙེད་པ།།
未得稀有此珍宝，

དེ་ལ་བར་ཆད་བྱ་ཕྱིར་བདུད་ནི་སྤྲོ་བར་འགྱུར།།
为造违缘恶魔喜。

ཕྱོགས་བཅུའི་སངས་རྒྱས་དེ་དག་ཡོངས་སུ་འཛིན་ལ་སྤྱོར།།
十方佛陀行摄持。

མ་ཞིག་ན་བར་གྱུར་ལ་བུ་ནི་མང་ཡོད་པ།།
如患病母有多子，

དེ་ཀུན་ཡིད་མི་བདེ་ཞིང་དེ་ལ་རིམ་གྲོ་བྱེད།།
悉皆伤心服侍彼，

དེ་བཞིན་ཕྱོགས་བཅུའི་འཇིག་རྟེན་ཁམས་ཀྱི་སངས་རྒྱས་ཀྱང་།།
如是十方世界佛，

ཡུམ་གྱུར་ཤེས་རབ་དམ་པ་འདི་ལ་དགོངས་པ་མཛད།།
亦念佛母微妙智。

གང་དག་འདས་དང་ཕྱོགས་བཅུའི་འཇིག་རྟེན་མགོན་གང་དང་།།
过去十方及未来，

མ་འོངས་དུས་ན་འབྱུང་འགྱུར་དེ་དག་འདི་ལས་འབྱུང་།།
世间怙主由此生，

འཇིག་རྟེན་སྟོན་པ་རྒྱལ་བ་རྣམས་ཀྱི་སྐྱེད་བྱེད་ཡུམ།།
示世诸佛能生母，

སེམས་ཅན་གཞན་གྱི་སེམས་ཀྱི་སྤྱོད་པ་སྟོན་པར་བྱེད།།
示余有情之心行。

འཇིག་རྟེན་དེ་བཞིན་ཉིད་དང་དགྲ་བཅོམ་དེ་བཞིན་ཉིད།།
世间罗汉之真如，

རང་རྒྱལ་དེ་བཞིན་ཉིད་དང་རྒྱལ་སྲས་དེ་བཞིན་ཉིད།།
缘觉佛子之真如，

གཅིག་པ་ཉིད་དེ་དངོས་བྲལ་གཞན་མིན་དེ་བཞིན་ཉིད།།
离实非他一真如，

ཤེས་རབ་ཕ་རོལ་ཕྱིན་པ་དེ་བཞིན་གཤེགས་པས་མཁྱེན།།
如来彻知智慧度。

མཁས་པ་འཇིག་རྟེན་གནས་སམ་མྱ་ངན་འདས་ཀྱང་རུང་།།
遍知住世或涅槃，

ཆོས་ཉིད་སྐྱོན་མེད་ཆོས་རྣམས་སྟོང་པ་འདི་གནས་ཏེ།།
无过法性法空住，

བྱང་ཆུབ་སེམས་དཔས་དེ་བཞིན་ཉིད་འདི་རྗེས་སུ་རྟོགས།།
菩萨随证此真如，

དེ་ཕྱིར་དེ་བཞིན་གཤེགས་ཞེས་སངས་རྒྱས་མཚན་གསོལ་ཏོ། །
故于佛赐如来名。

ཤེས་རབ་ཕ་རོལ་ཕྱིན་པ་དགའ་ཚལ་ལ་བརྟེན་པ། །
依于般若欢喜园，

སྟོབས་བཅུ་རྣམ་འདྲེན་རྣམས་ཀྱི་སྤྱོད་ཡུལ་འདི་ཡིན་ཏེ། །
十力导师此行境，

སེམས་ཅན་སྡུག་བསྔལ་ངན་སོང་གསུམ་ལས་ཡོངས་འདོན་ཀྱང་། །
尽除众苦三恶趣，

དེ་དག་ནམ་ཡང་སེམས་ཅན་འདུ་ཤེས་འགྱུར་བ་མེད། །
彼等永无众生想。

དཔེར་ན་སེང་གེ་རི་སུལ་བརྟེན་ནས་འཇིགས་མེད་པར། །
如狮栖山无畏惧，

རི་དྭགས་ཕྲ་མོ་མང་སྐྲག་བྱེད་ཅིང་སྒྲ་སྒྲོགས་ལྟར། །
震慑群兽发吼声，

མི་ཡི་སེང་གེ་ཤེས་རབ་ཕ་རོལ་ཕྱིན་བརྟེན་ནས། །
人中狮子依般若，

མུ་སྟེགས་ཅན་མང་སྐྲག་ཕྱིར་འཇིག་རྟེན་སྒྲ་ཡང་སྒྲོགས། །
慑众外道发吼声。

དཔེར་ན་ནམ་མཁར་གནས་པའི་ཉི་མའི་འོད་ཟེར་ནི། །
譬如空中之阳光，

ས་འདི་སྐེམ་པར་བྱེད་ཅིང་གཟུགས་ཀྱང་རབ་ཏུ་སྟོན། །
晒干大地显色相，

དེ་བཞིན་ཆོས་རྒྱལ་ཤེས་རབ་ཕ་རོལ་ཕྱིན་བརྟེན་ནས། །
如是法王依般若，

སྲིད་པའི་རྒྱ་མཚོ་རྣམས་ཞིང་ཆོས་ཀུང་རབ་ཏུ་སྟོན།།
有海干涸说诸法。

གཟུགས་རྣམས་མི་མཐོང་ཚོར་བ་དག་ཀུང་མི་མཐོང་ཞིང་།།
诸色及受不可见，

འདུ་ཤེས་མཐོང་བ་མེད་ལ་སེམས་པ་མི་མཐོང་ཞིང་།།
想无所见行不见，

གང་ལ་རྣམ་པར་ཤེས་དང་སེམས་ཡིད་མཐོང་མེད་པ།།
识心及意无所见，

འདི་ནི་ཆོས་མཐོང་ཡིན་ཞེས་དེ་བཞིན་གཤེགས་པས་བསྟན།།
此名见法如来言。

ནམ་མཁའ་མཐོང་ཞེས་སེམས་ཅན་ཚིག་ཏུ་རབ་བརྗོད་པ།།
有情声称见虚空，

ནམ་མཁའ་ཇི་ལྟར་མཐོང་ཞེས་དོན་འདི་བརྟག་པར་གྱིས།།
虚空岂见观此义，

དེ་ལྟར་ཆོས་མཐོང་བ་ཡང་དེ་བཞིན་གཤེགས་པས་བསྟན།།
佛说见法亦复然，

མཐོང་བ་དཔེ་གཞན་གྱིས་ནི་བསྟན་པར་ནུས་མ་ཡིན།།
见以他喻不能诠。

གང་གིས་དེ་ལྟར་མཐོང་བ་དེ་ཡིས་ཆོས་ཀུན་མཐོང་།།
谁如是见见诸法，

རྒྱལ་པོ་བཏང་སྟོམས་འདུག་ཅིང་བློན་པོ་ཀུན་བྱེད་ལྟར།།
如王舍住臣普行，

སངས་རྒྱས་མཛད་དང་ཉན་ཐོས་ཆོས་རྣམས་ཇི་སྙེད་པ།།
佛行声闻所有法，

དེ་དག་ཐམས་ཅད་ཤེས་རབ་ཕ་རོལ་ཕྱིན་པ་བྱེད། །
悉皆依于般若行。

རྒྱལ་པོ་གྲོང་དུ་མི་འགྲོ་ཡུལ་འཁོར་མི་འགྲོ་བར། །
如王不往城国邑，

རང་གི་ཡུལ་ནས་འདུ་བ་ཐམས་ཅད་སྡུད་པ་ལྟར། །
居自宫摄诸财物，

བྱང་ཆུབ་སེམས་དཔའ་ཆོས་ཉིད་གང་དུའང་མི་འགྲོ་ལ། །
菩萨法性无所去，

སངས་རྒྱས་ས་ཡི་ཡོན་ཏན་གང་ཡིན་ཐམས་ཅད་སྡུད། །
摄集佛地诸功德。

གང་ལ་བདེ་གཤེགས་བྱང་ཆུབ་སེམས་དཔའ་དད་བརྟན་ཡོད། །
于佛菩萨有坚信，

ཤེས་རབ་ཕ་རོལ་ཕྱིན་པ་མཆོག་ལ་བསམ་སྤྱོར་བ། །
意乐行持胜般若，

ཉན་ཐོས་རང་རྒྱལ་ས་གཉིས་ཤིན་ཏུ་འདས་བྱས་ནས། །
尽越声闻独觉地，

ཐྱིལ་གྱིས་མི་ནོན་རྒྱལ་བའི་བྱང་ཆུབ་མྱུར་དུ་འཐོབ། །
速得无遮佛菩提。

དཔེར་ན་རྒྱ་མཚོར་འཇུག་པའི་གྲུ་ནི་ཆག་གྱུར་ལ། །
犹入海者船破毁，

མི་གང་རོ་འམ་རྩྭ་འམ་ཤིང་ནི་མི་འཛིན་པ། །
何人未持尸草木，

ཆུ་དབུས་འཇིག་པར་འགྱུར་ཏེ་ངོགས་སུ་ཕྱིན་མི་འགྱུར། །
葬身水中不抵岸，

གང་ཞིག་འཛིན་པ་རྒྱ་མཚོའི་ཕ་རོལ་ཕྱིན་པར་འགྱུར། །
若人握物至海岸。

དེ་ལྟར་དད་ལྡན་དང་བ་ཐོབ་པ་གང་ཞིག་ནི། །
如是具信得净心，

ཤེས་རབ་ཕ་རོལ་ཕྱིན་ཡུམ་རྗེས་སུ་མི་འཇུག་མིན། །
不随般若非证觉，

སྐྱེ་ རྒ་འཆི་དང་མྱ་ངན་ཚ་རླབས་འཁྲུགས་པ་ཡིས། །
生老死忧波涛汹，

འཁོར་བའི་རྒྱ་མཚོ་དེར་ནི་རྟག་ཏུ་འཁོར་འགྱུར་བ། །
轮回海中恒流转。

གང་དེ་ཤེས་རབ་མཆོག་གིས་ཡོངས་སུ་ཟིན་པ་ན། །
若以殊胜慧摄持，

དངོས་པོའི་རང་བཞིན་མཁས་ཤིང་དོན་དམ་སྟོན་པར་བྱེད། །
通法自性说胜义，

དེ་དག་ཐབས་ཀྱི་ཡོན་ཏན་ཤེས་རབ་ཡོངས་ཟིན་ན། །
方便功德以慧摄，

མཆོག་ཏུ་མྱུར་དུ་བྱང་ཆུབ་ཞི་བ་མཆོག་ཏུ་རེག །
速证最妙佛菩提。

དཔེར་ན་ལ་ལས་རྫ་སོ་མ་བཏང་ཆུ་སྐྱེད་ན། །
如人新罐盛装水，

ཉམ་ཆུང་ཕྱིར་ན་མྱུར་དུ་འཇིག་པར་རིག་པར་བྱ། །
知不牢固故速毁，

སོ་བཏང་བྲུམ་པར་ཆུ་སྐྱེད་ལམ་དུ་འཇིག་པ་ཡི། །
窑烧瓶中盛装水，

འཇིགས་པ་མེད་ཅིང་བདེ་བར་ཁྱིམ་དུ་ཕྱིན་པར་འགྱུར།།
途无坏惧安返家。

དེ་བཞིན་བྱང་ཆུབ་སེམས་དཔའ་དད་པ་མང་གྱུར་ཀྱང་།།
如是菩萨信虽足，

ཤེས་རབ་རྣམ་པར་ཉམས་ན་མྱུར་དུ་མ་རུངས་འགྱུར།།
然失智慧疾退堕，

དད་པས་ཤེས་རབ་དེ་ནི་ཡོངས་སུ་ཟིན་གྱུར་ན།།
若信心以慧摄持，

ས་གཉིས་ཤིན་ཏུ་འདས་ཏེ་བྱང་ཆུབ་མཆོག་ཐོབ་འགྱུར།།
越二地获大菩提。

དཔེར་ན་བཙོས་ལེགས་མ་བྱས་གྲུ་ནི་རྒྱ་མཚོའི་ནང་།།
如未精造船入海，

ནོར་དང་བཅས་ཤིང་ཚོང་པར་བཅས་ཏེ་འཇིག་པར་འགྱུར།།
财宝商人俱毁坏，

གྲུ་དེ་ལེགས་པར་བཙོས་ལེགས་བྱས་དང་ལྡན་གྱུར་ན།།
彼船精心而细造，

མི་འཇིག་ནོར་དང་བཅས་པ་རྫོགས་སུ་ཕྱིན་པར་འགྱུར།།
无损载宝达岸边。

དེ་ལྟར་བྱང་ཆུབ་སེམས་དཔའ་དད་པས་ཡོངས་བསྒོས་ཀྱང་།།
如是菩萨纵熏信，

ཤེས་རབ་མེད་ན་བྱང་ཆུབ་ལས་ནི་མྱུར་ཉམས་འགྱུར།།
若无智速退菩提，

དེ་ཉིད་ཤེས་རབ་ཕ་རོལ་ཕྱིན་པ་མཆོག་ལྡན་ན།།
若具殊胜智慧度，

མ་ རྨས་མ་ཉམས་རྒྱལ་བའི་བྱང་ཆུབ་རེག་པར་འགྱུར། །

不染失证佛菩提。

ལོ་བརྒྱ་ཉི་ཤུ་ལོན་ཏེ་རྒས་ཤིང་སྡུག་བསྔལ་མི། །

一百廿岁老苦人，

ལངས་ཀྱང་བདག་ཉིད་འགྲོ་བར་ནུས་པ་མ་ཡིན་ཏེ། །

虽立独自不能行，

དེ་ནི་གཡས་གཡོན་གཉིས་ནས་མི་ཡིས་བརྟེན་བྱས་ནས། །

若左右人作依附，

འགྱེལ་བའི་འཇིགས་པ་མེད་ ཅིང་བདེ་བླག་འགྲོ་བར་འགྱུར། །

无跌倒怖顺利行。

དེ་བཞིན་བྱང་ཆུབ་སེམས་དཔའ་ཤེས་རབ་སྟོབས་ཆུང་བ། །

如是菩萨智力微，

རབ་ཏུ་ཞུགས་པར་གྱུར་ཀྱང་བར་དུ་ཉམས་པར་འགྱུར། །

彼已趋入复退失，

དེ་ཉིད་ཐབས་དང་ཤེས་རབ་མཆོག་གིས་ཡོངས་ཟིན་ན། །

以胜方便慧摄持，

མི་ཉམས་དེ་བཞིན་གཤེགས་ཀྱི་བྱང་ཆུབ་རེག་པར་འགྱུར། །

不退证得佛菩提。

བྱང་ཆུབ་སེམས་དཔའ་དང་པོའི་ལས་ཀྱི་སར་གནས་གང་། །

住初学位之菩萨，

ལྷག་པའི་བསམ་པས་སངས་རྒྱས་བྱང་ཆུབ་མཆོག་ཞུགས་པ། །

胜意乐入大菩提，

སློབ་མ་བཟང་པོ་བླ་མར་གུས་ལྡན་དེ་དག་གིས། །

贤善弟子敬上师，

བླ་མ་མཁས་པ་རྣམས་ལ་རྟག་ཏུ་བསྟེན་པར་བྱ།།
恒依诸位智者师。

ཅི་ཕྱིར་ཞེ་ན་མཁས་པའི་ཡོན་ཏན་དེ་ལས་འབྱུང་།།
因智功德源于彼，

དེ་དག་ཤེས་རབ་ཕ་རོལ་ཕྱིན་པ་རྗེས་སུ་སྟོན།།
随说般若波罗蜜，

སངས་རྒྱས་ཆོས་རྣམས་དགེ་བའི་བཤེས་ལ་བསྟེན་ཏོ་ཞེས།།
佛诸法依善知识，

ཡོན་ཏན་ཀུན་གྱི་མཆོག་མངའ་རྒྱལ་བས་དེ་སྐད་གསུང་།།
具胜功德如来语。

སྦྱིན་དང་ཚུལ་ཁྲིམས་བཟོད་དང་དེ་བཞིན་བརྩོན་འགྲུས་དང་།།
布施持戒忍精进，

བསམ་གཏན་ཤེས་རབ་བྱང་ཆུབ་ཡོངས་སུ་བསྔོ་བར་གྱིས།།
定慧回向大菩提，

བྱང་ཆུབ་ཕུང་པོར་ཞེན་ནས་མཆོག་འཛིན་མ་བྱེད་ཅེས།།
菩提莫执蕴见取，

དང་པོའི་ལས་ཅན་དེ་ལ་དེ་སྐད་བསྟན་པར་བྱ།།
初学者前示此理。

དེ་ལྟར་སྤྱོད་པ་ལེགས་མཆོ་སྨྲ་བའི་ཟླ་བ་རྣམས།།
此行善海说法月，

འགྲོ་བའི་སྐྱབས་དང་དཔུང་གཉེན་དང་ནི་གནས་ཡིན་ཏེ།།
众生皈处友军所，

རྟེན་དང་བློ་དང་གླིང་དང་ཡོངས་འདྲེན་དོན་འདོད་པ།།
依慧洲导欲利者，

གསལ་བྱེད་སྒྲོན་མ་ཆོས་མཆོག་སྨྲ་བ་མི་འཁྲུགས་ཡིན། །
日灯说胜法不乱。

གྲགས་ཆེན་ལྡན་རྣམས་བྱ་དཀའ་གོ་ཆ་གྱོན་བྱེད་དེ། །
具大名披难行铠，

ཕུང་པོ་ཁམས་དང་སྐྱེ་མཆེད་རྣམས་ཀྱི་གོ་ཆ་མིན། །
非蕴界处之盔甲，

ཐེག་གསུམ་འདུ་ཤེས་བྲལ་ཞིང་ཡོངས་སུ་གཟུང་བ་མེད། །
离三乘想无执取，

མི་ལྡོག་གཡོ་བ་མེད་ཅིང་མི་འཁྲུགས་ཆོས་ཅན་ཡིན། །
不退不动不乱法。

དེ་དག་འདི་འདྲའི་ཆོས་དང་ལྡན་ཞིང་སྤྲོས་པ་མེད། །
彼具此法无戏论，

ཐེ་ཚོམ་སོམ་ཉི་ཡིད་གཉིས་བྲལ་ཞིང་དོན་དང་ལྡན། །
远离疑虑具实义，

ཤེས་རབ་ཕ་རོལ་ཕྱིན་པ་ཐོས་ནས་མི་ནུར་བ། །
听闻般若不退却，

གཞན་གྱི་དྲིང་མི་འཇོག་ཅིང་མི་ལྡོག་ག་རིག་པར་བྱ། །
不依他转不退还。

འདྲེན་པ་རྣམས་ཀྱི་ཆོས་འདི་ཟབ་སྟེ་མཐོང་བར་དཀའ། །
诸佛此法深难见，

སུས་ཀྱང་རྟོགས་པ་མེད་ཅིང་ཐོབ་པར་འགྱུར་མེད་པ། །
谁亦无悟无获得，

དེ་ཕྱིར་ཕན་མཛད་བརྩེར་ལྡན་བྱང་ཆུབ་བརྙེས་ནས་འདི། །
行利慈者证菩提，

སེམས་ཅན་ཚོགས་སུས་ཤེས་སྙམ་ཐུགས་ཁྲེལ་ཆུང་བར་མཛད།།
思众谁知不欲言。

སེམས་ཅན་རྣམས་ནི་གནས་ལ་དགའ་ཞིང་ཡུལ་རྣམས་འདོད།།
众生喜处求诸境，

འཛིན་ལ་གནས་ཤིང་མི་མཁས་བླུན་མོངས་མུན་པ་བཞིན།།
住执不通愚如暗，

ཐོབ་པར་བྱ་བའི་ཆོས་ནི་གནས་མེད་འཛིན་མེད་དེ།།
所得之法无住执，

དེས་ན་འཇིག་རྟེན་དག་དང་རྩོད་པ་འབྱུང་བ་ཡིན།།
故与世间起争议。

ནམ་མཁའི་ཁམས་ནི་ཤར་གྱི་ཕྱོགས་དང་ལྷོ་ཕྱོགས་དང་།།
虚空界于东南方，

དེ་བཞིན་ནུབ་ཀྱི་ཕྱོགས་དང་བྱང་ཕྱོགས་པ་མཐའ་ཡས།།
西方北方无边际，

སྟེང་དང་འོག་དང་ཕྱོགས་བཅུ་ཇི་སྙེད་རྣམས་ནའང་ཡོད།།
上下十方尽其有，

ཐ་དད་གྱུར་པ་མེད་ཅིང་བྱེ་བྲག་གྱུར་པ་མེད།།
不成别体无差异。

འདས་པའི་དེ་བཞིན་ཉིད་གང་མ་བྱོན་དེ་བཞིན་ཉིད།།
过去未来之真如，

ད་ལྟར་དེ་བཞིན་ཉིད་གང་དགྲ་བཅོམ་དེ་བཞིན་ཉིད།།
现在罗汉之真如，

ཆོས་ཀུན་དེ་བཞིན་ཉིད་གང་རྒྱལ་བའི་དེ་བཞིན་ཉིད།།
诸法真如佛真如，

ཆོས་ཀྱི་དེ་བཞིན་ཉིད་འདི་ཐམས་ཅད་བྱེ་བྲག་མེད། །
法之真如皆无别。

བདེ་གཤེགས་བྱང་ཆུབ་ཐ་དད་ཆོས་དང་བྲལ་གྱུར་པ། །
善逝菩提离异法，

འདི་ནི་བྱང་ཆུབ་སེམས་དཔའ་གང་ཞིག་ཐོབ་འདོད་པ། །
任何菩萨欲得此，

ཐབས་དང་ལྡན་པས་ཤེས་རབ་ཕ་རོལ་ཕྱིན་ལ་སྤྱོར། །
具方便行智慧度，

འདྲེན་པའི་ཤེས་རབ་མེད་ན་ཐོབ་པར་འགྱུར་མ་ཡིན། །
无导师慧不可得。

བྱ་ཞིག་ལུས་ཆེ་དཔག་ཚད་བརྒྱ་རྩ་ལྔ་བཅུ་བར། །
鸟身一百五由旬，

སྒྲུར་ལ་འདབ་གཤོག་ཟད་དེ་ཉམས་རྩལ་ཡོད་མིན་ན། །
羽翼折断无本领，

དེ་ཡིས་སུམ་ཅུ་རྩ་གསུམ་གནས་ནས་འཛམ་གླིང་འདིར། །
彼由忉利天自坠，

བདག་ཉིད་མཆོངས་ན་དེར་ནི་ཉམས་ཤིས་འགྱུར་བ་ཡིན། །
至此赡洲必遭损。

རྒྱལ་བ་རྣམས་ཀྱི་ཕ་རོལ་ཕྱིན་པ་ལྔ་འདི་ཡང་། །
俱胝那由他劫行，

བསྐལ་པ་བྱེ་བ་ཁྲག་ཁྲིག་མང་པོར་བསྒྲུབས་བྱས་ཤིང་། །
诸佛此五波罗蜜，

སྨོན་ལམ་མཐའ་ཡས་རྒྱ་ཆེན་འཇིག་རྟེན་རྟག་བསྟེན་ཀྱང་། །
无边大愿世恒依，

ཐབས་མེད་ཤེས་རབ་བྲལ་བ་ཉན་ཐོས་ཉིད་དུ་ལྷུང་།།
无方便慧堕声闻。

སངས་རྒྱས་ཐེག་པ་འདི་ལ་ངེས་པར་འབྱུང་འདོད་གང་།།
乐此佛乘定生者，

འགྲོ་བ་ཀུན་ལ་སེམས་སྙོམས་ཕ་མའི་འདུ་ཤེས་དང་།།
众生平等父母想，

ཕན་པའི་སེམས་དང་བྱམས་པའི་ཡིད་ཀྱིས་བརྟུལ་བྱ་ཞིང་།།
利心慈意勇精进，

ཐ་བ་མེད་ཅིང་དྲང་ལ་ཚིག་འཇམ་སྨྲ་བར་བྱ།།
无嗔正直说柔语。

འཇིག་རྟེན་མགོན་ལ་གནས་བརྟན་རབ་འབྱོར་ཡོངས་ཞུས་པ།།
须菩提问世尊言：

ཡོན་ཏན་རྒྱ་མཚོ་ཉོན་མོངས་མ་མཆིས་རྟགས་བསྟན་གསོལ།།
功德海无烦恼相，

མཐུ་ཆེ་བ་དག་ཇི་ལྟར་སླར་ལྡོག་མི་འགྱུར་བ།།
大力如何不退转？

དེ་ལྟར་ཡོན་ཏན་ཕྱོགས་ཙམ་རྒྱལ་བས་ལུང་བསྟན་གསོལ།།
功德少分请佛宣。

ཐ་དད་འདུ་ཤེས་བྲལ་ཞིང་རིགས་པ་ལྡན་ཚིག་སྨྲ།།
离异体想具理语，

དགེ་སྦྱོང་དག་དང་བྲམ་ཟེ་གཞན་ལ་རྟེན་མི་བྱེད།།
沙门梵志余不依，

མཁས་པས་དུས་རྣམས་རྟག་ཏུ་ངན་སོང་གསུམ་པོ་སྤངས།།
依智恒时断三途，

དེ་དག་དགེ་བཅུའི་ལས་ཀྱི་ལམ་ལ་མངོན་པར་བརྩོན།།
十善业道极精进。

ཟང་ཟིང་མེད་པར་འགྲོ་ལ་ཆོས་ནི་རྗེས་སུ་སྟོན།།
无染为众随说法，

ཆོས་ལ་གཅིག་ཏུ་དགའ་ཞིང་རྟག་ཏུ་ཚིག་འཇམ་ལྡན།།
专喜正法常雅言，

འགྲོ་འཆག་ཉལ་དང་འདུག་པར་ཤེས་བཞིན་རབ་ཏུ་ལྡན།།
行住坐卧具正知，

གཉའ་ཤིང་གང་ཙམ་བལྟ་ཞིང་འགྲོ་ལ་སེམས་འཁྲུལ་མེད།།
视轭木许无心乱。

གཙང་བྱས་གཙང་མའི་གོས་འཆང་གསུམ་པོ་དབེན་ཞིང་དག།
净行洁衣三远离，

རྙེད་འདོད་མ་ཡིན་ཁྱུ་མཆོག་རྟག་ཏུ་ཆོས་འདོད་པ།།
非图利尊恒求法，

བདུད་ཀྱི་གཡུལ་ལས་འདས་ཤིང་གཞན་གྱིས་དྲིང་མི་འཇོག།
超越魔境不随他，

བསམ་གཏན་བཞི་ལ་བསམ་གཏན་བསམ་གཏན་དེར་མི་གནས།།
四禅静虑不住禅。

གྲགས་པ་འདོད་པ་མ་ཡིན་ཁྲོ་བས་སེམས་དཀྲིས་མེད།།
非求名誉无嗔恚，

ཁྱིམ་པར་གྱུར་ཀྱང་རྟག་ཏུ་དངོས་པོ་ཀུན་མ་ཆགས།།
在家亦恒不贪物，

འཚོ་བའི་ཕྱིར་ནི་ཡ་ངས་ལོངས་སྤྱོད་ཚོལ་མི་བྱེད།།
不为维生惨寻财，

དྲག་ཤུལ་སྤྱོད་སྟགས་མི་བྱེད་བུད་མེད་སྦྱོར་སྟགས་མིན།།
不行诛业不双运。

འདོད་པའི་ལས་ཅན་ཕོ་མོར་འགྱུར་ཞེས་སྨོན་མི་བྱེད།།
不记欲界转男女，

རབ་ཏུ་དབེན་པའི་ཤེས་རབ་ཕ་རོལ་ཕྱིན་མཆོག་བརྩོན།།
极静精进胜般若，

འཐབ་དང་རྩོད་དང་བྲལ་ཞིང་བྱམས་པའི་སེམས་ཀྱང་བརྟན།།
离争慈心亦坚固，

ཀུན་མཁྱེན་འདོད་ཅིང་བསྟན་ལ་རྟག་ཏུ་གཞོལ་སེམས་ལྡན།།
求遍知心恒向法。

མཐའ་འཁོབ་ཀླ་ཀློ་སྐྱེ་བོའི་ཡུལ་མཐའ་རྣམ་པར་སྤངས།།
离野人境诸边地，

རང་གི་ས་ལ་དོགས་མེད་རྟག་ཏུ་རི་རབ་འདྲ།།
自地无疑如须弥，

ཆོས་ཕྱིར་སྲོག་ཀྱང་འདོར་ཞིང་རྣལ་འབྱོར་རབ་ཏུ་བརྩོན།།
为法舍命勤瑜伽，

མི་ལྡོག་རྟགས་ནི་འདི་དག་ཡིན་པར་ཤེས་པར་བྱ།།
当知此是不退相。

གཟུགས་དང་ཚོར་དང་འདུ་ཤེས་སེམས་པ་རྣམ་ཤེས་རྣམས།།
色受想行识甚深，

ཟབ་སྟེ་རང་བཞིན་མཚན་མ་མེད་ཅིང་རབ་ཞི་བ།།
自性无相极寂灭，

དཔེར་ན་མདའ་ཡིས་རྒྱ་མཚོའི་གཏིང་ཐུག་འཚོལ་བ་ལྟར།།
如以箭测大海深，

ཤེས་རབ་ཀྱིས་ནི་བརྟགས་ན་ཕུང་པོའི་གཏིང་མི་རྙེད།།
以慧观察不得蕴。

བྱང་ཆུབ་སེམས་དཔའ་གང་ཞིག་དེ་ལྟར་ཟབ་གྱུར་ཅིང་།།
菩萨于此甚深法，

ཐེག་པ་དོན་དམ་ཆགས་མེད་གང་ལ་ཕུང་པོ་དང་།།
乘之胜义无贪执，

ཁམས་དང་སྐྱེ་མཆེད་ཡོད་མིན་ཆོས་འདི་རྟོགས་པ་དེའི།།
证蕴界处无此法，

བསོད་ནམས་ཡང་དག་གྲུབ་པ་དེ་ལས་ཅི་ཞིག་ཡོད།།
何有较真成福胜？

དཔེར་ན་འདོད་ཆགས་ཆོས་ལ་སྤྱོད་པའི་སྐྱེས་བུ་ཞིག།
如行爱染之人士，

བུད་མེད་དུས་བཏབ་དེ་དང་མ་ཕྲད་དེ་ཡི་ནི།།
与女约会未遇彼，

ཉིན་གཅིག་སེམས་ཀྱི་རྣམ་རྟོག་སྤྱོད་པ་ཇི་སྙེད་པ།།
一日尽其行思念，

དེ་སྙེད་བསྐལ་པར་བྱང་ཆུབ་སེམས་དཔས་ཐོབ་པར་འགྱུར།།
菩萨能得彼数劫。

བྱང་ཆུབ་སེམས་དཔའ་གང་ཞིག་བསྐལ་མང་བྱེ་སྟོང་དུ།།
菩萨千俱胝劫施，

དགྲ་བཅོམ་རང་རྒྱལ་སྦྱིན་བྱེད་ཚུལ་ཁྲིམས་སྲུང་བྱེད་ཀྱང་།།
罗汉独觉守护戒，

གང་གིས་ཤེས་རབ་ཕ་རོལ་ཕྱིན་མཆོག་ལྡན་པའི་ཆོས།།
谁说具胜般若法，

བཟོད་པའི་ལེགས་ལ་སྦྱིན་དང་ཚུལ་ཁྲིམས་ཆར་མི་ཕོད། །
善妙施戒不可比。

བྱང་ཆུབ་སེམས་དཔའ་གང་ཞིག་ཤེས་རབ་མཆོག་བསྒོམས་ཏེ། །
菩萨修行胜般若，

དེ་ལས་ལངས་ནས་གོས་པ་མེད་པའི་ཆོས་བཟོད་ཅིང་། །
起定宣说无染法，

དེ་ཡང་འགྲོ་བའི་དོན་དུ་བྱང་ཆུབ་རྒྱུར་བསྔོ་ན། །
利生回向菩提因，

དགེ་བ་དེ་དང་མཉམ་པ་འཇིག་རྟེན་གསུམ་ན་མེད། །
三世间无等彼善。

བསོད་ནམས་དེ་ཡང་གསོག་དང་དེ་བཞིན་སྟོང་པ་དང་། །
了知此福不实空，

གསོབ་དང་ཡ་མ་བརླ་དང་སྙིང་པོ་མེད་ཤེས་པར། །
虚无不真无实质，

དེ་ལྟར་བདེ་གཤེགས་རྣམས་ཀྱི་ཤེས་རབ་སྤྱོད་སྤྱོད་ན། །
如是行持佛智行，

སྤྱོད་ཚེ་བསོད་ནམས་དཔག་ཏུ་མེད་པ་ཡོངས་སུ་འཛིན། །
行时引摄无量福。

སངས་རྒྱས་ཀྱིས་བཤད་རབ་ཏུ་སྤྲུར་ཞིང་རབ་བསྟན་པའི། །
知佛略广详尽说，

ཆོས་འདི་ཐམས་ཅད་བརྗོད་པ་ཙམ་དུ་ཟད་ཤེས་ན། །
此一切法唯说已，

བསྐལ་པ་བྱེ་བ་ཁྲག་ཁྲིག་མང་པོར་བརྗོད་བྱས་ཀྱང་། །
俱胝那由他多劫，

ཆོས་ཀྱི་དབྱིངས་ལ་ཟད་པ་མེད་ཅིང་འཕེལ་བ་མེད།།

纵说法界无增灭。

རྒྱལ་བ་རྣམས་ཀྱི་ཕ་རོལ་ཕྱིན་ཅེས་བྱ་བ་གང་།།

所谓诸佛波罗蜜，

ཆོས་དེ་རྣམས་ཀྱང་མིང་ཙམ་དུ་ནི་ཡོངས་སུ་བསྒྲགས།།

诸法唯名普宣称，

ཡོངས་བསྔོ་རློམ་སེམས་མེད་པའི་བྱང་ཆུབ་སེམས་དཔའ་ནི།།

菩萨回向心无执，

ཉམས་པ་མེད་ཅིང་སངས་རྒྱས་བྱང་ཆུབ་མཆོག་རེག་འགྱུར།།

无失证佛胜菩提。

འབྲུ་མར་སྙིང་པོ་འབར་བ་ཕྲད་པ་དང་པོ་ཡིས།།

如油酥火相遇时，

སྙིང་པོ་ཚིག་མིན་དེ་མེད་པར་ཡང་དེ་མི་ཚིག།

非初焚油无不焚，

མེ་ལྕེ་ཕྲད་པ་ཐ་མས་སྙིང་པོ་ཚིག་མིན་ལ།།

非触火焰末焚油，

མེ་ལྕེ་ཐ་མ་མེད་པར་སྙིང་པོ་ཚིག་མིན་ལྟར།།

无末火焰不焚油。

དང་པོའི་སེམས་ཀྱིས་བྱང་ཆུབ་མཆོག་རེག་མ་ཡིན་ལ།།

非初心证胜菩提，

དེ་མེད་པར་ཡང་དེ་ལ་རེག་པར་ནུས་མ་ཡིན།།

无其不能证得彼，

ཐ་མའི་སེམས་ཀྱིས་བྱང་ཆུབ་ཞི་བ་ཐོབ་མིན་ལ།།

非末心得寂菩提，

དེ་མེད་པར་ཡང་དེ་འཐོབ་ནུས་པ་མ་ཡིན་ནོ།།
无其不能获得彼。

ས་བོན་ལས་ནི་མྱུ་གུ་མེ་ཏོག་འབྲས་བུ་འབྱུང་།།
如由种生芽花果，

དེ་ཡང་འགགས་ལ་ཤིང་ཡང་མེད་པ་དེ་མིན་ལྟར།།
彼灭树木非不存，

དེ་བཞིན་དང་པོའི་སེམས་ཀྱང་བྱང་ཆུབ་རྒྱུ་ཡིན་ཏེ།།
初心亦是菩提因，

དེ་ཡང་འགགས་ལ་བྱང་ཆུབ་མེད་པ་དེ་མ་ཡིན།།
彼灭菩提非不存。

ས་བོན་རྣེད་ནས་འབྲུ་དང་ས་ལུ་ལ་སོགས་འབྱུང་།།
有种生出谷稻等，

དེ་ཡི་འབྲས་བུ་དེ་ལ་ཡོད་མིན་མེད་པའང་མིན།།
彼果非有亦非无，

རྒྱལ་བ་རྣམས་ཀྱི་བྱང་ཆུབ་འདི་ནི་འབྱུང་བར་འགྱུར།།
诸佛之此菩提生，

དངོས་པོའི་རང་བཞིན་བྲལ་བས་སྒྱུ་མ་འབྱུང་བར་འགྱུར།།
离有实性虚幻生。

ཆུ་ཡི་ཐིགས་པས་བུམ་པ་དང་པོ་ཐ་མའི་བར།།
水滴满瓶始末间，

རིམ་གྱིས་ཅུང་ཟད་ཅུང་ཟད་དེ་ཡོངས་འགེངས་པ་ལྟར།།
涓涓必渐盈彼器，

དེ་བཞིན་དང་པོའི་སེམས་ཀྱང་བྱང་ཆུབ་མཆོག་རྒྱུ་སྟེ།།
初心亦胜菩提因，

རིམ་གྱིས་དཀར་པོའི་ཡོན་ཏན་རྫོགས་པའི་སངས་རྒྱས་འགྱུར། །
渐圆白法终成佛。

སྟོང་པ་མཚན་མེད་སྨོན་པ་མེད་པར་ཆོས་སྤྱོད་ཅིང་། །
行空无相无愿法，

མྱ་ངན་འདས་ལ་མི་རེག་མཚན་མར་མི་སྤྱོད་པ། །
不证涅槃不持相，

དཔེར་ན་མཉན་པ་མཁས་པ་ཕར་འགྲོ་ཚུར་འགྲོ་ཡང་། །
犹如舟子善往来，

མཐའ་གཉིས་མི་གནས་རྒྱ་མཚོར་གནས་པ་མེད་པ་བཞིན། །
不住两岸不住海。

དེ་ལྟར་སྤྱོད་པའི་བྱང་ཆུབ་སེམས་དཔའ་འདི་སྙམ་བདག །
如是行持之菩萨，

སྟོབས་བཅུས་ལུང་བསྟན་བྱང་ཆུབ་རེག་འགྱུར་སྙོམ་སེམས་མེད། །
无佛记证菩提想，

འདི་ལ་ཅི་ཡང་མེད་ཅེས་བྱང་ཆུབ་སྐྲག་པ་མེད། །
此无菩提无畏惧，

དེ་ལྟར་སྤྱོད་པ་བདེ་གཤེགས་ཤེས་རབ་སྤྱོད་པ་ཡིན། །
此行即行善逝智。

འཇིག་རྟེན་དགོན་པའི་ལམ་དང་མུ་གེ་ནད་བཅས་པར། །
世间荒途饥馑疾，

མཐོང་ནས་སྐྲག་པ་མེད་ཅིང་དེ་ནས་གོ་གྱོན་ཏེ། །
见而不惧披铠甲，

ཕྱི་མའི་མུ་མཐའ་རྟག་ཏུ་བརྩོན་ཞིང་རབ་ཤེས་ནས། །
后际恒勤尽了知，

ཡོངས་སུ་སྐྱོ་བའི་ཡིད་ནི་རྡུལ་ཙམ་སྐྱེད་མི་བྱེད། །
尘许不生厌倦意。

བྱང་ཆུབ་སེམས་དཔའ་རྒྱལ་བའི་ཤེས་རབ་སྤྱོད་བྱེད་ལ། །
菩萨行持如来智，

ཕུང་པོ་འདི་དག་གདོད་ནས་སྟོང་ཞིང་སྐྱེ་མེད་ཤེས། །
知蕴本空且无生，

མཉམ་པར་མ་བཞག་སེམས་ཅན་ཁམས་ལ་སྙིང་རྗེ་འཇུག།
未入定悲入有情，

བར་སྐབས་དེར་ཡང་སངས་རྒྱས་ཆོས་ལས་ཡོངས་མི་ཉམས། །
期间佛法不退失。

དཔེར་ན་སྐྱེས་བུ་མཁས་པ་ཡོན་ཏན་ཀུན་ལྡན་ཞིང་། །
如有善巧诸德人，

སྟོབས་ལྡན་མི་ཐུབ་བརྩོན་བྱས་སྒྱུ་རྩལ་ཆེ་ག་ཤེས། །
具力知技勤难事，

འཕོང་དང་བཟོ་གནས་མང་པོའི་ཕ་རོལ་ཕྱིན་གྱུར་ཅིང་། །
投抛工巧臻究竟，

སྒྱུ་མ་སྒྲུབ་ཤེས་འགྲོ་དོན་རབ་ཏུ་འདོད་པ་ཞིག།
知成幻术欲利生。

ཕ་དང་མ་དང་ཆུང་མར་བཅས་པ་ཡོངས་བསྒུས་ནས། །
偕同父母及妻子，

དགྲ་བྱེད་མང་བ་དགོན་པའི་ལམ་དུ་ཕྱིན་པ་དང་། །
行至众怨荒野路，

དེ་ཡིས་དཔའ་ཞིང་བརྟུལ་ཕོད་སྐྱེས་བུ་མང་སྤྲུལ་ཏེ། །
彼化勇敢众多士，

བདེ་བར་སོང་ཞིང་སླར་ཡང་ཁྱིམ་དུ་འོང་བ་ལྟར། །
安稳行程还家园。

དེ་བཞིན་དེ་ཚེ་བྱང་ཆུབ་སེམས་དཔའ་མཁས་པ་ཡང་། །
尔时善巧之菩萨，

སེམས་ཅན་ཁམས་རྣམས་ཀུན་ཏུ་སྙིང་རྗེ་ཆེ་བསྐྱེད་ཅིང་། །
于众生界生大悲，

བདུད་བཞི་དག་དང་ས་གཉིས་ལས་ཀྱང་རབ་འདས་ནས། །
尽越四魔及二地，

ཏིང་འཛིན་མཆོག་ལ་གནས་ཤིང་བྱང་ཆུབ་རེག་མི་བྱེད། །
住胜等持不证觉。

མཁའ་ལ་རླུང་བརྟེན་དེ་ལ་ཆུ་ཡི་ཕུང་པོ་བརྟེན། །
风依虚空水依彼，

དེ་ལ་ས་ཆེན་འདི་བརྟེན་དེ་ལ་འགྲོ་བ་བརྟེན། །
大地依彼生依地，

སེམས་ཅན་ལས་ལ་སྤྱོད་པའི་རྒྱུ་ནི་དེ་འདྲ་སྟེ། །
有情造业因即此，

ནམ་མཁའ་གང་ལ་གནས་ཡིན་དོན་འདི་བསམ་པར་གྱིས། །
虚空何住思此义。

དེ་བཞིན་བྱང་ཆུབ་སེམས་དཔའ་སྟོང་པ་ཉིད་གནས་པ། །
如是菩萨住空性，

འགྲོ་ལ་སེམས་ཅན་ཤེས་པའི་སྨོན་ལམ་རྟེན་ཅན་གྱིས། །
知有情愿作所依，

བྱ་བ་རྣམ་པ་སྣ་ཚོགས་དུ་མ་སྟོན་བྱེད་ཅིང་། །
展现众多种种事，

མྱ་ངན་འདས་ལ་མི་རེག་སྟོང་པར་གནས་པ་མེད། །
不证涅槃不住空。

གང་གི་ཚེ་ན་བྱང་ཆུབ་སེམས་དཔའ་མཁས་གསལ་བ། །
何时菩萨明而知，

སྟོང་པ་ཞི་བའི་ཏིང་འཛིན་དམ་པ་འདི་སྤྱོད་པ། །
行此空寂妙等持，

བར་སྐབས་དེར་ནི་མཚན་མ་རབ་ཏུ་སྒོམ་མི་བྱེད། །
其间全然不修相，

མཚན་མ་མེད་པར་གནས་ཤིང་ཞི་ལ་རབ་ཞི་སྤྱོད། །
住无相寂最寂行。

བར་སྣང་འཕུར་བའི་བྱ་ལ་གནས་ཡོད་མ་ཡིན་ཏེ། །
如飞虚空鸟无处，

དེ་ན་གནས་པ་མ་ཡིན་ས་ལ་ལྷུང་མི་འགྱུར། །
非住于彼不堕地，

དེ་ལྟར་བྱང་ཆུབ་སེམས་དཔའ་རྣམ་ཐར་སྒོར་སྤྱོད་པ། །
菩萨行持解脱门，

མྱ་ངན་འདས་ལ་མི་རེག་མཚན་མར་སྤྱོད་མ་ཡིན། །
不证涅槃不持相。

དཔེར་ན་འཕོང་བསླབས་སྐྱེས་བུས་གནམ་དུ་མདའ་འཕངས་ཏེ། །
如学箭法空射箭，

མདའ་གཞན་དག་ནི་ཕྱི་བཞིན་རྒྱུད་མར་ལྟོང་བཏགས་ནས། །
余箭随后不间断，

སྔ་མའི་མདའ་དེ་ས་ལ་ལྷུང་བའི་སྐབས་མི་རྙེད། །
前箭不得落地机，

མི་དེ་འདོད་ན་མདའ་དེ་ས་ལ་ལྷུང་བར་འགྱུར། །
彼人想时箭坠地。

དེ་ལྟར་ཤེས་རབ་ཕ་རོལ་ཕྱིན་པ་མཆོག་སྤྱོད་པ། །
如是行持胜般若，

ཤེས་རབ་ཐབས་སྟོབས་རྫུ་འཕྲུལ་གྱིས་ནི་རྣམ་སྤྱོད་པ། །
智方便力神变行，

དེ་དག་དགེ་བའི་རྩ་བ་ཇི་སྲིད་མ་རྫོགས་པར། །
彼等善根未圆满，

དེ་སྲིད་སྟོང་ཉིད་དམ་པ་དེ་ནི་ཐོབ་མི་བྱེད། །
期间不得妙空性。

དཔེར་ན་དགེ་སློང་རྫུ་འཕྲུལ་སྟོབས་མཆོག་ལྡན་པ་ཞིག །
如比丘具神变力，

ནམ་མཁར་གནས་ཏེ་ཅིག་ཅར་ཆོ་འཕྲུལ་རྣམ་པར་འཕྲུལ། །
住空顿时显神奇，

འགྲོ་དང་འཆག་པ་དང་ནི་ཉལ་དང་འདུག་པ་སྟོན། །
行住坐卧四威仪，

དེ་ནི་སྐྱོ་བ་མེད་ཅིང་དེ་ལ་ངུབ་པ་མེད། །
彼无厌烦无疲倦。

དེ་བཞིན་བྱང་ཆུབ་སེམས་དཔའ་མཁས་པ་སྟོང་གནས་ཤིང་། །
聪睿菩萨住空性，

ཡེ་ཤེས་རྫུ་འཕྲུལ་ཕ་རོལ་སོན་ལ་གནས་པ་མེད། །
智神变竟无有住，

འགྲོ་བ་དག་ལ་བྱ་བ་རྣམ་པ་མཐའ་ཡས་སྟོན། །
为众生现无边事，

བསྐལ་པ་བྱེ་བར་སྐྱོ་བ་མེད་ཅིང་དུབ་པ་མེད། །
俱胝劫间无疲厌。

དཔེར་ན་མི་འགའ་གཡང་ས་ཆེན་པོར་འཛུག་བྱེད་ཅིང་། །
如人处于大悬崖，

ལག་པ་གཉིས་ཀས་གདུགས་གཉིས་འཛིན་ཅིང་ནམ་མཁའ་ལ། །
双手撑伞空中跃，

མཆོང་བར་བྱེད་ཅིང་གཡང་ས་ཆེན་པོར་ལུས་བོར་ནས། །
身体下落不坠入，

ལྷུང་བར་མི་འགྱུར་ཇི་སྲིད་དེར་ནི་འགྲོ་བར་འགྱུར། །
大深渊底直行进。

དེ་བཞིན་བྱང་ཆུབ་སེམས་དཔའ་མཁས་པ་སྙིང་རྗེར་གནས། །
具有智悲之菩萨，

ཐབས་དང་ཤེས་རབ་གཉིས་ཀྱི་གདུགས་ནི་ཡོངས་བཟུང་སྟེ། །
手握方便智慧伞，

ཆོས་རྣམས་སྟོང་པ་མཚན་མེད་སྨོན་པ་མེད་རྟོགས་ཅིང་། །
悟法空性无相愿，

མྱ་ངན་འདས་ལ་རེག་པ་མེད་ལ་ཆོས་ཀྱང་མཐོང་། །
不证涅槃法亦见。

དཔེར་ན་རིན་ཆེན་འདོད་པ་རིན་ཆེན་གླིང་སོང་སྟེ། །
如欲珍宝赴宝洲，

རིན་ཆེན་རྙེད་ནས་ཕྱིར་ཡང་ཁྱིམ་དུ་འོང་འགྱུར་བ། །
已得珍宝返家中，

དེར་ནི་དེད་དཔོན་འབའ་ཞིག་བདེ་བར་འཚོ་བྱེད་ཅིང་། །
商主非独以安生，

གཉེན་བཤེས་ཚོགས་ཡིད་མི་བདེར་འཛོག་པ་མིན་པ་ལྟར། །
令亲友众不悦意。

དེ་བཞིན་བྱང་ཆུབ་སེམས་དཔའ་སྟོང་ཉིད་རིན་ཆེན་གྱི། །
菩萨诣至空宝洲，

གླིང་དུ་སོང་སྟེ་བསམ་གཏན་དབང་པོ་སྟོབས་ཐོབ་པ། །
获得禅定根及力，

མྱ་ངན་འདས་ལ་རེག་པ་འབའ་ཞིག་མངོན་དགའ་ཞིང་། །
不喜独自证涅槃，

སེམས་ཅན་སྡུག་བསྔལ་ཡིད་དུ་འཛོག་པར་འགྱུར་མ་ཡིན། །
而令众生心忧苦。

དཔེར་ན་དོན་གཉེར་ཚོང་པ་རྒྱུས་ཤེས་བྱ་བའི་ཕྱིར། །
如求利商熟知故，

བར་གྱི་གྲོང་ཁྱེར་གྲོང་རྡལ་གྲོང་གང་ཡིན་པར་འགྲོ།
中经都市城邑村，

དེར་ཡང་མི་གནས་རིན་ཆེན་གླིང་དུའང་མི་གནས་ལ། །
不住彼处及宝洲，

རིག་པ་ཁྱིམ་དུ་མི་གནས་ལམ་ལ་མཁས་པར་འགྱུར། །
知不住家通路途。

དེ་བཞིན་བྱང་ཆུབ་སེམས་དཔའ་གལ་གསལ་ཏེ་ཉན་ཐོས་དང་།
明了菩萨则通晓，

རང་རྒྱལ་རྣམས་ཀྱི་ཤེས་པ་རྣམ་གྲོལ་ཀུན་ལ་མཁས། །
声闻独觉智解脱，

དེ་ལ་མི་གནས་སངས་རྒྱས་ཡེ་ཤེས་གནས་མ་ཡིན། །
不住于彼及佛智，

འདུས་མ་བྱས་ལ་མི་གནས་ལམ་གྱི་ཚུལ་ཤེས་ཡིན།།
不住无为解道理。

གང་ཚེ་འགྲོ་ལ་བྱམས་པ་རྗེས་སུ་འབྲེལ་བྱས་ནས།།
何时慈心结缘众，

ཉིང་འཛིན་སྟོང་པ་མཚན་མེད་སྨོན་པ་མེད་སྤྱོད་པ།།
行空无相愿等持，

དེ་ནི་མྱ་ངན་འདས་པ་ཐོབ་པར་འགྱུར་ཞེ་འམ།།
彼者既不获涅槃，

འདུས་བྱས་ཡིན་པར་གདགས་ནུས་དེ་ནི་གནས་མེད་དོ།།
亦不可立有为处。

དཔེར་ན་སྤྲུལ་པའི་མི་ལུས་མི་སྣང་མ་ཡིན་ཞིང་།།
如化人身非不现，

དེ་ནི་མིང་གིས་ཀྱང་ནི་གདགས་པར་ནུས་པ་ལྟར།།
彼以名称亦能立，

དེ་བཞིན་བྱང་ཆུབ་སེམས་དཔའ་རྣམ་ཐར་སྒོར་སྤྱོད་པ།།
行解脱门之菩萨，

དེ་ནི་མིང་གིས་ཀྱང་ནི་གདགས་པར་ནུས་པ་ཡིན།།
彼以名称亦能立。

གལ་ཏེ་སྤྱོད་པ་དང་ནི་དབང་པོ་ཡོངས་དྲིས་ལ།།
若问行为以及根，

བྱང་ཆུབ་སེམས་དཔའ་སྟོང་པ་མཚན་མ་མེད་པའི་ཆོས།།
菩萨不说空无相，

ཡོངས་སུ་མི་སྟོན་ཕྱིར་མི་ལྡོག་པ་ས་ཡི་ཆོས།།
不讲不退转地法，

མི་འཆད་དེ་ནི་ལུང་མ་བསྟན་པ་ཡིན་རིག་བྱ། །
知彼尚未得授记。

སྐབས་བཞི་པའོ། །
第四品终

དགྲ་བཅོམ་ས་དང་རྐྱེན་གྱི་སངས་རྒྱས་ཡེ་ཤེས་དང་། །
罗汉地及缘觉智，
ཁམས་གསུམ་དག་ན་རྨི་ལམ་ན་ཡང་མི་འདོད་ཅིང་། །
三界梦中亦不希，
སངས་རྒྱས་རྣམས་མཐོང་འགྲོ་ལ་ཆོས་ཀུང་སྟོན་བྱེད་པ། །
见佛亦为众说法，
དེ་ནི་མི་ལྡོག་ལུང་བསྟན་ཡིན་པར་རིག་པར་བྱ། །
知彼得不退转记。
རྨི་ལམ་ན་ནི་སེམས་ཅན་ངན་སོང་གསུམ་གནས་མཐོང་། །
梦见有情三恶趣，
སྐད་ཅིག་དེ་ལ་ངན་སོང་རྒྱུན་གཅོད་སྨོན་ལམ་འདེབས། །
刹那发愿断恶趣，
བདེན་པའི་བྱིན་གྱི་རླབས་ཀྱིས་མེ་ཡི་ཕུང་པོ་ཞི། །
谛实加持熄烈火，
དེ་ནི་མི་ལྡོག་ལུང་བསྟན་ཡིན་པར་རིག་པར་བྱ། །
知彼得不退转记。
མི་ཡི་འཇིག་རྟེན་འབྱུང་པོའི་གདོན་དང་ནད་མང་བ། །
人间鬼魅疾病多，
ཕན་དང་སྙིང་བརྩེར་ལྡན་པའི་བདེན་པའི་བྱིན་གྱིས་ཞི། །
利悲谛实加持息，

འོན་ཀྱང་རློམ་སེམས་མེད་ཅིང་ང་རྒྱལ་སྐྱེ་མེད་པ།།
而无执心不生慢，

དེ་ནི་མི་ལྡོག་ལུང་བསྟན་ཡིན་པར་རིག་པར་བྱ།།
知彼得不退转记。

ཅི་སྟེ་དེ་ནི་བདེན་པའི་བྱིན་རླབས་སྣ་ཚོགས་དག།
自在种种谛加持，

འགྱུར་པས་བདག་ལུང་བསྟན་སྙམ་རློམ་སེམས་འབྱུང་བ་འམ།།
我得授记起慢心，

གལ་ཏེ་བྱང་ཆུབ་སེམས་དཔའ་གཞན་གྱིས་ལུང་བསྟན་རློམ།།
执余菩萨予授记，

རློམ་སེམས་གནས་པ་དེ་ནི་བློ་ཆུང་ཤེས་པར་བྱ།།
当知住慢智浅薄。

མིང་གི་གཞི་ལས་བདུད་ནི་ཉེ་བར་འོངས་གྱུར་ནས།།
名因生魔至近前，

འདི་སྐད་སྨྲས་ཏེ་འདི་ནི་ཁྱོད་དང་ཕ་མ་དང་།།
说此即汝及父母，

ཁྱོད་ཀྱི་བདུན་མེས་རྒྱུད་ཀྱི་བར་གྱི་མིང་ཡིན་ཞིང་།།
汝祖七代之间名，

གང་ཚེ་ཁྱོད་ནི་སངས་རྒྱས་འགྱུར་བའི་མིང་འདི་ཡིན།།
汝成佛号乃是此。

སྦྱངས་སྦྱོམ་རྣལ་འབྱོར་ལྡན་པ་ཅི་འདྲ་འབྱུང་འགྱུར་ལ།།
头陀戒行如何得，

ཁྱོད་སྔོན་ཡོན་ཏན་ཚུལ་ཡང་འདི་འདྲའོ་ཞེས་བརྗོད་དེ།།
汝昔功德亦如是，

དེ་སྐད་གང་ཐོས་རློམ་སེམས་བྱང་ཆུབ་སེམས་དཔའ་ནི།།
闻此骄慢之菩萨，

བདུད་ཀྱིས་ཡོངས་སུ་བསླང་ཞིང་བློ་ཆུང་རིག་པར་བྱ།།
当知着魔智浅薄。

རབ་ཏུ་དབེན་པའི་གྲོང་དང་གྲོང་ཁྱེར་རི་སུལ་དང་།།
依于极静村落城，

དགོན་པ་དབེན་པའི་ནགས་ཁྲོད་རབ་ཏུ་སྟེན་བྱེད་ཅིང་།།
深山静林阿兰若，

བདག་བསྟོད་གཞན་ལ་སྨོད་པའི་བྱང་ཆུབ་སེམས་དཔའ་ནི།།
自赞毁他之菩萨，

བདུད་ཀྱིས་ཡོངས་སུ་བསླང་ཞིང་བློ་ཆུང་རིག་པར་བྱ།།
当知着魔智浅薄。

རྟག་ཏུ་གྲོང་དང་ཡུལ་འཁོར་གྲོང་རྡལ་གནས་བྱེད་ཅིང་།།
常居村落都城邑，

སེམས་ཅན་སྨིན་བྱེད་བྱང་ཆུབ་བརྩོན་པ་མ་གཏོགས་པ།།
成熟有情勤菩提，

དེ་ནི་དགྲ་བཅོམ་རང་རྒྱལ་འདོད་པ་གཞར་མི་བསྐྱེད།།
不求罗汉独觉地，

འདི་ནི་བདེ་བར་གཤེགས་པའི་སྲས་ཀྱི་དབེན་པར་གསུངས།།
此谓佛子之寂静。

གང་ཞིག་དཔག་ཚད་ལྔ་བརྒྱ་ཡོད་པའི་རི་ཡི་སུལ།།
五百由旬之深山，

སྦྲུལ་གྱིས་གང་བར་ལོ་མང་བྱེ་བར་གནས་བྱེད་ཀྱང་།།
布满蛇处住多年，

དབེན་པ་འདི་མི་ཤེས་པའི་བྱང་ཆུབ་སེམས་དཔའ་དེ།།
不知寂静之菩萨，

ལྷག་པའི་ང་རྒྱལ་རྙེད་ནས་འདྲེ་བར་གནས་པ་ཡིན།།
得增上慢杂而居。

བྱང་ཆུབ་སེམས་དཔའ་འགྲོ་བའི་དོན་བརྩོན་བསམ་གཏན་དང་།།
菩萨勤利众生得，

སྟོབས་དང་དབང་པོ་རྣམ་ཐར་ཏིང་འཛིན་ཐོབ་དེ་ལ།།
禅力解脱根等持。

འདི་ནི་དགོན་དབེན་སྤྱོད་པ་མིན་སྙམ་བརྙས་བྱེད་པ།།
轻思此非行寂静，

དེ་ནི་བདུད་ཀྱི་སྤྱོད་ཡུལ་གནས་ཞེས་རྒྱལ་བས་གསུངས།།
佛说彼住魔行境。

གང་ཞིག་གྲོང་ངམ་འོན་ཏེ་དགོན་པར་གནས་ཀྱང་རུང་།།
于住村落或静处，

ཐེག་པ་གཉིས་ཀྱི་སེམས་བྲལ་བྱང་ཆུབ་མཆོག་ངེས་ན།།
离二乘心定大觉，

འདི་ནི་འགྲོ་དོན་བཞུགས་པ་རྣམས་ཀྱི་དབེན་པ་སྟེ།།
利生寂静之菩萨，

བྱང་ཆུབ་སེམས་དཔའ་རྟོག་སྟོམས་དེ་ནི་བདག་ཉིད་ཉམས།།
妄念揣度坏自己。

དེ་ལྟ་བས་ན་བྱང་ཆུབ་དམ་པ་ཚོལ་བ་ཡི།།
故勇意寻妙菩提，

བསམ་པ་དྲག་ལྡན་མཁས་པས་ང་རྒྱལ་ངེས་བཅོམ་སྟེ།།
善巧必定摧我慢，

ནད་པའི་ཚོགས་ཀྱིས་གསོ་ཕྱིར་སྨན་པ་བསྟེན་པ་ལྟར།།
如患为愈依良医，

གཡེལ་བ་མེད་པར་དགེ་བའི་བཤེས་གཉེན་བསྟེན་པར་བྱ།།
无懈怠依善知识。

སངས་རྒྱས་བྱང་ཆུབ་མཆོག་ཞུགས་བྱང་ཆུབ་སེམས་དཔའ་དག།
菩萨入佛大菩提，

ཕ་རོལ་ཕྱིན་དང་བཅས་ཏེ་དགེ་བའི་བཤེས་སུ་བསྟེན།།
具波罗蜜依善师，

དེ་དག་རྗེས་སུ་སྟོན་བྱེད་འདི་ནི་བསླབ་པའི་ས།།
随彼等说修行地，

རྒྱུ་རྣམ་གཉིས་ཀྱིས་སངས་རྒྱས་བྱང་ཆུབ་མྱུར་དུ་རྟོགས།།
二因速证佛菩提。

རྒྱལ་བ་འདས་དང་མ་བྱོན་ཕྱོགས་བཅུ་གང་བཞུགས་པ།།
过去未来十方佛，

ཀུན་ལམ་ཕ་རོལ་ཕྱིན་པ་འདི་ཡིན་གཞན་མ་ཡིན།།
道皆般若非余者，

ཕ་རོལ་ཕྱིན་འདི་བྱང་ཆུབ་མཆོག་ལ་ཞུགས་རྣམས་ཀྱི།།
此度是入大菩提，

གསལ་དང་སྒྲོན་དང་སྣང་དང་སྟོན་མཆོག་ཡིན་ཞེས་བཤད།།
光灯日轮胜导师。

ཇི་ལྟར་ཤེས་རབ་ཕ་རོལ་ཕྱིན་པ་མཚན་ཉིད་སྟོང་།།
犹如般若法相空，

ཆོས་འདི་ཐམས་ཅད་མཚན་ཉིད་དེ་དང་འདྲར་ཤེས་ཤིང་།།
知诸法相与彼同，

ཆོས་རྣམས་སྟོང་ཞིང་མཚན་མ་མེད་པར་རབ་ཤེས་ན།།
尽晓万法空无相，

དེ་ལྟར་སྤྱོད་པ་བདེ་གཤེགས་ཤེས་རབ་སྤྱོད་པ་ཡིན།།
此行即行善逝智。

སེམས་ཅན་ཡོངས་སུ་ལྟོག་པས་ཟས་ལ་འདོད་བྱེད་ཅིང་།།
众生妄执欲求食，

འཁོར་བར་ཆགས་པའི་ཡིད་དང་ལྡན་རྣམས་རྟག་ཏུ་འཁོར།།
贪轮回意恒流转，

བདག་དང་བདག་གི་ཆོས་གཉིས་ཡང་དག་མིན་སྟོང་སྟེ།།
我我所法非真空，

བྱིས་པ་བདག་ཉིད་ཀྱིས་ནི་མཁའ་ལ་མདུད་པ་བོར།།
凡愚虚空打疙瘩。

དཔེར་ན་དོགས་པའི་འདུ་ཤེས་ཀྱིས་ནི་དུག་ལངས་པ།།
如顾虑想引发毒，

དུག་དེ་ཁོང་དུ་སོང་བ་མེད་ཀྱང་བརྒྱལ་བར་འགྱུར།།
毒未入内而昏迷，

དེ་བཞིན་བྱིས་པ་བདག་དང་བདག་གིར་ཁས་ལེན་པ།།
凡愚执我许我所，

བདག་དེར་འདུ་ཤེས་ཡང་དག་མིན་རྟོག་སྐྱེ་ཞིང་འཆི།།
我想非真念生死。

ཇི་ལྟར་འཛིན་པ་དེ་ལྟར་ཀུན་ནས་ཉོན་མོངས་བསྟན།།
如是执著说染污，

བདག་དང་བདག་གིར་མི་དམིགས་རྣམ་པར་བྱང་བར་གསུངས།།
无我我所说清净，

འདི་ལ་གང་ཡང་ཉོན་མོངས་རྣམ་དག་འགྱུར་མེད་པས། །
此无成为染与净，

བྱང་ཆུབ་སེམས་དཔས་ཤེས་རབ་ཕ་རོལ་ཕྱིན་པ་རྟོགས། །
菩萨证悟智慧度。

འཛམ་བུའི་གླིང་ན་སེམས་ཅན་ཇི་སྙེད་མ་ལུས་པ། །
赡洲尽其有众生，

དེ་དག་ཐམས་ཅད་བྱང་ཆུབ་མཆོག་ཏུ་སེམས་བསྐྱེད་ནས། །
无余发胜菩提心，

ལོ་སྟོང་བྱེ་བ་མང་པོར་སྦྱིན་པ་བྱིན་བྱས་ལ། །
俱胝千年作布施，

ཀུན་ཀྱང་འགྲོ་བའི་དོན་ཕྱིར་བྱང་ཆུབ་རྒྱུར་བསྔོ་ཡང་། །
利生回向菩提因。

གང་ཞིག་ཤེས་རབ་ཕ་རོལ་ཕྱིན་ལ་མངོན་བརྩོན་པ། །
何人精进于般若，

ཐ་ན་ཉི་མ་གཅིག་ཅིག་རྗེས་སུ་མཐུན་བྱེད་ན། །
甚至一日随同行，

དེ་ལ་སྦྱིན་པའི་ཕུང་པོས་བསོད་ནམས་ཆར་མི་ཕོད། །
布施福蕴不及彼，

དེ་ཕྱིར་གཡེལ་མེད་རྟག་ཏུ་ཤེས་རབ་འཇུག་པར་བྱ། །
故当不懈恒入智。

ཤེས་རབ་ཕ་རོལ་ཕྱིན་མཆོག་སྤྱོད་པའི་རྣལ་འབྱོར་པ། །
行胜般若瑜伽者，

སྙིང་རྗེ་ཆེན་པོ་བསྐྱེད་ཅིང་སེམས་ཅན་འདུ་ཤེས་མེད། །
起大悲无众生想，

དེ་ཚེ་མཁས་པ་འགྲོ་བ་ཀུན་གྱི་སྦྱིན་གནས་འགྱུར།།
时智者成众应供，

རྟག་ཏུ་ཡུལ་འཁོར་བསོད་སྙོམས་དོན་ཡོད་ཡོངས་སུ་སྤྱོད།།
恒行乞食具实义。

བྱང་ཆུབ་སེམས་དཔའ་གང་འདིར་ཡུན་རིང་འབྲེལ་བ་ཡི།།
菩萨为度长结缘，

ལྷ་མི་ངན་སོང་གསུམ་གྱི་སེམས་ཅན་དགྲོལ་བའི་ཕྱིར།།
人天三途之众生，

ལམ་ཡངས་ཕ་རོལ་སེམས་ཅན་ཁམས་ལ་སྟོན་འདོད་པས།།
大道彼岸欲示众，

ཉིན་མཚན་ཤེས་རབ་ཕ་རོལ་ཕྱིན་ལ་བརྩོན་པར་བྱ།།
昼夜精进行般若。

མི་ཞིག་སྔོན་ཆད་མ་རྙེད་པ་ཡི་རིན་ཆེན་མཆོག།
人昔未得之至宝，

དུས་གཞན་ཞིག་ན་རྙེད་པར་གྱུར་ཏེ་དགའ་བ་ལས།།
别时已获心欢喜，

རྙེད་མ་ཐག་ཏུ་བག་མེད་གྱུར་ཏེ་སྟོར་ན་ནི།།
得即不慎已遗失，

སྟོར་བས་རིན་ཆེན་མངོན་འདོད་རྟག་ཏུ་སྡུག་བསྔལ་ལོ།།
失而求宝恒忧苦。

དེ་ལྟར་བྱང་ཆུབ་མཆོག་ཞུགས་རིན་ཆེན་ལྟ་བུ་ཡི།།
如是趋入大菩提，

ཤེས་རབ་ཕ་རོལ་ཕྱིན་ལ་རྣལ་འབྱོར་དོར་མི་བྱ།།
如宝般若行莫弃，

རིན་ཆེན་རྙེད་ནས་བླངས་ཏེ་རབ་ཏུ་བརྩོན་དགྲིས་ནས། །
如获宝取勤缠裹，

མྱུར་དུ་འགྲོ་བར་བྱེད་པ་ཞི་བར་འགྱུར་བ་བཞིན། །
疾速而行消忧苦。

ཉི་མ་སྤྲིན་དང་བྲལ་བའི་འོད་ཟེར་དྲ་བ་ཅན། །
如离云日光灿灿，

མུན་ནག་འཐིབས་པོའི་མུན་པ་ཐམས་ཅད་འཇོམས་འཆར་བ། །
驱散所有重重暗，

སྲིན་བུ་མེ་ཁྱེར་སྲོག་ཆགས་འབྱུང་པོ་ཐམས་ཅད་དང་། །
映蔽一切萤火虫，

སྐར་མའི་ཚོགས་དང་ཟླ་བའི་འོད་ཀུན་ཟིལ་གྱིས་གནོན། །
含生群星明月光。

དེ་བཞིན་བྱང་ཆུབ་སེམས་དཔའ་ཤེས་རབ་ཕ་རོལ་ཕྱིན། །
行胜般若之菩萨，

མཆོག་སྤྱོད་སྟོང་པ་དང་ནི་མཚན་མ་མེད་སྤྱོད་པ། །
善行空性及无相，

མཁས་པས་ལྟ་བའི་འཐིབས་པོ་བཅོམ་ནས་འགྲོ་ཀུན་དང་། །
摧见浓暗胜众生，

དགྲ་བཅོམ་རང་རྒྱལ་བྱང་ཆུབ་སེམས་མང་ཟིལ་གྱིས་གནོན། །
罗汉独觉多菩萨。

དཔེར་ན་རྒྱལ་པོའི་བུ་ཞིག་ནོར་གཏོང་དོན་འདོད་པ། །
王子施财欲实义，

ཀུན་གྱི་གཙོ་བོར་གྱུར་ཏེ་མདོན་པར་འགྲོ་བྱ་འོས། །
成众尊主乐亲近，

འདི་ནི་ད་ལྟ་ན་ཡང་སེམས་ཅན་མང་དགའ་བྱེད།།
此今尚令群生悦，

ཐབས་ཐོབ་གྱུར་ཏེ་རྒྱལ་སྲིད་གནས་ན་སྨོས་ཅི་དགོས།།
得势在位何须说？

དེ་ལྟར་ཤེས་རབ་སྤྱོད་མཁས་བྱང་ཆུབ་སེམས་དཔའ་ཡང་།།
如是巧行智菩萨，

བདུད་རྩི་སྦྱིན་པར་བྱེད་ཅིང་ལྷ་དང་མི་རྣམས་དགའ།།
施甘露令人天喜，

འདི་ནི་དེ་ལྟ་ན་ཡང་སེམས་ཅན་མང་ཕན་བརྩོན།།
此今尚勤利群生，

ཆོས་ཀྱི་རྒྱལ་པོར་གནས་པར་གྱུར་ན་སྨོས་ཅི་དགོས།།
住法王位何须说？

དེ་ཡི་ཚེ་ན་བདུད་ནི་ཟུག་རྔུ་ལྡན་པར་འགྱུར།།
尔时恶魔怀刺痛，

མྱ་ངན་ཉམ་ཐག་སྡུག་བསྔལ་ཡིད་མི་བདེ་ཉམ་ཆུང་།།
忧凄苦恼气焰消，

ཇི་ལྟར་བྱང་ཆུབ་སེམས་དཔའ་འདི་ཡིད་ནུར་འགྱུར་ཞེས།།
何能退此菩萨意？

འཇིགས་པ་བསྟན་ཕྱིར་ཕྱོགས་རྣམས་སྲེག་ཅིང་སྐར་མདའ་གཏོང་།།
威逼诸方烧陨石。

གང་ཚེ་མཁས་པ་དེ་དག་བསམ་པ་རབ་ལྡན་ཞིང་།།
智者具有勇猛心，

ཉིན་མཚན་ཤེས་རབ་ཕ་རོལ་ཕྱིན་པ་མཆོག་དོན་ལྟ།།
昼夜观胜般若义，

དེ་ཚེ་ལུས་སེམས་དག་ནི་མཁའ་འགྲོ་བྱ་ལྟར་རྒྱུ། །

如鸟飞空身心净，

ནག་པོའི་རྩ་ལག་རྣམས་ཀྱིས་གླགས་རྙེད་ག་ལ་འགྱུར། །

魔众岂能有机乘？

གང་ཚེ་བྱང་ཆུབ་སེམས་དཔའ་འཐབ་དང་རྩོད་གྱུར་ཅིང་། །

何时菩萨起斗争，

ཕན་ཚུན་མི་མཐུན་ཁྲོས་པའི་སེམས་དང་ལྡན་གྱུར་པ། །

相互不和具嗔心，

དེ་ཚེ་བདུད་ནི་མཆོག་ཏུ་དགའ་ཞིང་ཉམས་བདེར་འགྱུར། །

时魔最悦心舒畅，

དེ་གཉིས་རྒྱལ་བའི་ཡེ་ཤེས་ལས་ནི་རིང་འགྱུར་སྙམ། །

思彼二者远佛智。

དེ་གཉིས་རིང་དུ་འགྱུར་ཞིང་ཤ་ཟ་འདྲ་བར་འགྱུར། །

彼二将远如罗刹，

གཉིས་ཀ་རང་གི་དམ་བཅས་ཉམས་པར་བྱེད་པར་འགྱུར། །

二者失毁自誓言，

སྡང་ཞིང་བཟོད་དང་བྲལ་ལ་བྱང་ཆུབ་ག་ལ་ཡོད། །

嗔恨离忍岂证觉？

དེ་ཚེ་བདུད་རྣམས་ཕྱོགས་དང་བཅས་ཏེ་དགའ་བར་འགྱུར། །

彼时诸魔皆欢喜。

ལུང་བསྟན་མ་ཐོབ་བྱང་ཆུབ་སེམས་དཔའ་གང་ཞིག་གིས། །

未得授记之菩萨，

ལུང་བསྟན་ཐོབ་ལ་སེམས་ཁྲོས་རྩོད་པ་རྩོམ་བྱེད་ན། །

嗔得授记起争论，

ཐ་བ་སྐྱོན་ལྡན་སེམས་ཀྱི་སྐད་ཅིག་ཇི་སྲིད་པ།།
尽嗔具过心刹那，

དེ་སྲིད་བསྐལ་པར་གཞི་ནས་གོ་ཆ་བགོ་དགོས་སོ།།
需彼数劫重披甲。

སངས་རྒྱས་བཟོད་པའི་ཕ་རོལ་ཕྱིན་པས་བྱང་ཆུབ་རེག།
佛依忍度证菩提，

སེམས་འདི་བཟང་བ་མིན་སྙམ་དྲན་པ་སྐྱེད་བྱེད་ཅིང་།།
思嗔非妙起正念，

སོ་སོར་འཆགས་པར་བྱེད་ཅིང་ཕྱིས་ཀྱང་སྡོམ་བྱེད་ལ།།
发露忏悔亦戒后，

དགའ་བར་མི་བྱེད་དེ་ནི་སངས་རྒྱས་ཆོས་འདིར་སློབ།།
不喜彼学此佛法。

གང་ཞིག་སློབ་ཚེ་བསླབ་པ་གང་ཡང་ཁས་མི་ལེན།།
何者学时不许学，

སློབ་པ་པོ་དང་བསླབ་པའི་ཆོས་རྣམས་མི་དམིགས་ཤིང་།།
不缘学者所学法，

བསླབ་དང་བསླབ་པ་མ་ཡིན་འདི་གཉིས་མི་རྟོག་པ།།
是学非学不分别，

དེ་ལྟར་གང་སློབ་དེ་ནི་སངས་རྒྱས་ཆོས་འདིར་སློབ།།
彼学即学此佛法。

བྱང་ཆུབ་སེམས་དཔའ་གང་ཞིག་དེ་ལྟའི་བསླབ་འདི་ཤེས།།
菩萨了知如此学，

དེ་ནི་གཞར་ཡང་བསླབ་ཉམས་ཚུལ་ཁྲིམས་འཆལ་མི་འགྱུར།།
永不失学不破戒，

དེ་ནི་སངས་རྒྱས་ཆོས་བརྙེས་བྱ་ཕྱིར་འདི་ལ་སློབ། །
为得佛法修学此，

དེ་ནི་བསླབ་ལྷག་བསླབ་ལ་མཁས་ཏེ་དམིགས་པ་མེད། །
善学胜学无缘执。

མཁས་པ་འོད་བྱེད་རྣམས་ཀྱི་ཤེས་རབ་དེ་ལྟར་སློབ། །
智者学修发光慧，

དགེ་བ་མ་ཡིན་སེམས་གཅིག་ཙམ་ཡང་སྐྱེད་མི་བྱེད། །
不善一念亦不生，

ཉི་མ་མཁའ་ལ་འགྲོ་བའི་ཟེར་གྱིས་ཟིལ་གནོན་པའི། །
如日行空光辉映，

མདུན་གྱི་བར་སྣང་ལ་ནི་མུན་པ་མི་གནས་བཞིན། །
前方虚空暗不存。

ཤེས་རབ་ཕ་རོལ་ཕྱིན་ལ་བསླབ་པ་བྱས་རྣམས་ཀྱི། །
修学般若波罗蜜，

ཕ་རོལ་ཕྱིན་པ་ཐམས་ཅད་འདིར་ནི་འདུས་པར་འགྱུར། །
诸波罗蜜皆归此，

འཇིག་ཚོགས་ལྟ་བར་ལྟ་བ་དྲུག་ཅུ་གཉིས་འདུས་ལྟར། །
坏聚见摄六十二，

དེ་བཞིན་ཕ་རོལ་ཕྱིན་པ་འདི་དག་འདུས་པར་གསུངས། །
如是摄集此等度。

དཔེར་ན་སྲོག་གི་དབང་པོ་འགག་ན་དབང་པོ་གཞན། །
譬如命根若灭尽，

གང་དག་ཇི་སྙེད་ཡོད་པ་ཐམས་ཅད་འགག་པར་འགྱུར། །
所有余根皆灭尽，

དེ་ལྟར་ཤེས་རབ་སྤྱོད་པ་མཁས་པ་མཆོག་རྣམས་ཀྱི།།

如是行慧大智者，

ཕ་རོལ་ཕྱིན་པ་ཐམས་ཅད་འདིར་ནི་འདུས་པར་གསུངས།།

诸波罗蜜皆集此。

བྱང་ཆུབ་སེམས་མཁས་ཉན་ཐོས་ཡོན་ཏན་གང་དག་དང་།།

善巧菩萨能修学，

དེ་བཞིན་རང་རྒྱལ་ཡོན་ཏན་ཀུན་ལ་སློབ་བྱེད་ཅིང་།།

声闻独觉诸功德，

དེ་དག་དེ་ལ་མི་གནས་འདོད་པ་མི་སྐྱེད་དེ།།

不住于彼不希求，

འདི་ནི་བདག་གིས་བསླབ་བྱ་ཡིན་སྙམ་དེ་ཕྱིར་སློབ།།

思此我所学故学。

མི་ལྡོག་བྱང་ཆུབ་མཆོག་ལ་རབ་ཏུ་ཞུགས་པ་ཡི།།

于不退入大菩提，

སེམས་བསྐྱེད་པ་ལ་བསམ་པ་ཐག་པས་ཡི་རང་བ།།

发心诚意作随喜，

སྟོང་གསུམ་རི་རབ་སྲང་ལ་གཞལ་བས་ཚད་གཟུང་རུང་།།

三千须弥秤可量，

རྗེས་སུ་ཡི་རང་དགེ་བ་དེ་ནི་དེ་ལྟ་མིན།།

随喜彼善非如是。

དགེ་བ་དོན་གཉེར་ཕན་འདོད་སེམས་ཅན་ཇི་སྙེད་པ།།

求善欲利诸众生，

ཀུན་གྱི་བསོད་ནམས་ཕུང་པོ་ལ་ཡང་ཡི་རང་འགྱུར།།

一切福蕴皆随喜，

དེ་ཕྱིར་དེ་དག་རྒྱལ་བའི་ཡོན་ཏན་ཐོབ་གྱུར་ནས།།
故获如来功德已，

སྡུག་བསྔལ་ཟད་པར་བྱ་ཕྱིར་འཇིག་རྟེན་ཆོས་སྦྱིན་བྱེད།།
为尽苦于世法施。

བྱང་ཆུབ་སེམས་དཔའ་གང་ཞིག་མི་རྟོག་ཆོས་རྣམས་ཀུན།།
菩萨无念而彻知，

སྟོང་དང་མཚན་མ་མེད་དང་སྤྲོས་མེད་ཡོངས་ཤེས་པ།།
法空无相无戏论，

དེ་ནི་ཤེས་རབ་གཉིས་ཀྱིས་བྱང་ཆུབ་ཚོལ་མི་བྱེད།།
不以二慧寻菩提，

རྣལ་འབྱོར་པ་དེ་ཤེས་རབ་ཕ་རོལ་ཕྱིན་མཆོག་བརྩོན།།
瑜伽者勤胜般若。

ནམ་མཁའི་ཁམས་དེ་དང་ནི་ནམ་མཁའ་དེར་འགལ་བ།།
虚空界与彼违一，

ཡོད་པ་མ་ཡིན་གང་གིས་ཀྱང་ནི་དེ་མ་ཐོབ།།
非有何亦不得彼，

དེ་བཞིན་ཤེས་རབ་སྤྱོད་མཁས་བྱང་ཆུབ་སེམས་དཔའ་ཡང་།།
善行智慧之菩萨，

ནམ་མཁའ་ལྟ་བུ་ཡིན་ཏེ་ཉེ་བར་ཞི་བ་སྤྱོད།།
亦如虚空寂灭行。

སྐྱེ་བོའི་དབུས་ན་སྒྱུ་མའི་སྐྱེས་བུ་འདི་སྙམ་དུ།།
人中幻人无此想：

སྐྱེ་བོ་འདི་མགུ་བྱ་སྙམ་མི་སེམས་དེ་ཡང་བྱེད།།
取悦此人彼亦行，

རྫུ་འཕྲུལ་སྣ་ཚོགས་རབ་ཏུ་སྟོན་པར་བྱེད་མཐོང་ཡང་། །
见显种种之神变，

དེ་ལ་ལུས་མེད་སེམས་མེད་མིང་ཡང་ཡོད་མ་ཡིན། །
彼无身心亦无名。

དེ་བཞིན་ཤེས་རབ་སྤྱོད་པ་ནམ་ཡང་འདི་སྙམ་དུ། །
如是行慧永不思，

བྱང་ཆུབ་རྟོགས་ནས་འགྲོ་བ་ཡོངས་སུ་དགྲོལ་མི་སེམས། །
证悟菩提度有情，

སྐྱེ་བ་སྣ་ཚོགས་དང་ནི་བྱ་བ་མང་ལྡན་པ། །
种种生具众多事，

སྒྱུ་མ་ལྟ་བུར་སྟོན་ཀྱང་རྣམ་པར་མི་རྟོག་སྤྱོད། །
如幻示现无念行。

དཔེར་ན་སངས་རྒྱས་སྤྲུལ་པ་སངས་རྒྱས་མཛད་པ་བྱེད། །
如佛化现行佛业，

བྱེད་པ་དེ་ལ་དྲེགས་པ་ཅུང་ཟད་སྐྱེ་མི་འགྱུར། །
于行骄傲毫不生，

དེ་བཞིན་ཤེས་རབ་སྤྱོད་མཁས་བྱང་ཆུབ་སེམས་དཔའ་ཡང་། །
如是行慧巧菩萨，

སྤྲུལ་པ་སྒྱུ་མ་བཞིན་དུ་བྱ་བ་ཐམས་ཅད་སྟོན། །
亦如幻化显诸事。

ཤིང་མཁན་བཟོ་བོ་མཁས་པས་སྐྱེས་པ་བུད་མེད་དང་། །
巧木匠造男女像，

འདྲ་བའི་བཟོ་བྱས་དེ་ཡང་བྱ་བ་ཐམས་ཅད་བྱེད། །
彼亦能做一切事，

དེ་བཞིན་ཤེས་རབ་སྤྱོད་མཁས་བྱང་ཆུབ་སེམས་དཔའ་ཡང་།།
如是行慧巧菩萨，

རྣམ་པར་མི་རྟོག་ཡེ་ཤེས་བྱ་བ་ཐམས་ཅད་བྱེད།།
无分别智行诸事。

དེ་ལྟར་སྤྱོད་མཁས་རྣམས་ལ་ལྷ་ཚོགས་མང་པོ་དག།
如是行持诸智者，

ཐལ་མོ་སྦྱར་བ་བཏུད་ནས་ཕྱག་ཀྱང་འཚལ་བར་བྱེད།།
众天合掌亦顶礼，

ཕྱོགས་བཅུའི་འཇིག་རྟེན་ཁམས་ཀྱི་སངས་རྒྱས་ཇི་སྙེད་པའང་།།
十方世界诸佛陀，

ཡོན་ཏན་བསྔགས་པའི་ཕྲེང་བ་ཡོངས་སུ་བརྗོད་པ་མཛད།།
亦作赞叹众功德。

གངྒཱའི་ཀླུང་མཉམ་ཞིང་ན་སེམས་ཅན་ཇི་སྙེད་པ།།
等恒河刹诸有情，

དེ་ཀུན་ཡོངས་སུ་བརྟག་པར་བཟུང་སྟེ་བདུད་གྱུར་ལ།།
假设普皆成恶魔，

བ་སྤུ་ཉག་རེ་ལས་ཀྱང་དེ་སྙེད་སྤྲུལ་བྱས་ཀྱང་།།
一毛亦化相同数，

དེ་དག་ཀུན་གྱིས་མཁས་ལ་བར་ཆད་བྱ་མི་ནུས།།
彼等无法障智者。

རྒྱུ་རྣམ་བཞི་ཡིས་བྱང་ཆུབ་སེམས་དཔའ་མཁས་སྟོབས་ལྡན།།
四因菩萨具智力，

བདུད་བཞིས་ཐུབ་པར་དཀའ་ཞིང་བསྐྱོད་པར་མི་ནུས་ཏེ།།
四魔难胜不能动，

སྟོང་པར་གནས་དང་སེམས་ཅན་ཡོངས་སུ་མི་གཏོང་དང་། །
安住空性不舍众，

ཇི་སྐད་སྨྲས་བཞིན་བྱེད་དང་བདེ་གཤེགས་བྱིན་རླབས་ཅན། །
如说而行佛加持。

དེ་བཞིན་གཤེགས་ཡུམ་ཤེས་རབ་ཕ་རོལ་ཕྱིན་པ་འདི། །
讲此佛母般若时，

འཆད་ཚེ་བྱང་ཆུབ་སེམས་དཔའ་གང་ཞིག་མོས་བྱེད་ཅིང་། །
若有菩萨起信解，

བསམ་པ་ཐག་པས་སྒྲུབ་པར་མངོན་པར་བརྩོན་བྱེད་ན། །
诚心精进而修行，

དེས་པ་ཐམས་ཅད་མཁྱེན་པ་ཉིད་ལ་ཞུགས་རིག་བྱ། །
知静者入一切智。

ཆོས་དབྱིངས་དེ་བཞིན་ཉིད་ལ་གནས་པ་མི་འགྱུར་ཞིང་། །
法界真如不可住，

དཔེར་ན་བར་སྣང་སྤྲིན་བཞིན་གནས་པ་མེད་པར་གནས། །
如空中云无住住，

རིག་སྔགས་འཆང་བ་གནས་མེད་མཁའ་རྒྱུ་གནས་འདོད་པ། །
咒师无住行于空，

སྔགས་མཐུས་དུས་མིན་མེ་ཏོག་ལྡན་ཞིང་བྱིན་གྱིས་རློབ། །
欲住依咒加持花。

དེ་ལྟར་སྤྱོད་པའི་བྱང་ཆུབ་སེམས་དཔའ་མཁས་གསལ་བ། །
此行明智之菩萨，

རྟོགས་པར་བྱེད་དང་སངས་རྒྱས་ཆོས་རྣམས་དམིགས་མི་འགྱུར། །
不缘能证佛诸法，

འཆད་པར་བྱེད་དང་ཆོས་འདོད་ལྟ་བར་བྱེད་མི་དམིགས།།
不缘视为讲求法，

འདི་ནི་ཞི་འདོད་ཡོན་ཏན་དགའ་བའི་གནས་པ་ཡིནམིན།།
是求寂喜德者住。

དགྲ་བཅོམ་རྣམ་ཐར་དེ་བཞིན་གཤེགས་ཀྱི་མ་གཏོགས་པར།།
罗汉解脱如来外，

གནས་པ་འདི་ནི་ཉན་ཐོས་རང་རྒྱལ་བཅས་པ་ཡི།།
此住堪为诸声闻，

གནས་པ་ཞི་བའི་ཏིང་འཛིན་རབ་ཞི་བདེ་ལྡན་པ།།
缘觉息具寂乐定，

ཇི་སྙེད་ཀུན་གྱི་མཆོག་དང་གོང་ན་མེད་པ་ཡིན།།
众住之最是无上。

འདབ་ཆགས་མཁའ་ལ་གནས་ཀྱང་ལྷུང་བར་འགྱུར་མ་ཡིན།།
飞禽住空不坠地，

ཉ་ནི་ཆུ་ལ་གནས་ཀྱང་འཚུབས་ཏེ་འཆི་བ་མེད།།
鱼住水中无闭死，

དེ་ལྟར་བྱང་ཆུབ་སེམས་དཔའ་བསམ་གཏན་སྟོབས་དག་གིས།།
如是菩萨依定力，

ཕ་རོལ་སོན་པ་སྟོང་གནས་མྱ་ངན་འདའ་མི་འགྱུར།།
到岸住空不涅槃。

སེམས་ཅན་ཀུན་གྱི་ཡོན་ཏན་མཆོག་ཏུ་འགྲོ་བ་དང་།།
欲成众生功德最，

སངས་རྒྱས་ཡེ་ཤེས་མཆོག་ཏུ་རྨད་བྱུང་མཆོག་རེག་དང་།།
证最稀有佛胜智，

ཆོས་ཀྱི་སྦྱིན་པ་རབ་མཆོག་དམ་པ་སྦྱིན་འདོད་གང་། །
发放上胜妙法施，

ཕན་མཛད་རྣམས་ཀྱི་གནས་མཆོག་འདི་ལ་བརྟེན་པར་བགྱི་གྱིས། །
当依利者此胜处。

བསླབ་པ་འདི་ནི་འདྲེན་པའི་བསླབ་པ་ཡོངས་བརྗོད་པ། །
此学处乃导师说，

བསླབ་པ་�་སྟེད་ཀུན་གྱི་མཆོག་དང་གོང་ན་མེད། །
诸学之最是无上，

མཁས་པ་གང་ཞིག་བསླབ་ཀུན་ཕ་རོལ་འགྲོ་འདོད་པས། །
智者欲学到彼岸，

སངས་རྒྱས་བསླབ་པ་ཤེས་རབ་ཕ་རོལ་ཕྱིན་འདིར་སློབ། །
当学佛学此般若。

འདི་ནི་ཆོས་གཏེར་མཆོག་དང་ཆོས་མཛོད་དམ་པ་ཡིན། །
此胜法藏妙法藏，

སངས་རྒྱས་རིགས་ཡིན་འགྲོ་བའི་བདེ་དང་སྐྱིད་པའི་མཛོད། །
佛种众生安乐藏，

འདས་དང་མ་བྱོན་ཕྱོགས་བཅུའི་འཇིག་རྟེན་མགོན་པོ་རྣམས། །
过去未来十方佛，

དེ་དག་འདི་ལས་འབྱུངས་ཀྱང་ཆོས་དབྱིངས་ཟད་མི་འགྱུར། །
此生法界不穷尽。

ཤིང་དང་འབྲས་བུ་མེ་ཏོག་ནགས་ཚལ་ཇི་སྙེད་པ། །
所有树果花林园，

དེ་དག་ཐམས་ཅད་ས་ལས་ཡང་དག་འབྱུང་ཞིང་འཐོན། །
皆从地生并呈现，

འོན་ཀྱང་ས་ལ་ཟད་པ་མེད་ཅིང་འཕེལ་བ་མེད།།

大地无尽亦无增，

ཡོངས་སུ་མི་ཉམས་རྣམ་པར་མི་རྟོག་སྐྱོ་བ་མེད།།

不失无念无厌倦。

སངས་རྒྱས་སྲས་དང་ཉན་ཐོས་རང་རྒྱལ་ལྷ་རྣམས་དང་།།

佛子声闻独觉天，

འགྲོ་བ་ཀུན་གྱི་བདེ་སྐྱིད་ཆོས་རྣམས་ཇི་སྙེད་པ།།

一切众生安乐法，

དེ་ཀུན་ཤེས་རབ་ཕ་རོལ་ཕྱིན་པ་མཆོག་ལས་བྱུང་།།

悉由殊胜般若生，

ཤེས་རབ་རྣམས་ཀྱང་ཟད་པ་མེད་ཅིང་འཕེལ་བ་མེད།།

智慧无尽亦无增。

སེམས་ཅན་ཐ་མ་འབྲིང་དང་མཆོག་གྱུར་ཇི་སྙེད་པ།།

所有下中上有情，

དེ་ཀུན་མ་རིག་ལས་བྱུང་བདེ་བར་གཤེགས་པས་གསུངས།།

佛说皆由无明生，

རྐྱེན་རྣམས་ཚོགས་ནས་སྡུག་བསྔལ་འཁྲུལ་འཁོར་རབ་ཏུ་འབྱུང་།།

众缘聚合极生苦，

མ་རིག་འཁྲུལ་འཁོར་དེ་ནི་ཟད་མེད་འཕེལ་བ་མེད།།

无明无尽亦无增。

ཡེ་ཤེས་ཚུལ་སྒོ་ཐབས་དང་རྩ་བ་ཇི་སྙེད་པ།།

智慧理门方便本，

དེ་ཀུན་ཤེས་རབ་ཕ་རོལ་ཕྱིན་པ་མཆོག་ལས་བྱུང་།།

皆由殊胜般若生，

རྐྱེན་རྣམས་ཚོགས་ནས་ཡེ་ཤེས་འཁྲུལ་འཁོར་རབ་ཏུ་འབྱུང་།།
众缘聚合极生智，

ཤེས་རབ་ཕ་རོལ་ཕྱིན་ལ་ཟད་མེད་འཕེལ་བ་མེད།།
般若无尽亦无增。

བྱང་ཆུབ་སེམས་དཔའ་གང་ཞིག་རྟེན་ཅིང་འབྲེལ་འབྱུང་ལ།།
菩萨知晓此缘起，

སྐྱེ་མེད་ཟད་པ་མེད་པར་ཤེས་རབ་འདི་ཤེས་ཏེ།།
无生无灭此般若，

ཉི་མ་སྤྲིན་མེད་འོད་ཟེར་འཕྲོ་བས་མུན་བསལ་ལྟར།།
如日无云放光芒，

མ་རིག་འཐིབས་པོ་བཅོམ་ནས་རང་བྱུང་ཐོབ་པར་འགྱུར།།
除无明暗获自然。

མཐུ་ཆེན་ལྡན་པ་བསམ་གཏན་བཞིས་ཀྱང་གནས་བྱེད་ལ།།
具大力者依四禅，

རྟེན་པར་བྱེད་པ་མ་ཡིན་གནས་པར་བྱེད་པ་མེད།།
能住非依亦无住，

འོན་ཀྱང་བསམ་གཏན་ཡན་ལག་བཅས་པ་བཞི་པོ་འདི།།
然依此四禅定支，

བྱང་ཆུབ་དམ་པ་མཆོག་ཐོབ་པ་ཡི་རྟེན་དུ་འགྱུར།།
成得大菩提所依。

ཤེས་རབ་མཆོག་ཐོབ་བསམ་གཏན་དག་ལ་གནས་པ་ནི།།
获胜智慧住禅定，

གཟུགས་མེད་ཏིང་འཛིན་དམ་པ་བཞི་ཡང་ཉམས་སུ་མྱོང་།།
受四无色妙等持，

བསམ་གཏན་འདི་དག་བྱང་ཆུབ་དམ་པ་མཆོག་ལ་ཕན། །
此定利胜妙菩提，

བྱང་ཆུབ་སེམས་དཔའ་ཟག་པ་ཟད་ཕྱིར་སློབ་པ་མིན། །
菩萨非为漏尽学。

འདི་ནི་ཡོན་ཏན་སོགས་པའི་ངོ་མཚར་རྨད་བྱུང་སྟེ། །
此是积德之奇迹，

བསམ་གཏན་ཉིད་དེ་འཛིན་ལ་གནས་ནས་མཚན་མ་མེད། །
住定等持而无相，

དེ་ལ་གནས་རྣམས་གལ་ཏེ་ལུས་ནི་ཞིག་གྱུར་ན། །
安住彼中若身亡，

བསམ་པ་ཇི་བཞིན་འདོད་པའི་ཁམས་སུ་ཡང་སྐྱེ་བ། །
随意受生欲界中。

དཔེར་ན་འཛམ་གླིང་མི་ཞིག་སྔོན་ཆད་ལྷ་ཡུལ་གྱི། །
如赡洲人昔未至，

ལྷ་ཡི་གྲོང་ཁྱེར་མཆོག་ཏུ་མ་ཕྱིན་ཕྱིས་སོང་སྟེ། །
天境天城后前往，

དེ་ན་ཡོངས་སུ་གཟུང་བའི་ཡུལ་དེ་རྣམས་མཐོང་ནས། །
见彼拥有一切境，

ཕྱིས་འདིར་འོང་བར་གྱུར་ན་ཆགས་པར་མི་བྱེད་ལྟར། །
复还此处不贪执。

དེ་བཞིན་བྱང་ཆུབ་སེམས་དཔའ་ཡོན་ཏན་མཆོག་འཆང་བ། །
菩萨持有胜功德，

རྣལ་འབྱོར་བརྩོན་ཏེ་བསམ་གཏན་ཉིད་འཛིན་ལ་གནས་ནས། །
精勤瑜伽住禅定，

ཕྱིར་ཡང་འདོད་པའི་ཁམས་སུ་གནས་ཏེ་ཆགས་པ་མེད།།

后住欲界无贪著，

ཆུ་ཡིས་པདྨ་བཞིན་དུ་བྱིས་པའི་ཆོས་མི་གནས།།

不住凡法如水莲。

བདག་ཉིད་ཆེན་པོ་སེམས་ཅན་ཡོངས་སུ་སྨིན་བྱ་དང་།།

至尊唯为成熟众，

ཞིང་སྦྱོང་ཕ་རོལ་ཕྱིན་རྫོགས་དོན་བྱེད་ཁོ་ནར་ཟད།།

修行刹土圆满度，

བྱང་ཆུབ་ཡོན་ཏན་ཕ་རོལ་ཕྱིན་ཉམས་འགྱུར་འོང་ཞེས།།

失菩提德波罗蜜，

གཟུགས་མེད་ཁམས་སུ་སྐྱེ་བ་དོན་དུ་གཉེར་མི་བྱེད།།

不求转生无色界。

དཔེར་ན་མི་ཞིག་རིན་ཆེན་གཏེར་རྣམས་རྙེད་གྱུར་ན།།

如人获得珍宝藏，

དེ་ལ་འདོད་པའི་བློ་ནི་བསྐྱེད་པར་མ་བྱས་ལ།།

于其未起爱乐心，

དེས་ཀྱང་དུས་གཞན་ཞིག་ན་དེ་དག་ཡོངས་བླངས་ཤིང་།།

彼于他时取彼等，

བླངས་ནས་ཁྱིམ་དུ་སོང་སྟེ་ཆགས་པར་མི་བྱེད་ལྟར།།

取而还家不贪执。

དེ་བཞིན་བྱང་ཆུབ་སེམས་དཔའ་མཁས་པ་དགའ་བ་དང་།།

善巧菩萨喜乐施，

བདེ་སྦྱིན་བསམ་གཏན་ཏིང་འཛིན་ཞི་བ་བཞི་ཐོབ་ནས།།

获四禅定寂等持，

བསམ་གཏན་བདེ་ལྡན་བསམ་གཏན་ཏིང་འཛིན་ཐོབ་བཏང་སྟེ། །
具禅乐弃所得定，

འགྲོ་ལ་སྙིང་བརྩེར་ལྡན་པ་ཕྱིར་ཡང་འདོད་ཁམས་འཇུག །
悲悯众生入欲界。

གལ་ཏེ་བྱང་ཆུབ་སེམས་དཔའ་ཏིང་འཛིན་བསམ་གཏན་གནས། །
若菩萨住禅等持，

དགྲ་བཅོམ་རང་རྒྱལ་ཐེག་པར་འདོད་པའི་བློ་བསྐྱེད་ན། །
欲求罗汉独觉乘，

མཉམ་པར་མ་བཞག་རྣོད་ཅིང་སེམས་གཡེངས་གྱུར་པ་སྟེ། །
非定掉散失佛德，

སངས་རྒྱས་ཡོན་ཏན་ཡོངས་ཉམས་མཉན་པ་གྲུ་ཞིག་བཞིན། །
犹如舟子坏船只。

གཞན་ཡང་གཟུགས་དང་སྒྲ་དང་དེ་བཞིན་དྲི་དང་རོ། །
此外虽勤享色声，

རེག་དང་འདོད་ཡོན་ལྔ་ལ་མངོན་པར་བརྩོན་གྱུར་ཀྱང་། །
香与味触五欲妙，

དགྲ་བཅོམ་རང་རྒྱལ་ཐེག་བྲལ་བྱང་ཆུབ་སེམས་དགའ་ན། །
离小乘喜菩提心，

དཔའ་བོ་རྟག་ཏུ་མཉམ་བཞག་ཡིན་པར་ཤེས་པར་བྱ། །
当知勇士恒入定。

སེམས་ཅན་གང་དག་གཞན་ཕྱིར་སེམས་པ་རྣམ་དག་པ། །
为余有情心清净，

བརྩོན་འགྲུས་ཕ་རོལ་ཕྱིན་ལ་མངོན་བརྩོན་རྣམ་པར་སྤྱོད། །
勤行精进波罗蜜，

དཔེར་ན་བྲན་མོ་ཆུ་ཆུན་དབང་མེད་རྗེ་བོའི་དབང་། །
如取水仆受主制，

དེ་བཞིན་དཔའ་རྣམས་སེམས་ཅན་ཀུན་གྱི་དབང་གིས་འགྲོ། །
勇士随从众生行。

སྤྱོ་བ་བྱས་སམ་འོན་ཏེ་རྟག་ཏུ་བརྡེགས་ཀྱང་རུང་། །
责骂抑或常殴打，

བྲན་མོ་རྗེ་བོ་ལ་ནི་ཟློག་ཆེག་མི་སྨྲ་ཡི། །
女仆于主不顶撞，

འདི་ཡིས་བདག་ནི་བསད་པར་འགྱུར་དུ་འོང་སྙམ་ནས། །
思量彼将杀害我，

ཤིན་ཏུ་སྐྲག་པའི་ཡིད་ཀྱིས་འཇིགས་བཅས་ཟིལ་གྱིས་གནོན། །
怀极恐惧受其压。

དེ་བཞིན་བྱང་ཆུབ་ཆེད་དུ་བྱང་ཆུབ་མཆོག་ཞུགས་པ། །
为菩提入大菩提，

འགྲོ་བ་ཀུན་ལ་བྲན་གྱུར་བཞིན་དུ་གནས་པར་བྱ། །
当如众生之奴仆，

འདི་ལས་བྱང་ཆུབ་ཐོབ་ཅིང་ཡོན་ཏན་རྫོགས་པར་འགྱུར། །
依此成佛圆功德，

རྩྭ་དང་ཤིང་ལས་མེ་བྱུང་བས་ནི་དེ་ཉིད་སྲེག།
草木失火焚烧彼。

བདག་གི་བདེ་བ་བཏང་ནས་རེ་བ་མེད་སེམས་ཀྱིས། །
舍弃自乐无求心，

སེམས་ཅན་གཞན་གྱི་དགོས་ལ་ཉིན་མཚན་མངོན་པར་བརྩོན། །
昼夜精进众生利，

བུ་གཅིག་པ་ལ་མ་ནི་རིམ་གྲོ་བྱེད་པ་ལྟར།།
当如生母侍独子，

བསམ་པ་ཐག་པས་རྣམ་པར་སྐྱོ་མེད་གནས་པར་བྱ།།
诚心无厌而行持。

བྱང་ཆུབ་སེམས་དཔའ་གང་ཞིག་ཡུན་རིང་འཁོར་འདོད་ཅིང་།།
菩萨欲长住轮回，

སེམས་ཅན་དོན་དང་ཞིང་སྦྱོང་བརྩོན་པའི་རྣལ་འབྱོར་པ།།
勤利众生修刹土，

སྐྱོ་བའི་བློ་ནི་རྡུལ་ཙམ་སྐྱེ་བར་མི་འགྱུར་ན།།
纤尘不生厌倦心，

དེ་ནི་བརྩོན་འགྲུས་ཕ་རོལ་ཕྱིན་ལྡན་གཡེལ་བ་མེད།།
彼具精进无懈怠。

བྱང་ཆུབ་སེམས་དཔའ་མི་མཁས་བསྐལ་པ་བྱེ་བ་བགྲང་།།
不巧菩萨俱胝劫，

གལ་ཏེ་རིང་པར་འདུ་ཤེས་སྡུག་བསྔལ་བྱང་ཆུབ་སྒྲུབ།།
久想苦想修菩提，

ཡང་དག་ཆོས་སྒྲུབ་བྱེད་ཚེ་ཡུན་རིང་སྡུག་བསྔལ་འགྱུར།།
修行正法成长苦，

དེས་ན་བརྩོན་འགྲུས་ཕ་རོལ་ཕྱིན་ཉམས་ལེ་ལོ་ཅན།།
失精进度懒惰者。

བྱང་ཆུབ་མཆོག་ཏུ་སེམས་བསྐྱེད་དང་པོ་ནས་བཟུང་སྟེ།།
初发殊胜菩提心，

བྱང་ཆུབ་བླ་ན་མེད་པ་ཐོབ་པར་འགྱུར་གྱི་བར།།
至获无上菩提间，

ཉིན་མཚན་གཅིག་ཙམ་དུ་ནི་ཡིད་ལ་སེམས་བྱེད་ན། །
作意仅一昼夜时，

མཁས་པ་གསལ་བས་བརྩོན་འགྲུས་བརྩམས་པར་རིག་པར་བྱ། །
当知明智行精进。

གལ་ཏེ་འགའ་ཞིག་འདི་སྐད་རི་རབ་རི་བཤིག་པའི། །
若有说毁须弥山，

རྗེས་ལ་བྱང་ཆུབ་མཆོག་ཐོབ་འགྱུར་ཞེས་སྨྲ་བ་ལས། །
随继将得大菩提，

ཇི་སྲིད་སྐྱོ་བའི་བློ་སྐྱེད་ཚད་ཀྱང་སེམས་བྱེད་ན། །
生厌倦心思其量，

དེ་ཚེ་བྱང་ཆུབ་སེམས་དཔའ་ལེ་ལོར་གྱུར་པ་ཡིན། །
尔时菩萨成懈怠。

ཇི་སྲིད་དེ་ནི་འདི་ཙམ་ཚོད་ལྟ་ཅི་དཀའ་ཞེས། །
仅此限度有何难？

སྐད་ཅིག་ཙམ་ལ་རི་རབ་ཐལ་བར་བརླག་སེམས་སྐྱེད། །
发刹那粉山王心，

བྱང་ཆུབ་སེམས་དཔའ་མཁས་པ་བརྩོན་འགྲུས་བརྩམས་པ་སྟེ། །
智者菩萨行精进，

རིང་པོར་མི་ཐོགས་འདྲེན་པའི་བྱང་ཆུབ་མཆོག་ཐོབ་འགྱུར། །
不久获佛胜菩提。

འགྲོ་བ་ཡོངས་སུ་སྨིན་པར་བྱས་ནས་དོན་བྱ་ཞེས། །
成熟众生行利益，

གལ་ཏེ་ལུས་དང་ངག་དང་ཡིད་ཀྱིས་བརྩོན་བྱེད་ན། །
若身语意精勤行，

བདག་ཏུ་འདུ་ཤེས་གནས་པས་ལེ་ལོར་གྱུར་པ་སྟེ། །
存有我想成懈怠，

ཐམས་ཅད་མཁྱེན་པ་ཉིད་ལས་རིང་འགྱུར་གནམ་ས་བཞིན། །
远一切智如天地。

གང་ཚེ་ལུས་དང་སེམས་དང་སེམས་ཅན་འདུ་ཤེས་མེད། །
时无身心众生想，

འདུ་ཤེས་རྣམ་པར་ལོག་ནས་གཉིས་སུ་མེད་ཆོས་སྤྱོད། །
灭想行持不二法，

འདི་ནི་བྱང་ཆུབ་ཞི་བ་མི་ཉམས་མཆོག་འདོད་པའི། །
佛说是求寂不失，

བརྩོན་འགྲུས་ཕ་རོལ་ཕྱིན་ཅེས་ཕན་པ་མཛད་པས་གསུངས། །
大菩提者精进度。

གལ་ཏེ་གཞན་ལས་ངན་བརྗོད་ཚིག་རྩུབ་ཐོས་གྱུར་ན། །
若闻他说粗恶语，

བདག་བདེ་ཡིན་ཞེས་བྱང་ཆུབ་སེམས་དཔའ་མཁས་པ་དགའ། །
我乐善巧菩萨喜，

སུ་སྨྲ་སུས་ཐོས་གང་གིས་གང་ཞིག་གང་གི་ཕྱིར། །
孰说孰闻以何说，

བཟོད་པའི་ཕ་རོལ་ཕྱིན་མཆོག་ལྡན་པ་མཛངས་པ་ཡིན། །
具胜忍度是智者。

བྱང་ཆུབ་སེམས་དཔའ་གང་ཞིག་བཟོད་པའི་ལེགས་ཆོས་ལྡན། །
菩萨若具忍善法，

གང་ཞིག་སྟོང་གསུམ་རིན་ཆེན་བཀང་སྟེ་འཇིག་རྟེན་མཁྱེན། །
三千世界满宝供，

སངས་རྒྱས་རྣམས་དང་དགྲ་བཅོམ་རང་རྒྱལ་ཕྱུལ་བྱས་པ།།

罗汉缘觉世间解，

སྦྱིན་པའི་ཕུང་པོས་དེ་ལ་བསོད་ནམས་ཆར་མི་ཕོད།།

施蕴不及彼福德。

བཟོད་ལ་གནས་པའི་ལུས་ནི་ཡོངས་སུ་དག་འགྱུར་ཏེ།།

住安忍者身洁净，

སུམ་ཅུ་རྩ་གཉིས་མཚན་དང་མཐུ་སྟོབས་པ་མཐའ་ཡས།།

三十二相力无穷，

སེམས་ཅན་རྣམས་ལ་ཆོས་རབ་སྟོང་པ་སྒྲོགས་པར་བྱེད།།

于诸有情宣空法，

འདི་ནི་བཟོད་ལྡན་དེ་ལ་འགྲོ་བ་དགའ་འགྱུར་མཁས།།

众喜具忍成智者。

གལ་ཏེ་སེམས་ཅན་ལ་ལས་ཙན་དན་ཕུར་མ་བླངས།།

有众生取檀香包，

རབ་གུས་བྱང་ཆུབ་སེམས་དཔའ་ལ་ནི་ཨུག་བྱེད་ལ།།

恭敬涂敷菩萨身，

གཞན་ཞིག་མེ་མདག་མགོ་ལ་འཐོར་བྱེད་གཉིས་ཀ་ལ།།

或有火烬撒其头，

དེ་ཡིས་མཉམ་ཞིང་སྙོམས་པའི་སེམས་ནི་བསྐྱེད་པར་བྱ།།

于二者起平等心。

བྱང་ཆུབ་སེམས་དཔའ་མཁས་པས་དེ་ལྟར་བཟོད་བྱས་ནས།།

智者菩萨安忍已，

སེམས་བསྐྱེད་དེ་ནི་བྱང་ཆུབ་མཆོག་ཏུ་ཡོངས་བསྔོས་ན།།

发心回向大菩提，

དཔའ་བོ་འཇིག་རྟེན་ཀུན་ལ་བཟོད་པས་དགྲ་བཅོམ་དང་། །
勇士为世安忍胜，

རང་རྒྱལ་སེམས་ཅན་ཁམས་མང་ཇི་སྙེད་ཟིལ་གྱིས་གནོན། །
罗汉独觉众有情。

བཟོད་བྱེད་འདི་སྙམ་དུ་ཡང་སེམས་ནི་བསྐྱེད་བྱ་སྟེ། །
能忍者当生此心：

སེམས་དམྱལ་དུད་འགྲོ་གཤིན་རྗེའི་འཇིག་རྟེན་སྡུག་བསྔལ་མང་། །
狱畜阎罗界多苦，

འདོད་པའི་ཡོན་ཏན་རྒྱུ་ཡིས་དབང་མེད་གནོད་སྤྱོང་ན། །
欲因受害不自主，

བྱང་ཆུབ་ཆེད་དུ་ཅི་ཕྱིར་ང་བཟོད་མི་བྱ་སྙམ། །
我为菩提何不忍？

ལྕག་དབྱུག་མཚོན་དང་བསད་དང་བཅིངས་དང་བརྡེག་པ་དང་། །
鞭棍兵刃打杀缚，

མགོ་གཅོད་པ་དང་རྣ་བ་རྐང་ལག་སྣ་གཅོད་དང་། །
砍头断耳鼻手足，

འཇིག་རྟེན་སྡུག་བསྔལ་ཇི་སྙེད་བདག་གིས་བཟོད་སྙམ་པ། །
世间诸苦我能忍，

བྱང་ཆུབ་སེམས་དཔའ་བཟོད་པའི་ཕ་རོལ་ཕྱིན་ལ་གནས། །
菩萨安住忍辱度。

ཚུལ་ཁྲིམས་ཀྱིས་ནི་ཞི་བ་འདོད་རྣམས་འཕགས་པར་འགྱུར། །
戒令求寂者超胜，

སྟོབས་བཅུའི་སྤྱོད་ཡུལ་གནས་ཤིང་ཚུལ་ཁྲིམས་ཉམས་པ་མེད། །
十力行境戒无失，

སྡོམ་པའི་བྱ་བ་ཇི་སྙེད་ཀུན་གྱི་རྗེས་སུ་འཇུག།
戒行随行于一切，

སེམས་ཅན་ཀུན་ལ་ཕན་ཕྱིར་དེ་ཡང་བྱང་ཆུབ་བསྔོ།།
回向菩提为利生。

གལ་ཏེ་རང་རྒྱལ་དགྲ་བཅོམ་བྱང་ཆུབ་རིག་འདོད་ན།།
欲得独觉罗汉果，

ཚུལ་ཁྲིམས་འཆལ་ཅིང་མི་མཁས་དེ་བཞིན་སྤྱོད་པ་ཉམས།།
破戒无知失行为，

ཇི་སྲིད་བྱང་ཆུབ་ཞི་བ་མཆོག་ཏུ་ཡོངས་བསྔོ་ན།།
回向寂灭胜菩提，

འདོད་ཡོན་བསྟེན་ཡང་ཚུལ་ཁྲིམས་ཕ་རོལ་ཕྱིན་ལ་གནས།།
勤欲妙亦住戒度。

ཆོས་གང་ངེས་པའི་བྱང་ཆུབ་ཡོན་ཏན་འབྱུང་འགྱུར་བ།།
若法菩提功德生，

དེ་ནི་ཡོན་ཏན་ཆོས་ལྡན་རྣམས་ཀྱི་ཚུལ་ཁྲིམས་དོན།།
具功德法戒律义，

ཆོས་གང་ཕན་བྱེད་རྣམས་ཀྱི་བྱང་ཆུབ་ཡོངས་ཉམས་པ།།
法失利者之菩提，

འདི་ནི་ཚུལ་ཁྲིམས་འཆལ་ཅེས་རྣམ་པར་འདྲེན་པས་གསུངས།།
此谓破戒导师语。

གལ་ཏེ་བྱང་ཆུབ་སེམས་དཔའ་འདོད་ཡོན་ལྔ་སྤྱོད་ཀྱང་།།
菩萨纵享五欲妙，

སངས་རྒྱས་ཆོས་དང་འཕགས་པའི་དགེ་འདུན་སྐྱབས་སོང་སྟེ།།
然皈依佛法圣僧，

སངས་རྒྱས་འགྲུབ་བྱ་སྙམ་དུ་ཀུན་མཁྱེན་ཡིད་བྱེད་ན།།
思维成佛念遍知，

མཁས་པ་ཚུལ་ཁྲིམས་ཕ་རོལ་ཕྱིན་གནས་རིག་པར་བྱ།།
当知智者住戒度。

གལ་ཏེ་བསྐལ་པ་བྱེ་བར་དགེ་བའི་ལས་ལམ་བཅུ།།
俱胝劫行十善业，

སྤྱོད་ཀྱང་རང་རྒྱལ་དགྲ་བཅོམ་ཉིད་ལ་འདོད་སྐྱེད་ན།།
然求独觉罗汉果，

དེ་ཚེ་ཚུལ་ཁྲིམས་སྐྱོན་བྱུང་ཚུལ་ཁྲིམས་ཉམས་པ་ཡིན།།
时戒有过是失戒，

སེམས་བསྐྱེད་དེ་ནི་ཕས་ཕམ་པས་ཀྱང་ཤིན་ཏུ་ལྕི།།
彼发心罪重他胜。

ཚུལ་ཁྲིམས་སྲུང་ཞིང་བྱང་ཆུབ་མཆོག་ཏུ་ཡོངས་བསྔོ་ལ།།
守戒回向大菩提，

དེ་ཡིས་རློམ་སེམས་མེད་ཅིང་བདག་བསྟོད་མི་བྱེད་ལ།།
无骄慢心不赞自，

ང་ཡི་འདུ་ཤེས་སེམས་ཅན་འདུ་ཤེས་ཡོངས་སུ་སྤངས།།
尽除我想众生想，

བྱང་ཆུབ་སེམས་དཔའ་ཚུལ་ཁྲིམས་ཕ་རོལ་ཕྱིན་གནས་བརྗོད།།
菩萨住戒波罗蜜。

གལ་ཏེ་བྱང་ཆུབ་སེམས་དཔའ་རྒྱལ་བའི་ལམ་སྤྱོད་པ།།
若行佛道菩萨思，

སེམས་ཅན་འདི་དག་ཁྲིམས་ལྡན་འདི་དག་ཁྲིམས་འཆལ་ཞེས།།
此等具戒此破戒，

སྣ་ཚོགས་འདུ་ཤེས་ཞུགས་པ་ཤིན་ཏུ་ཚུལ་ཁྲིམས་འཆལ།།
起种种想是破戒，

ཚུལ་ཁྲིམས་ཉམས་ཤིང་དེ་ལ་ཡོངས་དག་ཚུལ་ཁྲིམས་མེད།།
失戒不具清净戒。

གང་ལ་བདག་གི་འདུ་ཤེས་སེམས་ཅན་འདུ་ཤེས་མེད།།
谁无我想众生想，

འདུ་ཤེས་འདོད་ཆགས་བྲལ་ལ་སྡོམ་མིན་ག་ལ་ཡོད།།
离想贪岂有恶戒？

གང་ལ་སྡོམ་དང་སྡོམ་པ་མ་ཡིན་རློམ་སེམས་མེད།།
谁无执戒非戒心，

འདི་ནི་ཚུལ་ཁྲིམས་སྡོམ་པར་རྣམ་པར་འདྲེན་པས་གསུངས།།
导师说此是戒律。

སེམས་ཅན་དག་པ་གང་ཞིག་དེ་ལྟར་ཁྲིམས་ལྡན་པ།།
清净有情具戒律，

སྡུག་དང་མི་སྡུག་ཀུན་ལ་ལྟ་བ་མེད་པ་ཡིན།།
不见可爱不可爱，

མགོ་དང་རྐང་ལག་གཏོང་ཞིང་ཞུམ་པའི་སེམས་ཀྱང་མེད།།
施头手足无怯心，

བདོག་པ་ཐམས་ཅད་གཏོང་ཞིང་རྟག་ཏུ་ཞེན་པ་མེད།།
布施所有恒无执。

ཆོས་རྣམས་རང་བཞིན་བདག་མེད་ཡ་མ་བརླར་ཤེས་ནས།།
知法无性我不实，

བདག་གི་ཤ་ཡང་གཏོང་ལ་ཞུམ་པའི་སེམས་མེད་ན།།
纵舍自体无怯心，

དེ་ཚེ་ཕྱི་རོལ་དངོས་པོ་གཏོང་བ་སྨོས་ཅི་དགོས། །
尔时况施身外物？

གལ་ཏེ་སེར་སྣ་བྱེད་པ་དེ་ནི་གནས་མེད་དོ། །
无有悭吝之是处。

བདག་ཏུ་འདུ་ཤེས་དངོས་ལ་བདག་གིར་འཛིན་པས་ཆགས། །
我想执物为我所，

བླུན་པོ་རྣམས་ལ་གཏོང་བའི་བློ་ལྟ་ག་ལ་ཡོད། །
贪愚焉有施舍心？

སེར་སྣ་ཅན་ནི་ཡི་དགས་གནས་སུ་སྐྱེ་བར་འགྱུར། །
吝啬转生饿鬼处，

ཇི་སྟེ་མིར་སྐྱེས་ན་ཡང་དེ་ཚེ་དབུལ་པོར་འགྱུར། །
投生为人亦贫穷。

དེ་ཚེ་བྱང་ཆུབ་སེམས་དཔའ་སེམས་ཅན་དབུལ་ཤེས་ནས། །
菩萨知众贫乏已，

གཏོང་ལ་མོས་པར་འགྱུར་ཞིང་རྟག་ཏུ་ལྷུག་པར་གཏོང་། །
渴求舍施恒博施，

གླིང་བཞི་ལེགས་པར་བརྒྱན་པ་མཆིལ་མའི་ཐལ་བ་འདྲ། །
四洲庄严如唾沫，

བྱིན་ནས་དགའ་བར་འགྱུར་གྱིས་གླིང་ཐོབ་དེ་ལྟ་མིན། །
施喜得洲非如是。

བྱང་ཆུབ་སེམས་དཔའ་མཁས་པ་གསལ་བ་སྲིད་གསུམ་གྱི། །
明智菩萨如此思，

སེམས་ཅན་ཇི་སྙེད་དེ་དག་ཀུན་ལ་སྦྱིན་པ་འདི། །
但愿依此而布施，

བྱིན་པར་གྱུར་ཅིག་སྙམ་དུ་བསམས་ནས་སྦྱིན་བྱིན་ལ།
三有众生发放施。

དེ་ཡང་འགྲོ་བའི་དོན་དུ་བྱང་ཆུབ་མཆོག་ཏུ་བསྔོ།།
利生回向大菩提。

སྦྱིན་པ་བྱིན་ནས་དངོས་ལ་གནས་པར་བྱེད་པ་མེད།།
施已于事无能住，

དེ་ནི་ནམ་དུའང་རྣམ་པར་སྨིན་ལ་རེ་བ་མེད།།
彼永不求异熟果。

དེ་ལྟར་གཏོང་ལ་མཁས་པ་ཐམས་ཅད་གཏོང་བ་སྟེ།།
如是知舍施一切，

ཆུང་ དུ་བཏང་ལ་མང་པོ་དཔག་ཏུ་མེད་པར་འགྱུར།།
施少成多无有量。

སྲིད་པ་གསུམ་ན་སེམས་ཅན་མ་ལུས་ཇི་སྙེད་པ།།
三有无余诸众生，

ཡོངས་སུ་བརྟག་པ་བཟུང་སྟེ་དེ་དག་ཐམས་ཅད་ཀྱིས།།
假设彼等无量劫，

འཇིག་རྟེན་མཁྱེན་པ་སངས་རྒྱས་དགྲ་བཅོམ་རང་རྒྱལ་ལ།།
供世间解佛罗汉，

བསྐལ་པ་མཐའ་ཡས་སྦྱིན་བྱིན་ཉན་ཐོས་ལེགས་འཚོལ་ན།།
独觉而求声闻果。

བྱང་ཆུབ་སེམས་དཔའ་མཁས་པ་ཐབས་མཁས་གང་ཞིག་གིས།།
善巧方便智菩萨，

དེ་དག་བསོད་ནམས་བྱ་བའི་དངོས་ལ་ཡི་རང་ནས།།
随喜彼等做福事，

སེམས་ཅན་དོན་དུ་བྱང་ཆུབ་མཆོག་རབ་ཡོངས་བསྔོ་ན། །
利生回向大菩提，

ཡོངས་སུ་བསྔོ་བས་འགྲོ་བ་ཐམས་ཅད་ཟིལ་གྱིས་གནོན། །
回向胜过诸群生。

ནོར་བུ་མཆིང་བུའི་ཕུང་པོ་ཆེན་པོར་གྱུར་པ་ཡང་། །
如碱砆宝纵成堆，

རིན་ཆེན་བཻཌཱུརྻ་གཅིག་དེ་ཀུན་ཟིལ་གྱིས་གནོན། །
一琉璃宝能胜彼，

དེ་བཞིན་འགྲོ་ཀུན་སྦྱིན་པའི་ཕུང་པོ་རྒྱ་ཆེན་ཀུན། །
众生广大诸布施，

རྗེས་སུ་ཡི་རང་བྱང་ཆུབ་སེམས་དཔས་ཟིལ་གྱིས་གནོན། །
随喜菩萨胜过彼。

གལ་ཏེ་བྱང་ཆུབ་སེམས་དཔས་འགྲོ་ལ་སྦྱིན་བྱིན་ནས། །
若菩萨于众生施，

དེ་ལ་བདག་གིར་མི་བྱེད་དངོས་པོ་འཕངས་མེད་ན། །
不执我所不惜事，

དེ་ལས་དགེ་བའི་རྩ་བ་མཐུ་ཆེན་འཕེལ་འགྱུར་ཏེ། །
彼生善根增大力，

སྤྲིན་མེད་འོད་ལྡན་ཟླ་དཀྱིལ་ཡར་གྱི་ངོ་བཞིན་ནོ། །
犹如无云上弦月。

སྐབས་ལྔ་པའོ། །
第五品终

བྱང་ཆུབ་སེམས་དཔའི་སྦྱིན་པས་ཡི་དྭགས་འགྲོ་བ་གཅོད། །
菩萨布施离饿鬼，

དབུལ་བ་དང་ནི་དེ་བཞིན་ཉོན་མོངས་ཐམས་ཅད་གཅོད། །
中止贫穷诸烦恼，

སྤྱོད་ཚེ་ལོངས་སྤྱོད་མཐའ་ཡས་རྒྱས་པ་ཐོབ་པར་འགྱུར། །
行时广得无量财，

སྦྱིན་པས་སྡུག་བསྔལ་གྱུར་པའི་སེམས་ཅན་ཡོངས་སྨིན་བྱེད། །
布施成熟苦有情。

ཁྲིམས་ཀྱིས་དུད་འགྲོའི་འགྲོ་བ་དུ་མའི་ངོ་བོ་དང་། །
依戒能断旁生体，

མི་ཁོམ་བརྒྱད་སྤོང་དེ་ཡིས་དལ་བ་རྟག་ཏུ་རྙེད། །
离八无暇恒得闲，

བཟོད་པས་གཟུགས་བཟང་དམ་པ་རྒྱ་ཆེན་ཐོབ་འགྱུར་ཏེ། །
忍得广大微妙相，

གསེར་མདོག་སྤྱུག་ཅིང་འགྲོ་བས་ལྟ་བའི་འོས་སུ་འགྱུར། །
宛如金色众乐见。

བརྩོན་འགྲུས་ཀྱིས་ནི་དཀར་པོའི་ཡོན་ཏན་འགྲིབ་མི་འགྱུར། །
精进白法不减失，

ཡེ་ཤེས་མཐའ་ཡས་རྒྱལ་བའི་བང་མཛོད་རྙེད་པར་འགྱུར། །
得无边智佛宝库，

བསམ་གཏན་གྱིས་ནི་འདོད་པའི་ཡོན་ཏན་སྨད་པ་འདོར། །
禅定舍弃呵欲妙，

རིག་དང་མངོན་པར་ཤེས་དང་ཏིང་འཛིན་མངོན་པར་སྒྲུབ། །
成就明通及等持。

ཤེས་རབ་ཀྱིས་ནི་ཆོས་ཀྱི་རང་བཞིན་ཡོངས་ཤེས་ནས། །
依慧遍知法自性，

ཁམས་གསུམ་མ་ལུས་པ་ལས་ཡང་དག་འདའ་བར་འགྱུར། །
真超无余诸三界，

མི་ཡི་ཁྱུ་མཆོག་འཁོར་ལོ་རིན་ཆེན་བསྐོར་བྱས་ནས། །
人中之尊转宝轮，

སྡུག་བསྔལ་ཟད་པར་བྱ་ཕྱིར་འགྲོ་ལ་ཆོས་ཀྱང་སྟོན། །
为尽苦于众说法。

སྐབས་དྲུག་པའོ། །
第六品终

ཆོས་འདི་ཡོངས་རྫོགས་བྱས་ནས་བྱང་ཆུབ་སེམས་དཔའ་དེ། །
此法圆满彼菩萨。

སྐབས་བདུན་པའོ། །
第七品终

ཡོངས་དག་ཞིང་དང་སེམས་ཅན་དག་པ་ཡོངས་སུ་འཛིན། །
受持净土摄净情，

སངས་རྒྱས་རྒྱུད་དང་ཆོས་ཀྱི་རྒྱུད་ཀྱང་ཡོངས་སུ་འཛིན། །
受持佛种及法种，

དེ་བཞིན་དགེ་འདུན་རྒྱུད་དང་ཆོས་ཀུན་ཡོངས་སུ་འཛིན། །
圣僧之种一切法。

འགྲོ་བའི་ནད་གསོ་མཛད་པ་སྨན་པའི་མཆོག་གྱུར་པས། །
疗众生疾大明医，

ཤེས་རབ་བསྟན་པ་བྱང་ཆུབ་ལམ་ལྷན་འདི་གསུངས་ཏེ། །
示慧说此菩提道，

མིང་ནི་ཡོན་ཏན་རིན་ཆེན་སྡུད་པ་བྱང་ཆུབ་ལམ། །
摄功德宝菩提道，
ལམ་འདི་སེམས་ཅན་ཀུན་གྱིས་ཐོབ་པར་བྱ་ཕྱིར་བཤད། །
为众生得说此道。

སྐབས་བརྒྱད་པའོ། །
第八品终

འཕགས་པ་ཤེས་རབ་ཀྱི་ཕ་རོལ་ཏུ་ཕྱིན་པ་སྡུད་པ་ཚིགས་སུ་བཅད་པ་རྫོགས་སོ། །
圣般若摄颂圆满！

རྒྱ་གར་གྱི་མཁན་པོ་བིདྱཱ་ཀ་ར་སིང་ཧ་དང་། ཞུ་ཆེན་གྱི་ལོ་ཙཱ་བ་བན་དེ་དཔལ་བརྩེགས་ཀྱིས་བསྒྱུར་ཅིང་ཞུས་ཏེ་གཏན་ལ་ཕབ་པའོ། ། །།
印度堪布布雅嘎热桑哈与主校译师万德拜则由梵译藏并校勘抉择。

# 摄功德宝经释

## ——正入般若密意之善说

全知麦彭仁波切•著
索达吉堪布•译

嗡索德！

佛陀日亲及佛子，弥勒文殊龙树等，
秉持如来传承示，深中观道师前礼。
于等虚空佛佛子，弟子三世圣者众，
源泉殊胜之般若，敬心善入说彼理。

三世诸佛宣说的所有无尽佛法宝藏之中，犹如心脏般堪为究竟的，就是圣般若波罗蜜多。保存着《十七母子般若》等为数众多的经典，其中的全部内容都完全涵盖在这部《摄功德宝经》中。此经偈颂格律鲜明，是佛陀亲口所说的佛经。传讲、听闻以诸如此类众多功德而超胜的这部经，就相当于传讲、听闻了所有的般若。为此，我以纯净之心，依靠诸位大德的窍诀，来解说趋入此经密意的道理，包括依照直接宣说空性之理而解释、依照间接宣说道现观而解释两个部分。

甲一、依照直叙空性之理而解释分四：

一、经名句义；二、译礼；三、论义；四、末义。

乙一、经名句义：

**梵语：阿雅占嘉巴绕莫达萨匝雅嘎塔**

**藏语：帕巴西绕戒啪如德辛巴都巴策色嘉巴**

**汉语：圣般若摄颂**

阿雅是“圣”的意思；占嘉为“智慧”；巴绕莫达是“到彼岸”之义；萨匝雅为“摄”；嘎塔义为“颂”。

有关经名句义的详细内容，当从他论的附注中了解。略而言之，由于是出世间的甚深法，因此称为“圣”；证悟万法实相真如的智慧，是一切智慧之最，超群绝伦，所以叫“智慧到彼岸（即般若）”，正因为把这样的无分别智慧作为所诠加以阐释的缘故，此经也就得名“般若”；人们依靠这部经，能摄集、拥有世间出世间犹如珍宝般的一切道果功德，为此称作“摄”；这部经是绝妙之韵律的偈颂形式（藏文每句有十一个字），由此叫“颂”。

乙二、译礼：

**顶礼圣者文殊师利！**

先前的诸大译师在将此宣说胜义的甚深法翻译成藏语之初，顶礼本尊至尊圣者文殊师利菩萨，目的是为了不起障碍、增上福德。

乙三、论义分二：

一、承接缘起句；二、真正论义。

丙一、承接缘起句：

**尔后世尊为彼等四众眷属皆大欢喜，复说此般若波罗蜜多。尔时，世尊说此等偈曰……**

处圆满为灵鹫山；本师圆满是释迦狮子——释迦牟尼佛；眷属圆满，即声闻菩萨等眷属众会之中；时间圆满，继刚刚宣说《般若十万颂》等完毕之后，本师世尊为了令比丘等那些四众眷属，以不费艰辛轻而易举证悟大义的大乘道果功德，皆大欢喜，又再度宣说法圆满的所诠内容——此甚深般若波罗蜜多。当时，世尊说此等能诠偈颂……

丙二、真正论义分三：

一、劝勉听法；二、所说法之自性；三、以如是宣说之必要结尾。

丁一、劝勉听法分二：

一、真实劝听；二、附注说明说法者佛陀之事业。

戊一、真实劝听：

**心怀喜敬最胜信，除盖烦恼而离垢，**

**行众生利寂静者，请听般若勇士行。**

心怀对妙法纯净渴求的欢喜之情、带着对讲法者尊重的恭敬之意以及对听闻大乘的功德利益等坚信不移最殊胜的诚挚信心，遣除成为如理作意或受持正法之障碍的贪欲盖[1]等五盖的一切烦恼，进而脱离成为行持或实修正法之违缘也就是——六度的违品——悭吝等垢染，以大悲心身体力行成办一切众生暂时究竟利益、寂静调柔的贤善行者，请听闻依靠证悟空性悲心圆融双运使相续柔和的诸大尊者之道——甚深般若波罗蜜多，它完全超越声闻等的行境，堪为一切勇士菩萨入定、后得的行境。

通常而言，声闻缘觉的果位也是由证悟人无我等不同程度通达空性中得来的，在总说证悟空性的优越功德之际，宣讲了出生四圣的唯一佛母，证悟万法平等性的圆满智慧波罗蜜多，是佛陀的不共因，凭借这一道理也能了达成立究竟一乘等等众多要点。

[1] 贪欲盖：五盖之一。盖即盖覆之义，五盖即贪欲盖、嗔恚盖、睡眠盖、掉悔盖、疑盖。此五法能盖覆心性而不生善法。

戊二、附注说明说法者佛陀之事业：

从比喻、意义、理由三个方面一一加以宣说。

**此赡部洲诸河流，具花果药林得生，**
**悉源住无热恼海，龙王龙主威神力。**

如果有人认为：正如刚刚所讲的那样，我们所闻受的般若波罗蜜多，既然是勇士菩萨们的不共行境，那么须菩提等尊者怎么能够传讲呢？

打个比方来说，这个赡部洲中的恒河等所有江河能够流淌，具有花果的药树林园应有尽有的一切得以生长，这完全来源于住在无热恼大海中成为群龙之首或者众龙之王无有热沙威胁等的诸大龙主夙愿的威神力。

**如是佛之诸声闻，说法讲法依理诠，**
**获无上乐得彼果，皆依如来威德力。**

正如上述比喻所说的一样，佛陀的所有声闻弟子须菩提等，摄略而说一切法，详细广讲，凭依能抉择的作用理等四种道理方式而诠释，能获得讲经说法的究竟果位——不住之涅槃的至高无上安乐，以及证得讲经说法的暂时果位预流果等四果，其实所有这些都是依靠如来的威德力产生的。

**何故如来宣法理，佛陀弟子修学彼，**
**现前所学如实说，佛威力致非自力。**

为什么呢？因为对于如来所宣说的无我法理，作为佛陀弟子的声闻修学它，现量证悟以后将自己所学修的教义，也原原本本为他众讲说，这一切的一切均是佛陀的威力所致，而并不是依靠声闻自身的力量。

此外，凭借佛陀的加持，从无情法的虚空当中也传出深法的音声，使一切所化众生得以解脱。我们要清楚地知道，佛陀诸如此类的事业是不可思议的。

# 第一品

丁二、所说法之自性分二：
一、所修之道；二、宣说道之果。

戊一、所修之道分二：
一、解说主要道般若；二、解说五种其余助缘、解说其余五度。

己一、解说主要道般若分三：
一、略说；二、中说；三、广说。

庚一、略说分二：
一、详解所依法果；二、此品摄义。

辛一、详解所依法果分三：
一、行者身份[1]；二、所修之法；三、宣说彼果。

壬一、行者身份分三：
一、证悟之差别；二、善知识之差别；三、菩萨之词义。

癸一、证悟之差别分三：
一、基无得之理；二、道无行之理；三、果不住二边之理。

[1] 行者身份：即补特伽罗所依，为了便于理解，而译为行者身份。以下译文中“行者”都是指补特伽罗。

子一、基无得之理[1]分二：
一、略说；二、广说。

丑一、略说：

**最胜般若不可得，菩萨觉心皆不得，**
**闻此无痴不恐惧，彼菩萨行善逝智。**

对菩萨而言，所宣说或所实修的最殊胜般若波罗蜜多，是来自于什么对境、属于什么行者的行境等问题，如果从时间、地点的角度加以剖析、分析，（就会发现）它自身的体性成立这一点实不可得，仅仅是在名言安立中成立。同样，所宣讲的对境或者实修者菩萨也单单是五蕴的聚合罢了，补特伽罗和法的体性都了不可得，只是在如幻的名言中存在。而且，如果对修行者实修道的本体——所谓"胜义菩提心自性光明"加以观察、分析的话，由于不住一切边的缘故，自体性成实这一点也是丝毫得不到的。当听闻到宣讲不住诸法、超离一切所缘行境甚深法界之自性的法语，不会有认为"不是如此"执著实有的愚痴，对讲说空性无所恐惧，（通达）自性空性与显现不可分割、二谛圆融的这种菩萨有缘分行持善逝所领会并宣说的甚深智慧。

丑二、广说分二：
一、所知对境不可得；二、有境智慧不可得。

寅一、所知对境不可得分二：
一、意义；二、比喻。

卯一、意义：

**色无受无想行无，识处纤尘亦非有，**

[1] 基无得之理：藏文原文是分三：略说、广说、摄义，但下文中无有此摄义，因而分二。

**不住万法无住行，无取获诸佛菩提。**

倘若如此凭借观察胜义的智慧加以探究，色蕴所摄的五根、五境尽所有显现的这一切，都是众多微尘汇集、积聚的，多体聚合、粗大或整体的本性丝毫也不成立实有；对于极微尘，也可通过分析它有无方分来证实微尘同样无有成实性。由此可知，这种色法是现而无实的自性。

同样，所有属于自相续或他相续的苦受、乐受、舍受尽所有的一切受也都是众多、无常的自性，如果加以分析，微乎其微的一分也无成实性可言。与之相同，想蕴和行蕴自体性成立的法一无所有。认知这样道理之识的处所或基础纤尘也不存在。总之心和心所的一切法千差万别，所以不可能存在实有的一法。

刹那生灭之有实法的时际无分刹那，当观察前后部分之时就能证实它并不成立。当然，这些五蕴只是在未经观察的情况下似乎令人欢喜的显现；如果加以观察分析，那么粗细任何法的本体也不成立。因此，我们要以无而显现梦幻水月等的方式来看待。

有为、无为的一切法都不例外，从自身角度来说丝毫也不成立，仅仅是凭借因缘、缘起力才呈现的。对于无欺显现这一点，如果也依靠探寻真如的正理加以探究，那么就会确定，这些只是受分别念主宰，以心安立为我和形形色色的法，真正成立的某法极微许也得不到。当生起这种定解时，此菩萨就是不以所缘的方式安住于所知万法中。具备不住一切边的定解妙见，不住一切而行持或者一无所住而行，由此也能通达“一无所见即真见”、“一无所住即真住以及一无所行即真行……”的所有道理。

了达轮涅诸法自性不成如幻的道理，称为后得如幻之定解，这是相似胜义，是心之行境、有执著相的正见。作为初学者，熟练串习这一点相当关键。

真正实相究竟义中，“自性不成”和“如幻”等等随行语言、分别心的一切行境，都是分别假立的法，也都属于世俗法和虚假法。而究竟胜义的本体是不虚假的法性真性。为此，把显现、空性分别称为世俗、胜义，而一切法无二的法界真实胜义，是依靠各别自证的智慧所了悟的，超越语言分别的一切行境，是入定的行境，诸法本来无生无灭、无取无舍，以平等性的本体如虚空界般显现，这是三世如来及菩萨的伟大佛母，是法界无生的实相，是自性光明胜义菩提心的本体，也是万法的究竟精华。所以，通过对此理毫不怀疑的定解而趋入，无论如何都是至关重要的。《罗睺罗赞般若颂》中云："无有言思智慧度，无生无灭虚空性，各别自证智行境，顶礼三世诸佛母。"如《中观根本慧论》中也说："自知不随他，寂灭无戏论，无异无分别，则名真如相。"入定于这样甚深法性中的瑜伽行者，无有任何执取的法，完全去除心识行境的一切所缘和戏论网，依靠具足全无执著相的智慧也就是一切相之最的自性光明或自然本智，而证得一切善逝的大菩提。此处，稍微详加解释，以下行文中出现关于遮破色等的所有内容，也要这样来理解。

卯二、比喻：

**如遍行派之具鬘，慧观无缘灭蕴得，**
**菩萨通晓如此法，不证涅槃彼住智。**

例如，遍行外道派的左扬又名具鬘的人，不管怎么兢兢业业地修行他自己的论典中承许的有我等这种有缘的见解，都不能成为解脱一切束缚的因。于是，他凭借自己的智慧观见而来到本师出有坏佛陀的面前，请问解脱之道。佛陀为他宣讲了无我的法门，他格外虔诚，坚信不移，结果依靠无缘智慧的圣道而毁灭了痛苦近取之蕴，或者获得了中断轮回相续的涅槃。

任何菩萨通晓如此万法无缘的道理，不证寂灭一边的涅槃，他将安住于有寂等性的甚深智慧中。

寅二、有境智慧不可得分三：

一、从建立侧面说明；二、从遮破侧面说明；三、摄义。

卯一、从建立侧面说明：

**此慧为何属何者？何来思择法皆空，**
**详察无沉无畏惧，彼菩萨即近菩提。**

再者，这样想到，虽然所谓证悟诸法无有自性的智慧——涅槃，是一切功德的唯一源泉，是我们所追求的目标，但是如果对“它的本体到底是什么样的？是属于何人的行境？是由什么对境中产生的？”一系列问题加以观察分析，就会认识到它的本体绝对不成立实有。以此为例，足能思择、分析从色法到一切种智之间的这所有法，皆以自本体空。具足真实的正理而详细加以观察后，对空性之义无有迷惑不清的昏沉，对甚深法性无所畏惧，那位菩萨真正是靠近圆满菩提。

卯二、从遮破侧面说明：

**设若不知有色想，受行识蕴而行持，**
**思此蕴空而菩萨，持相非信无生理。**

假设明明不了解一切万法原本空性的意义，而对于色法有着色的本体完全成立之想，同样，对于受蕴、行蕴和识蕴，以实执之想而行持，并且依靠理证加以分析而思量“这所有蕴的自性即遮破所破实有的无遮空性，仅此就是实相”，然而，这样的菩萨实际上没有安住于实相远离增损、超越分别念行境的意义中，是在行持有缘的相，而并非对寂灭一切有相戏论的无生甚深法界之理获得了诚挚的信心，我们要知道，他还被所缘相执束缚着。

卯三、摄义：

**非色非受非想行，于识不行无住行，**
**彼不缘行智慧坚，具无生智胜寂定。**

上述的真义是说，任何人不把色执为色，同样，不执著为受，又不执著为想和行，对于识，同样也不以执著体性成立的方式而行，总之对蕴等任何法，均不行持有无等所缘的相，一无所住而行，他不管行持任何法都不想“我在行持”，因为远离一切执著的无相智慧得以坚固的缘故，具备证悟无生智慧的此菩萨，将得到“勇行”等最胜寂静等持。

子二、道无行之理：

**菩萨于此自寂静，彼是前佛所授记，**
**彼无我入起定想，因彻知法自性故。**

某位菩萨，在修行如是所说之道的此时，自相续极为寂静，他是先前的诸位如来所授记将证得无上圆满菩提的，这样的菩萨没有“我入定于空性中或者从中起定”的想法。这是为什么呢？因为他已彻底了知一切法的自性是无二之法性等性的缘故。

**若如是行行佛智，彼知无行真行故，**
**行持何法皆不缘，此即行持胜般若。**

如果行持这样的法理，就是在行持一切善逝的智慧，原因是，这位菩萨完全了达“对任何法皆无所行”就是真正的妙行之故。所以，他不论行持道等任何法，对于所行的法、行持与行持者都不缘执，这种方式，就是在行持最殊胜的般若波罗蜜多。

子三、果不住二边之理分二：
一、意义；二、比喻。

丑一、意义：

**何法非有彼称无，凡愚观其为有无，**
**有无此二是无法，菩萨知此则定离。**

在宣讲这一切法自本体并不存在，也就是说所有假立的法无有自性这一点时，贪执名、相的凡夫愚者们，观察分析其义以后，要么执著增益为有之边，要么执著损减为无之边，而无法领会到离边的实相。其实，在真实义中，所谓的有无这两者都同样是一无所得之法。远离有无是非等凡夫俗子的一切增益戏论、圆融双运、一无所住的意义，是无余寂灭诸边和承认、各别自证之境。任何菩萨如果充分理解到不分别有无之法界的这一含义，那么必定脱离一切边。

丑二、比喻：

**此知五蕴如幻术，不执幻蕴各相异，**
**离种种想寂灭行，此即行持胜般若。**

处在此学道阶段的菩萨，知晓以五蕴为例的一切法现而不实犹如幻术，不把幻术和蕴执著为各自相异、有真假之别的他法，认识到五蕴本身与梦幻等一模一样，进而远离人执与法执的种种想，寂灭戏论而行持，这就是在行持最殊胜的般若波罗蜜多。

癸二、善知识之差别分二：
一、所立；二、所破。

子一、所立：

**具善知识具胜观，闻诸佛母全无惧。**

由于一切菩萨具足外内摄持的缘故，于胜乘之道中不会退失，为什么呢？因为他们既具备外摄持——以智慧指明万法无有自性、以方便宣说一切善根回向遍知的智慧之理的善知识，又具足内摄持——自己渴求获得遍智的心和三轮清净的胜观，这样的行者，听闻到一切佛陀之生母——甚深般若波罗蜜多而全无畏惧，完全能接受般若真义。

子二、所破：

**谁依恶友仰仗他，彼如新罐触水毁。**

与刚刚所说的内容恰恰相反，任何初学者，依止诽谤胜乘义的恶友，自己的智慧尚未成熟而依赖仰仗他者，这种人就如同没有入窑焙烧的新土罐一经接触到水即刻毁坏一样，将从胜乘道中退失。

癸三、菩萨之词义分二：
一、一般菩萨之词义；二、大菩萨之词义。

子一、一般菩萨之词义：

**何故此者名菩萨？能断贪求尽诸贪，**
**无贪获证佛菩提，是故此得菩萨名。**

如果有人问：为什么这种行者被取名为菩萨呢？

由于依靠随入法界自性的闻慧等智慧，能无余斩断对色等万法的耽著或贪执，并且希求完全去掉、尽除对所知诸法以实执贪著的分别念及种子，无所贪执而获证最终诸佛的大菩提，为此这种修行者赢得了菩萨的名称。

子二、大菩萨之词义分二：
一、堪为众生之最；二、披大盔甲。

丑一、堪为众生之最：

**何故彼名大菩萨？堪为有情众之最，**
**断众生界诸重见，是故得名大菩萨。**

如果有人又问：为什么那种行者被取名为大菩萨呢？

由于救度一切有情的发心和证悟深法的智慧广大，堪为处于世间界中类别繁多无有限量、不可估量的有情众之最，而且所有众生界的我和蕴等所有见解从无始以来久经熏习，难以推翻，无边无际，多之又多，由此称为“重”。这种行者依靠宣讲无有所得的深法断绝、遣除众生界的所有严重见解，为此得名大菩萨。

丑二、披大盔甲分二：
一、真实宣说；二、宣说披甲之理。

寅一、真实宣说：

**大施大慧及大力，趋入诸佛胜大乘，**
**披大铠甲降魔幻，是故得名大菩萨。**

不仅仅是刚刚所说的，而且由于披大铠甲的缘故，也得名大菩萨。是什么铠甲呢？不贪著所拥有的一切，具足慷慨博施的布施铠甲；具备断除破戒的大心或者大智慧的戒律铠甲；具备安忍等其余四种铠甲而摧毁心烦意乱等各自违品的广大威力；趋入并具足一切佛陀的殊胜大乘从发心到遍智之间的道果。总之，实修六度之道，对于犹如虚空般无边无际的大乘无余道法，披上永不退失的大铠甲，铲除十方一切世界中的见解稠林，救离恶趣等等，精进降伏恶魔的所有幻术。为此，得名大菩萨。

寅二、宣说披甲之理分二：
一、比喻；二、意义。

卯一、比喻：

**幻师十字街幻变，多士众首斩千万，**
**所杀如是菩萨知，众生如化无畏惧。**

关于披上菩萨之盔甲的方式，就是无所畏惧、无所怯懦的自性，比如说，魔术师在十字街头幻变出各式各样的形象，表演把许多人的头颅斩断多达千万数的魔术。当时，所杀的那些人只是魔术的幻变，因此不管他们受怎样的苦，为数多么可观，也都如此被看作是虚假的，同样，菩萨完全知晓遭受漫无边际巨大痛苦的这所有众生均无有成实如同幻化的形象，从而那些菩萨尽未来际，肩负起无边无际众生的利益而毫无畏惧。

卯二、意义：

**色想受行以及识，未缚未解本非有，**
**行持菩提无怯心，此是正士胜铠甲。**

一切众生犹如魔术幻变的原因也是如此：所谓的有情单单是依靠这个五蕴而假立的，在真实性中，色、想、受、行、识，谁也不曾束缚它，谁也未曾解脱它，因为这些五蕴在胜义中本不存在的缘故。自本体不存在，无缚无解犹如虚空。了达此理以后对仅仅在世俗名言中实际修行、行持菩提，无有怯懦之心，这实堪为所有真正行者最殊胜的铠甲。

壬二、所修之法分二：
一、略说大乘之本体；二、广说彼之自性。

癸一、略说大乘之本体分二：
一、名言中以本体作用而解说词义；二、宣说胜义中彼等不可得。

子一、名言中以本体作用而解说词义：

**何名菩提之大乘？乘之令众趋涅槃，**
**此乘如空无量殿，得喜乐安最胜乘。**

如果有人问：为什么把它取名为菩萨的大乘呢？

行者驾驭着大乘，能使一切所化众生抵达涅槃果位，为此，以坐骑的意思而称为“乘”，因为通过此道，能把自他通通运载到究竟果位。此大乘的本体，给无量众生提供良机，宣说二十空的自性法界犹如虚空般甚深的本性，好似无量宫一般具足等持、总持、波罗蜜多等无量广大庄严；趋入大乘法理的作用是以无漏之乐令无量有情获得暂时的心喜身乐和究竟果位——不住之涅槃的安乐。为此，称为最胜乘或者大乘。

子二、宣说胜义中彼等不可得：

**谁乘去所不可得，谓趋涅槃实不得，**
**譬如火灭无去处，因是称说彼涅槃。**

胜义中，任何行者驾驭着大乘而去往果位的方所实不可得。

如果有人问：那么，为什么说“依靠此乘将去往涅槃果位”呢？

那只是说在名言中，而在真实义中，所谓的“趋涅槃”也实不可得或者一无所得。比如，木柴用尽火焰熄灭时，它所去的其他方处一无所有。同样，以颠倒迷乱的分别念灭尽的这种因，而称说“彼行者趋入涅槃”。

癸二、广说彼之自性分二：
一、宣说行者与道无自性；二、彼之摄义。

子一、宣说行者与道无自性分二：
一、宣说修道者补特伽罗不可得；二、宣说道般若不可得。

丑一、宣说修道者补特伽罗不可得：

**菩萨前际与后际，现在不得三时净，**
**彼是无为无戏论，此即行持胜般若。**

修道的那位菩萨，在前际——过去时或者轮回阶段，后际——未来时和无学位，现在正处于学道时期，不管是哪个阶段都不可得，因为行者自本体原本未生、以后不生的缘故。三时之相清净，以任何法也不可立其差别。所谓的菩萨，他在真实性中是无为法，并无有将他安立为修道者或得果者等的名言戏论。通达了此理，这就是在行持最殊胜的般若波罗蜜多。

丑二、宣说道般若不可得分二：
一、所行；二、所止。

寅一、所行：

**菩萨通晓证知时，思维无生如此行，**
**起大悲无众生想，此即行持胜般若。**

菩萨通晓世俗和证知胜义而行持的时候，通过分析诸法因、果、体，而思维原本无生的意义，这般行持并安住。那是怎样的呢？尽管生起无缘大悲，但也没有众生之想，这就是在行持最殊胜的般若波罗蜜多。

寅二、所止：

**若起众生痛苦想，思利众生除痛苦，**
**执我众生之菩萨，此非行持胜般若。**

假设对众生起实有想，同样生起痛苦想，并且思量：我要利益一切众生，解除他们的痛苦。以耽著的方式妄执我与众生的菩萨，没有逾越分别念的范畴，这样并不是在行持最殊胜的般若波罗蜜多，因为他处于有缘的境地。

子二、彼之摄义：

**知诸有情与我同，知一切法如众生，**
**无生与生不分别，此即行持胜般若。**

菩萨了知犹如自身自性不成立一样，一切有情都与我相同，也了知如同一切有情无有自性那样发心等万法都是如此，对于无生与生均不加分别，安住于二谛无别的实相无戏论之义中，这就是在行持最殊胜的般若波罗蜜多之处。

壬三、宣说彼果：

**世说尽其有名法，普皆离生真实灭，**
**唯得无死妙本智，故名般若波罗蜜。**

如果有人问：无分别智慧所得是什么呢？

世间上能够表达的尽其所有法的名称，从色法到遍智之间的一切，都远离胜义中生和真实性中灭的边，从而安住于无生无灭平等性中，能获得永无退失、唯一无死或微妙的佛陀无分别本智，也就是一切法中微妙、究竟、无上的本性。所以，证悟一切法无所得的此道，名为般若波罗蜜多，是一切道中至高无上的。

辛二、此品摄义：

**菩萨无虑如此行，知具妙慧住等性，**
**彻了诸法无自性，此即行持胜般若。**

某位菩萨，对自己的圣地坚定诚信，无有怀疑、顾虑，如此行持所宣说的法理，由此可知，他就被称为具有殊胜妙慧者。他安住于诸法等性中，彻底了达如此基道果一切法无有自性平等一味，这就是在行持最殊胜的般若波罗蜜多。

第一品终

# 第二品

庚二、中说分四：

一、宣说修学之理；二、认清修学之有境般若；三、当摄集依彼之福德；四、相续中生起般若自性之法。

辛一、宣说修学之理分二：

一、宣说不住；二、宣说修学彼之理。

壬一、宣说不住分二：

一、宣说不住之住；二、彼之功德。

癸一、宣说不住之住分二：

一、意义；二、比喻。

子一、意义分二：

一、不住差别基色等；二、不住差别法无常等。

丑一、不住差别基色等：

**不住于色不住受，不住于想不住行，**

**不住何识住法性，此即行持胜般若。**

不以所缘的方式住于色等，同样，也不住于受、不住于想、不住于行、不住于任何识，那就是安住于它们的法性无缘中，这样即是在行持最殊胜的般若波罗蜜多。

丑二、不住差别法无常等：

**乐苦爱厌常无常，我与无我真如空，**
**得果罗汉皆不住，不住独觉及佛地。**

此外，对于色等一切法的常与无常、安乐与痛苦、合意的可爱与不合意的可恶、有我与无我、执著真如与执著空性等二边和任何分别念执著悉皆不住，证得预流果等三果以及阿罗汉果，都不以执著它之想而住，也不住于独觉果位与佛地，总之对于基道果的任何法，均不以耽著而安住。

子二、比喻：

**导师不住无为界，不住有为无住行，**
**如是菩萨无住住，无住即住佛说住。**

不住任何法的比喻就像：导师佛陀出有坏的智慧不住于无为法界——寂灭涅槃的唯一法界，也不住于有为法三界轮回一方，他是以不住有寂一切边一无所住而行持。同样，菩萨对所知之处，也以无有耽著安住的方式而住，“一无所住即真住”的这种道理，法王佛陀说为“一切住之最”。

癸二、彼之功德：

**思成善逝之声闻，欲成独觉成佛陀，**
**不依此忍不能得，如同不见此彼岸。**

对基道果的一切法以耽著而住、有缘取者，就不能证得菩提，依靠无缘才能获得三菩提。如果谁想要成为善逝的声闻，欲求成为缘觉以及法王——佛陀，总之不管渴求三菩提的任何一种果位都不例外，不依靠堪忍（即接受）不住或无缘之意的此道，任何一种果位也无法获得，就如同不依靠船只就见不到大海的此岸与彼岸一样。

证悟人我与法我自性不可得的法忍生起了多少，就会得到相应量度的三菩提，依靠证悟了空性的部分——人无我能获得声闻菩提，证悟一个半无我，能获得缘觉菩提，证悟圆满二无我的究竟等性，就获得佛陀菩提，这一切都是来自于般若的威力。所以说，由此般若波罗蜜多中出现三乘的通衢大道。其余经中也说：如果认为“预流向、预流果是我所得的果”，那就成了他的我执……

再者，对于三解脱门的自性空性，声闻由于不具备善巧方便，智慧浅薄，结果以相似之想没有如实证悟，而现前下等的涅槃，但最终将一五一十证悟等性而成佛，所以宣说究竟一乘。诚如《般若经》本身当中也说明了基智、道智和遍智的差别；同样，补处十地菩萨（弥勒）的论典中也有明确阐释。本来，有缘不能从轮回中解脱出来；实修无缘的般若，也因为圆满证悟、未圆满证悟而相距果般若有着远近的差别。了解这些道理至关重要，这些是插叙的内容。

壬二、宣说修学彼之理分三：

一、修学般若之理；二、所学修之处；三、修学者修学方式。

癸一、修学般若之理：

**讲法听闻所说法，证果缘觉世怙主，**
**明智所得之涅槃，此皆如幻如来言。**

从世俗的角度而言，上师讲经说法，弟子听经闻法，通过听受所说的法及勤奋修行而证得声闻四果，获得缘觉果位，现前世间怙主佛陀的菩提，对出世间的道轨，依靠聪明才智、敏锐智慧所获得的究竟涅槃，这一切都是缘起的显现，经不起理证分析，如同幻术一般，这是如来所言说的。《广般若经》中云“须菩提言：‘诸天子，于我前闻法，当知如幻如化’”一直到“若有胜过涅槃之他法，彼亦视如幻术”。[1]

[1] 玄奘大师所译《大般若经》中云：“善现答言。诸天子。我不但说我等色等乃至无上正等菩提如幻如化如梦所见。亦说涅槃如幻如化如梦所见。诸天子。设更有法胜涅槃者，

癸二、所学修之处：

**四种行者不畏彼，知谛佛子不退转，**

**罗汉除垢断怀疑，四善知识所摄持。**

谁会对以上所说的意义恭敬呢？有四种行者，不畏惧刚刚所阐述的甚深意义。是哪四种行者呢？一是通晓甚深谛实义的佛子，也就是说见谛或者智慧纯熟者，二是不退转的大菩萨们，三是诸位圣者阿罗汉。以上这些补特伽罗遣除、灭尽了心的垢染进而对甚深意义断除怀疑，这三者意乐圆满。第四种虽然是初学者，但由于承侍过先前的如来而被如今能够宣讲真实般若的善知识所摄受。

癸三、修学者修学方式分二：

一、以不修学劣果方式而修学；二、以不修学诸法之方式而修学。

子一、以不修学劣果方式而修学：

**明智菩萨如是行，不学罗汉缘觉地，**

**为一切智学佛法，一无所学即为学。**

通达三乘道位、了知究竟真谛无别平等一乘道理的明智菩萨，宣说如此行持万法离边平等一味，也与假立的法性（指名言法尔）互不相违，他不修学自己证得声闻阿罗汉之地（指小乘八地），也不修学缘觉地。那在名言中修学什么呢？唯一就是为了获证一切种智，而随学一切佛陀经行获得的正法。如此一来，在胜义中，对所谓的学及与之相反的不学二者都不缘，对任何法一无所学，才是修学真实道。

子二、以不修学诸法之方式而修学：

**色增减取故非学，非执种种诸法学，**

---

我亦说为如幻如化如梦所见。”

**学亦缘取一切智，定生此即喜德学。**

色等染污与清净所摄的一切法有增有减并且是所取的缘故，并非修学，因为所有这些法本不可得，自性清净，为此照见胜义中是无增无减、无生无灭、永无所取等的自性本来真义而安住于无作等性中的菩萨行者，不以耽著执取或取受种种万法而以加行修学，或者说以无缘的方式修学；内心（即意乐）以不分辨的方式缘取一切种智；以甚深方便智慧之道的功能，必定出生自己所求的究竟果位。具足这三种法，就是喜爱胜乘功德的菩萨们的修学方式。

辛二、认清修学之有境般若分四：

一、宣说离一体异体；二、宣说无边；三、宣说不可思议；四、宣说原本清净。

壬一、宣说离一体异体：

**色非智慧色无智，识想受行皆非智，**
**此等中亦无有智，此同虚空无异体。**

如果有人问：所谓的智慧波罗蜜多到底是怎样的呢？

色不是智慧波罗蜜多，因为这两者不是一体之故；色中也不存在异体而住的智慧，因为另行存在的智慧不可得的缘故。同样，识、想、受、行都不是智慧，这些当中也没有不同他体的智慧。一切法的法性——基般若，既不可以说与色等是一体，也不可以说是他体。尽管智慧波罗蜜多这一法界，既不是与色等一体，也并非与色等是异体，然而在唯一它的本性中圆满具足一切法，就如同虚空界一样，纤尘许也不存在与独一无二的法界截然分开的他体二法。其原因是：如果一切有法以外存在着不同他体的法性或法界，那么就不是有法的法性了，绝不可能有不成为法界本体的法存在；如果色等有法与法界是一体，那么只要见到色等有法就该现见真谛，而且世俗与胜义不可安立为他体，有诸如此类的过失。

如经中说："般若波罗蜜多，当从《须菩提品》中寻觅。'帝释，般若波罗蜜多，莫于色中寻觅，莫从色外寻觅，彼等法法相唯一，因为无相之故……'"

壬二、宣说无边：

**所缘自性无有边，有情自性亦无边，**

**虚空界性亦无边，世间解智亦无边。**

所缘或所取的色等自性不偏住于"此"的缘故无有边际；思量或执取它的有情自性也是法界的本体，而无有边际；堪当表示法性的比喻虚空界的自性也无有边际；证知这所有对境的世间解（即佛陀）的智慧也无有仅此为止的边际。关于这一点，如经中云："般若波罗蜜多广大、无量、无边……"一切法均成为法界之本体的缘故，法界包容一切，无边无际，包含在其本性中的一切有法也不存在境的边缘和时间的边际，因此我们要认识到平等一味法性大清净的这种自性。

壬三、宣说不可思议：

**导师说想是此岸，破想而断趋彼岸，**

**离想得此到彼岸，彼等安住佛经意。**

什么时候存在着有实、无实等相执之想，那么在此期间就不可能超离世间，所以称为此岸，这是导师善逝言说的。（如经中云：）"何时起想，彼时流转。"所以，依靠妙观察的智慧，破毁想和成为所缘的一切，进而断除所有相执之想，那就趋向一切世间的彼岸。何人凭借这种道理，远离一切所缘之想，得到超越分别心的这种法性，达到道的彼岸，他们即安住在佛陀经典的密意中。要知道：尽管他们已经安住在诸法自本体原本无生的离障自性中，但为了灭尽以颠倒想假立种种我和法的分别心染污，而凭借随同法性的无分别智慧灭尽一切想，入定于真实际法界中，即是以无破无立的本性护持的究竟般若波罗蜜多。

壬四、宣说原本清净分二：

一、有情为例之诸法原本真实清净；二、证悟如是之功德。

癸一、有情为例之诸法原本真实清净：

**设佛恒河沙数劫，住世普传众生音，**

**本净有情岂能生？此即行持胜般若。**

假设堪为正量的佛陀善逝在恒河沙数劫中住世，普遍传扬“众生存在”的音声，可是自本体原本住于无生清净的自性中，有情又怎么会存在或产生呢？诸法的法尔是一成不变的，要使它产生谁也无能为力。即便是佛陀宣说“有”，（菩萨们）尚且不行持有，更何况说其他人（说有）了？如此见到本来无生的意义，这就是行持最殊胜的般若波罗蜜多。

我们应该依靠以上认清般若的这四个偈颂，受持超越心识行境的无二智慧之理，抉择真正的甚深般若瑜伽。

癸二、证悟如是之功德：

**如来此述某一时，我随说胜波罗蜜，**

**尔时先佛授记我，未来之时得成佛。**

释迦牟尼如来，如此讲述：“某一时，释迦王我，随时随地随应宣说这一最殊胜的般若波罗蜜多，获得八地无生微妙法忍，当时，先前的佛陀授记我‘你于未来之时，得以成佛’”。往昔，在燃灯佛时代，我等大师成为婆罗门童子，名为童云，他在佛前撒五朵青莲花，用金色发辫铺设为垫。燃灯佛亲口授记道：“婆罗门童子，你于未来之时无数劫，于此世界成佛，佛号释迦牟尼。”在当时，那位婆罗门童子获得了无生法忍以后依靠无缘的方式，不离开无有限量的佛陀之法，而得授记。诸佛为获得无生法忍者授记，是一种自然规律。在那之前，即使在无量劫中承侍过无数佛陀，进而为遍知发心（即发无上菩提心），可是并没有获得授记，因为以往没有得到随时随地安住于般若波罗蜜多的如此法忍。

辛三、当摄集依彼之福德分二：
一、自受持等功德；二、为他讲说等功德。

壬一、自受持等功德分二：
一、不受损害；二、摄集福德。

癸一、不受损害：

**怙主行持此般若，何人恭敬而受持，**
**毒刃火水不害彼，魔王魔眷亦无机。**

怙主圆满佛陀及佛子入定、后得行持的此般若波罗蜜多，任何善男子或善女人恭敬而受持经文，领会其义，由此身体不会遭受大苦厄，也就是说毒物、兵刃、烈火、洪水不能侵害他。此外，如毒般的耽著、如刃般的嗔恨、如火般的贪恋、如水般的愚痴也不能危害于他。对修道制造违缘的魔王波旬和魔方的所有恶劣眷属来说，也都无机可乘，因为依靠法性力并受到佛菩萨及善法天神们所庇护的缘故。

癸二、摄集福德分二：
一、供养之功德；二、修学之功德。

子一、供养之功德：

**有者于佛灭度已，建七宝塔供养之，**
**佛塔数等恒河沙，遍满佛土千俱胝。**
**设若无边俱胝刹，尽其所住众有情，**
**唯以天花香涂香，三时劫或过彼供。**
**于生导师之十力，佛母经函谁缮写，**

**系带供奉花涂香，造塔供养福不及。**

有些人，用佛陀涅槃后的舍利装藏，建造佛塔，从结缘的殊胜对境的角度而言功德利益颇巨。而且是用吠琉璃、红珍珠、冰珠石、绿玉、水晶、黄金、白银之类的七宝材料造成的佛塔（佛塔所用材料的特点），并供养它。（数量众多的特点：）所建的佛塔数量等同恒河沙数，遍满千俱胝数佛陀刹土。如果用假设的比喻来说明，（作者的特点：）设使无边俱胝的刹土中，尽其所居住的所有众生，他们其余事一概不做，唯一供养天花、香、涂香（供品的特点），每一昼夜，三时连续不断，历经数劫或超过劫数作供养，那显然有无量福德，然而对于出生导师如来的十力等无与伦比功德的诸佛之母，也就是宣讲无二智慧及善巧方便的此经函，谁人缮写，带在身边，供奉花、涂香，哪怕只是偶尔的时间这样做，前面造塔后供养的福德也比不上它百千俱胝那由他等之一的数目、部分、比喻和因。

子二、修学之功德分三：

一、修学般若而生有寂安乐之理；二、修学般若舍利得供养等之理；三、修学般若成为超越其余善根波罗蜜多之理。

丑一、修学般若而生有寂安乐之理分二：

一、宣说意义；二、诠说其比喻。

寅一、宣说意义分二：

一、产生寂灭安乐；二、产生有寂安乐之理。

卯一、产生寂灭安乐分二：

一、产生一般寂灭安乐之理；二、产生寂灭果位三世佛之理。

辰一、产生一般寂灭安乐之理：

**佛此般若大明咒，能灭有情众忧苦。**

佛陀的此般若波罗蜜多，是大明咒或无上明咒，其中所谓的“明咒”由梵语“曼札”引申出来，是以明、知轻而易举救护的意思。这样的明咒方便胜过一切，为此说“大”。因为依靠她，能永久灭除凡属众多无量有情界的一切心里忧伤和身体的痛苦。

辰二、产生寂灭果位三世佛之理分二：

一、成为过去现在佛母之理；二、成为未来佛母之理。

巳一、成为过去现在佛母之理：

**过去十方世间怙，学此明咒成药王。**

过去十方世间的怙主，现在住世的他们均是通过学修这一大明咒、无等等咒而成为无余除去一切众生身心苦楚的无上药王。

巳二、成为未来佛母之理：

**行利心怀慈悲行，学此明咒智证觉。**

对于一切众生，行为上予以利益、心里怀着慈悲而奉行普贤行为的诸位菩萨，也修学这一般若波罗蜜多大明咒，那些智者将在未来时，证得无上大菩提，也就是得以成佛。

卯二、产生有寂安乐之理：

**当知有为无为乐，一切安乐由此生。**

我们应当了知，有为轮回的安乐和无为解脱的安乐，也就是说轮回涅槃的一切安乐都是由万法的根本或心脏般的此般若波罗蜜多中产生。

寅二、诠说其比喻分二：

一、以地比喻说明产生一切功德之理；二、以转轮王比喻说明一切功德随行于此。

卯一、以地比喻说明产生一切功德之理：

**种播于地将出生，得以聚合生众色。**
**五度菩提诸功德，此等皆由般若生。**

成为道果一切功德之根本的比喻是怎样的呢？

犹如种子播植于地上，将长出绿苗等，它们各自因缘得以聚合，就会生出众多的色法。同样，五波罗蜜多道和菩提果的一切功德，也都是由般若波罗蜜多中产生，如果布施等以三轮无分别智慧摄持，那么就成为真实道，它与究竟的果这两者成立无则不生的关系。此外，依靠证悟真如的智慧成就一切种智，依靠这一智慧正确无误宣说因果的所有法，由此将直接或间接出生一切善根。

卯二、以转轮王比喻说明一切功德随行于此：

**轮王常由何道行，七宝四兵经彼道，**
**如来般若从何行，诸功德法随彼行。**

再比如，转轮王常常从哪条道路行进，轮王七宝及四兵（即四种军队）也行经那条道路，同样，如来的此般若波罗蜜多在行者相续或道位哪里存在或由经何处往行，那么作为因的三轮清净的所有善根和作为果法的道果一切功德法也将随之而行，也就是说，证悟般若中能摄集、增上一切白法，并臻至究竟。

丑二、修学般若舍利得供养等之理分二：

一、真实宣说；二、以比喻说明其理由。

寅一、真实宣说：

**帝释提问请佛答，设若恒河沙佛刹，**
**盈满如来之舍利，然我取受此般若。**

帝释天提出疑问请求佛陀答复，帝释问："假设等同恒河沙数的佛陀刹土中，都密密麻麻盈盈充满了佛陀的舍利，但是舍利与缮写般若经函作为两部分，您选取其中何者？"佛答："帝释，我取受此缮写般若经函。"

寅二、以比喻说明其理由：

**我非不敬舍利子，般若熏修成应供，**
**如依王人受敬重，佛陀舍利依般若。**

如果问：为什么将对其供养等能出生无尽福德的许多舍利置之一旁，而偏偏取受此般若波罗蜜多呢？

（佛言：）我并不是不恭敬佛舍利子，我恭敬舍利却取受般若的原因是，由于般若熏修才使那些舍利成为应供处，犹如依靠国王的人们也得到别人敬重一样，佛陀的舍利有着巨大功德是依靠般若波罗蜜多才成为如此的。

**具德无价摩尼珠，置于何箧应礼敬，**
**取出亦于箧爱重，彼等功德即宝珠。**

如果问：那么，佛陀灭度以后现在已远离行持（般若）的缘故，怎么会由般若的威力，舍利成为应供养处呢？

具有赐予所欲的一切功德、无价之宝的摩尼珠，装在秘箧等任何器皿里，那个器具就成了世间应礼处。即便宝珠已从中取出，可是对于先前放宝物的秘箧，人们依旧认为这是放摩尼宝珠的器具，所以与众不同，而欢喜爱重，那个器具得到这些功德，实际上就是摩尼宝珠的功德。

**如是依胜般若德，佛灭舍利得供养，**
**由此谁欲持佛德，应取般若此解脱。**

同样，依靠般若的最上珍宝的功德，尽管佛陀已经灭度，然而器具般的舍利子也受到供养。正是由于这种原因，任何人满怀欢喜，希望受持佛陀的无量功德，理应取受此般若波罗蜜多，这就是能解脱一切相之束缚和障碍、最无上的解脱本体。

丑三、修学般若成为超越其余善根波罗蜜多之理分二：一、宣说布施等一理；二、宣说其比喻。

寅一、宣说布施等一理：

**布施前行即智慧，戒忍精进禅亦尔，**
**为善不损故摄持，此示诸法唯一理。**

发放布施的前行，即是智慧，也就是说必须要以三轮无缘的智慧摄持，戒律、安忍、精进、禅定也都是如此。为什么呢？为了使布施等一切善法不被有缘所染而损耗以致成为有寂一边的因，故而摄持为普皆清净的波罗蜜多本性。这种智慧能指示布施等万法于无缘的本性中平等一味的唯一道理。

寅二、宣说其比喻：

**如赡洲树千俱胝，不同种种多形色，**
**唯说树影之一名，影无种种无差别。**
**佛陀此五波罗蜜，亦得般若之名称，**
**为遍知果普回向，六度一味归菩提。**

布施等其余所有善法于般若波罗蜜多自性中一味一体的道理，以比喻来说明，譬如赡部洲的檀香、沉香等各不相同的所有树木多达数千俱胝，尽管这些树木的色、香等有种种不同差别，枝干花果等有多种形色，然而它们的影子只叫树影这一个名称。作为影子，并不是像树一样有种种颜色、芬芳等，从影子本身的侧面，并不存在各自树木迥然有别的现象。与此比喻相同，如来之道五波罗蜜多，如果以证悟真如的智慧摄持，这一切也都将获得般若的名称，归属于出世间波罗蜜多之列，这是由于智慧的原因，所有这些道于现空无别（即遍具殊胜之空性）的本性中成为一体。不仅仅是道位，而且所有善根倘若为了遍知佛果而普皆回向，就好似汇入海中的水一样，所有六度都将同归于所有善根之果——圆满菩提中，变成一味一体，于现空无别的果位智慧法身中任运自成。

壬二、为他讲说等功德分二：
一、如何讲说之方式；二、如是宣讲之功德。

癸一、如何讲说之方式分二：
一、传讲所断假般若之方式；二、宣讲所取真实般若之方式。

子一、传讲所断假般若之方式：

**菩萨若本未尽知，宣说色想受行识，**
**无常行持假般若，智者永不坏诸法。**

某位菩萨，假设自己原本明明没有完全了知所说的甚深离戏般若义的道理，而宣讲色想受行识五蕴是无常、苦、单单的人无我和相似的空性，声称“这就是最殊胜的般若波罗蜜多”，实际上他是在行持形象的般若或者虚假、相似的般若，不符法性而讲说，就唐捐了胜乘的密意。而一五一十证悟般若义的诸位智者，永远不会失去或毁坏佛陀甚深智慧安立的诸法本义以及由文字无误开示的甚深如来教。

子二、宣讲所取真实般若之方式：

**非色非受不缘想，不缘行识尽了知，**

**万法无生空性理，此即行持胜般若。**

某位说法者，不耽著色，同样不是受、不缘想，也不缘于行和识，而彻底了知色等法的本体与其差别法——无常等为例的轮涅一切法本来无生空性、超离分别行境的道理，并为他众如此宣说，这就是在行持最殊胜的般若波罗蜜多。

癸二、如是宣讲之功德分二：
一、宣说真般若之功德；二、彼之原因。

子一、宣说真般若之功德：

**有化恒河沙数刹，众生皆证罗汉果，**
**书此般若经函赠，最上有情福更胜。**

有些补特伽罗调化恒河沙数一切刹土中居住的所有众生，使他们都证得阿罗汉果位；另有任何行者缮写此般若立成文字，而将经函奉赠给通达般若意义并能为他众传讲的菩萨——“最上有情”，那么这一福德与前者相比，更为超胜。

子二、彼之原因分二：
一、真实原因；二、以比喻说明。

丑一、真实原因：

**因说第一修学此，能宣诸法此空性，**
**闻彼声闻速解脱，证得独觉佛菩提。**

如果有人问：如此福德超胜的原因何在呢？

因为堪为说法第一的那些菩萨，修学此正道，进而能宣讲诸法为空性的这一大乘。当听闻空性的道理之后，智慧浅薄者，也理解了“色如聚沫……”由此声闻种姓者也迅速从轮回中得解脱；中等根基者现见缘起义而证得独觉菩提；利根者将证悟到万法平等性而获得佛陀菩提。

丑二、以比喻说明分二：
一、以苗芽比喻略说；二、以太阳与龙王之比喻广说。

寅一、以苗芽比喻略说：

**无芽世上不生树，枝叶花果岂能出？**
**无菩提心世无佛，焉生帝梵声闻果？**

比如，没有苗芽，世上本来就不会生长树木，既然树不存在，那它的枝叶花果又岂能生出？不会生出的。同样，如果没有佛母（般若）中所宣说犹如苗芽般的胜义与世俗菩提心，那么世间原本就不会有树木般的佛陀出现。假设没有佛陀，那又怎么会产生如同枝叶般的帝释、梵天与声闻这些佛陀说法的果呢？因为因不存在的缘故。

寅二、以太阳与龙王之比喻广说分二：
一、以同品喻太阳诠表；二、以异品喻龙王诠表。

卯一、以同品喻太阳诠表：

**何时日轮光芒照，尔时众生勤行事，**
**智为慧生菩提心，依智众具功德法。**

什么时候太阳高挂，光芒普照或放射十方，此时所有众生都勤勤恳恳做各种各样的事，同样，如果智者们为了获得如来般若波罗蜜多遍知智慧于世间发起、生起愿行菩提心，那么从中就会出生如来无上智慧的果。依靠这一智慧无误照见一切所知，从而向一切所化有情放射出能打开智慧的正法光芒，使一切众生拥有暂时和究竟的一切功德法。

卯二、以异品喻龙王诠表：

**如无热海无龙王，此赡洲河岂能流？**
**无河不生花及果，亦无大海众宝色。**
**无菩提心善逝智，一切世间岂能生？**
**无智无德无菩提，如海佛法亦成无。**

比如，无热恼海中若没有龙王，那么这个赡部洲依靠龙王威力所生的百川怎么能流淌？不会流淌。倘若没有江河，就没有湿度，由此不会生出所有花、果。此外，水源头与支流相遇而形成的大海奇珍异宝各不相同的众多形色，也都不复存在。与此比喻相同，这个世界上，假设没有犹如龙王般的两种菩提心双运的空性大悲藏，那么能使菩提种子得以增长等、犹如河流般的一切善逝的智慧在所有世间中又岂能产生？不该产生。如果无有河流般的智慧，那么也就不存在依其讲经说法，一切所化众生通过听闻等而行持、增长成为增上生、决定胜之因好似美花般善妙功德的情况，倘若不具备这一点，也就不会有三菩提的果。如同充满珍宝的大海般十力等不可估量的佛陀之法都将化为乌有。可见，如果具备空性大悲藏二谛无别的菩提心宝，那么道果的一切功德也随之具足，假设菩提心宝不存在，则其余一切也就不复存在。所以，唯一的它是一切白法的根本。

辛四、相续中生起般若自性之法分二：
一、后得所为；二、入定修法。

壬一、后得所为分三：
一、增福之因——随喜；二、不损福之因——回向；三、日益增上之因——胜解。

癸一、增福之因——随喜分二：
一、宣说菩萨随喜之功德；二、宣说随喜与回向共同之基。

子一、宣说菩萨随喜之功德分二：

一、比喻；二、意义。

丑一、比喻：

**此世能明诸含识，为照亮故放光芒，**
**日轮一光最至上，能明群光皆不及。**

在这个世界上，能明的发光体流星、灯盏等，及萤火虫、持灯者等所有含识，为了照亮诸方的缘故，片面性放出各自身体和物体的所有光芒，而太阳的唯一光芒一经放射，是超群绝伦，而能明群体的其余所有光，通通比不上太阳照亮和普及的情形。

丑二、意义：

**所有声闻施持戒，修行所生福德资，**
**菩萨一念随喜心，声闻众福不可比。**

正如刚刚讲的比喻一样，所有声闻众虽然尽其所有布施、持戒及修行产生福德三事的资粮，可是与菩萨的一念随喜心相比，声闻众的福德不及它的一分。因为声闻的善根不管有多么巨大，也是所缘行相狭隘、分别念垢不净、没有以善巧方便的回向摄持，以至于果微乎其微。

子二、宣说随喜与回向共同之基：

**先佛俱胝那由他，住千俱胝无边刹，**
**离忧世间诸怙主，为灭痛苦示宝法。**
**初发殊胜菩提心，至诸导师妙法尽，**
**期间如来诸福德，具波罗蜜佛陀法，**
**佛子声闻学无学，有漏无漏之善法，**

**菩萨集已作随喜，利生回向大菩提。**

过去时，先前的佛陀俱胝那由他数，安住于无量众多千俱胝的刹土中，以此为例，过去的无数佛陀，超离轮回的忧苦（即涅槃）而堪为世间的一切怙主，现今住世，为了灭尽痛苦，而开示珍宝正法。对于所有佛陀都是最初发殊胜菩提心，自相续中生起以来，直至诸位导师的妙法隐没、穷尽，这期间的那些如来所有意乐发心的福德，行为上具足六波罗蜜多，获得十力等佛陀之法的果，此外一切佛子菩萨以及声闻缘觉一切有学无学、有漏无漏的善法，某位菩萨，用自己的心观想合集为一，随后发自内心作随喜，并发无上菩提心，也就是为了成办利益无边众生之因、获证无上大菩提，而把自他的这一切善根归集一处作回向。世俗中，缘于真实回向的对境，怀着希求心，如同射箭般能够转变善根，就是回向的本体。

癸二、不损福之因——回向分二：
一、真实回向；二、如是回向之功德。

子一、真实回向分二：
一、以胜义无缘方式回向；二、世俗中随学佛陀之回向。

丑一、以胜义无缘方式回向分二：
一、分说所遮、所行之回向；二、宣说彼二之摄义及比喻。

寅一、分说所遮、所行之回向分二：
一、所遮有缘之回向；二、所行无缘之回向。

卯一、所遮有缘之回向：

**回向设若心起想，觉想回向众生想，**
**想故住见心著三，有缘非入普回向。**

对于回向，假设能回向的心中生起实执之想，对所回向之处的菩提，也有耽著之想，对回向对境的众生也有想，那么由于被耽著之想束缚的缘故，就是处于有缘的见解中，这种心因为具有实执贪著回向之三轮的有缘法，为此并非入于正确无倒自性的普皆回向，所以不能归属于清净回向之列。

卯二、所行无缘之回向：

**如是此法即灭尽，回向之处彼亦尽，**
**知不以法回向法，彻知此理乃回向。**

假设与有缘的那种回向方式截然相反，如此所回向的善法、能回向的心、谁回向什么的此法，在世俗中是刹那性而泯灭，自然穷尽。回向之处的菩提，它也不是与前（回向）同时产生而会穷尽或者不复存在。胜义中，所回向、能回向与回向这三法既不成立是刹那也不成立是微尘法，因此自本体无生或者本来灭尽，因为不曾存在的缘故。倘若通达了胜义中永远不能以法回向于法或者无所回向的道理，那么就不会贪执回向的三轮，而以完全了知此理的智慧摄持，才称得上是正确的普皆回向。

寅二、宣说彼二之摄义及比喻：

**执相彼非真回向，无相菩提真回向，**
**如吃杂毒上等食，佛说缘白法亦尔。**

总而言之，尽管以回向于什么等三法作为对境，怀着希求心而回向，但必须要了知它是世俗如幻的道理。设若对于三法执著相而作回向，那么它就不是真正的回向，倘若了知那三法无相的自性而回向，那才是为菩提而真实回向。如同吃了杂毒的上等食品，那么美食也被毒所侵害。佛陀说：以实执之想缘于白法也与杂毒之食一样。

丑二、世俗中随学佛陀之回向：

**故当如是学回向，依佛洞悉善行相，**
**如此出生如此相，随喜如此普回向。**

由于回向有真回向与不是真回向的情况，所以认识到如是功德和过失以后应当修学回向。依照佛陀所通达或洞悉随喜、回向的无误善法是“如此这般”的行相，也就是说在世俗中回向的本体是这样：于名言中从中如此无欺产生果，这些在胜义中是如此无缘的法相。总之，心里想按照完全领悟二谛无别之自性的佛陀怎么随喜和回向，我也与之相同这般欣然随喜，如此普皆回向，即是依照诸佛如何回向而回向。所以，尽管自己不知到底该怎么回向，但随从其他智者而回向，也就成了相应的真实回向。按照《普贤行愿品》中所说的两个偈颂：“文殊师利勇猛智，普贤慧行亦复然，我今回向诸善根，随彼一切常修学。三世诸佛所称叹，如是最胜诸大愿，我今回向诸善根，为得普贤殊胜行。”

子二、如是回向之功德分二：
一、真实功德；二、以比喻广说。

丑一、真实功德：

**福德回向大菩提，无毒成佛依佛说，**
**如是回向之勇士，胜世有缘诸菩萨。**

如上所说，倘若将一切福德回向大菩提，那么作为因的回向是无毒的，不会舍弃或必将获得它的果——成佛，这是依照佛陀所说的大乘法不颠倒而宣讲的。以如是无缘的方式普皆回向的勇士菩萨，胜过世间中有缘（即有执著）的所有菩萨。

丑二、以比喻广说分二：
一、得遍智果之理；二、得清净道般若之理。

寅一、得遍智果之理分二：

一、以导盲者之比喻说明将其余度引至遍智之理；二、以未点睛之喻说明虽具足其余度然不得遍智之理。

卯一、以导盲者之比喻说明将其余度引至遍智之理：

**无导天盲千万亿，不晓道岂入城市？**
**无慧无目此五度，无导不能证菩提。**

比如，没有引路向导、双目失明的天盲，纵然是俱胝那由他（即千万千亿）数聚集一起，也看不见、不知晓自己前方所在的道路，又怎么可能上路而进入其余城市呢？绝不可能。同样，如果不具备明目般的这个智慧波罗蜜多，那么从本身而言，如同无目般的布施等此五度，就会因为没有以引路向导般的智慧助伴所摄持，而不知晓圣道，为此不能够抵达（证得）圆满菩提的城市。

卯二、以未点睛之喻说明虽具足其余度然不得遍智之理：

**何时以慧尽摄持，尔时得目获此名，**
**如画竣工无眼目，未点睛前不得资。**

什么时候布施等其余善法以三轮无分别智慧完全摄持，那么在当时，它们就已经得到了明目，获得此波罗蜜多的名称，而能得以顺利到达遍知的城市。比如说，人物肖像画中即使其余的事项都已圆满画完，但如果那幅画唯独没有画完眼睛，那么在没有点睛之前，画面就算是尚未完工，为此不会得到它的报酬。这说明，即便其余善法样样齐全，可是如果不具备智慧就不能得果的道理。如此依靠了达万法真如的智慧，而使一切正道转变到现空无别的境界上，其果现空无别的智慧必定成熟，这种智慧不被他夺，具足不缘趋入果般若的一切种智之心回向，要知道这是大乘道的精华所在。

寅二、得清净道般若之理分二：

一、以虚空之喻说明无缘而入于般若之列；二、若离无缘则道不清净之理。

卯一、以虚空之喻说明无缘而入于般若之列：

**有为无为黑白法，慧破尘许不得时，**
**世间入于般若列，犹如虚空毫不住。**

什么时候，对于凡属于有为法、无为法、黑法、白法的一切，以分析究竟实相的智慧加以探究，破除相执以后，真实中成立或有相之行境的法极微尘许也得不到，现见一无所住的意义时，在世间中就入于“般若波罗蜜多”的行列中，犹如虚空由于无有本体的缘故丝毫也不住于其余任何法一样。

卯二、若离无缘则道不清净之理：

**设思我行如来智，解众那由他多苦，**
**计众生想之菩萨，此非行持胜般若。**

假设以悲心摄持而没有消除所缘，徘徊于“我要行持佛陀的这一智慧波罗蜜多”的执著相之处，并且有着“解除有情所受那由他众多痛苦”的耽著心，如此妄执自他相续所摄之众生想的有缘（即有执著）菩萨，这样并不是在行持最殊胜的般若波罗蜜多。

癸三、日益增上之因——胜解分三：

一、信仰之功德；二、不信之过患；三、教诫以清净心勤行般若。

子一、信仰之功德：

**菩萨先前行持时，行此般若无疑知，**

**闻即彼起本师想，依此速证寂菩提。**

某位菩萨在先前生生世世行持的时候，通过听闻并受持、思维等途径行持此甚深般若波罗蜜多的含义，他们诞生于此世间以后，由以往的因缘所感，而对般若的意义无有怀疑了知通晓，刚刚听闻到此教义，那人即刻想到“我已经见到本师”而对般若生起本师想，依此原因将迅速证悟寂灭大菩提。

子二、不信之过患：

**昔行时事无量佛，然若未信佛般若，**
**闻已慧浅彼弃此，舍无救护堕无间。**

尽管在往昔修行之际曾经恭敬承事、供养过无量（数多那由他）的佛陀而积累福德，但如果对大乘的密意——如来的般若波罗蜜多没有生起信心，也从未发愿获得，那么现在听到甚深般若以后，由于智慧浅薄三门的倒行逆施而舍弃这一最为深奥的法，不予以恭敬。实际上，舍弃了她，也就舍弃了三世一切佛陀遍知的一切法，自此由于无有圣者之法的救护，这种人将堕落无间地狱，于世间成坏的累劫之中辗转感受痛苦等过患无穷。

子三、教诫以清净心勤行般若：

**故欲证佛最胜智，于此佛母当起信，**
**犹如商人至宝洲，荡财返回非应理。**

如果对般若起信，功德颇巨；倘若不信，过患严重。为此，假设想要证得佛陀最殊胜的智慧，那么对于此佛母（即般若）理当生起信心。因为，信心是无则不生的不共因，如今遇到宝洲般的如来教，此时此刻，务必要使人生有实义，否则，犹如商主到了宝洲之后荡尽了以前的商品，新的珍宝利润却一无所得而空手返回那样，不合情理。

尽管手中拥有甚深般若的宝珠，可是对她没有信解而断然放弃，如此一来，以舍法之因将灭尽先前的福德，我们万万不可如此。

壬二、入定修法分四：

一、清净智之本体；二、彼之作用；三、入定智之行境；四、宣说入定智之行相为无缘。

癸一、清净智之本体：

**当知色净果清净，果色清净遍知净，**
**遍知果净色清净，如虚空界不分割。**

以诸法原本清净、自性涅槃、正等正觉、自性光明、本来无生无灭平等性本体，而于一切唯一明点法界大光明离障平等一味中修行，即是入定智的本体。

它的道理是怎样的呢？以所谓的“色净”为例，所知对境从色法到一切种智之间的一切万法本来就不成立所取能取、染污清净、自法他法、有实无实等二法的任何自性，法界唯一明点原本已经安住于无生无灭的等性自性清净大离障中，然而，由于没有证悟到这一点导致突然产生迷惑之时，在增益我与法的有垢心识前，对境也似乎不清净，心也这样执取，以至于就有了染污法的垢染和障碍，这就叫做不清净的有情。

为了去除客尘，趋入佛教的三乘道，从而越来越明显见到法性实相自性清净，由此生起声闻四果、缘觉果、菩萨见道修道九地的证悟，从断除所断一切垢染的角度，称为下品清净、中品清净、上品清净，他们被叫做相应清净垢染的有情。虽然对境色等的自性本无不净，可是颠倒执取的所有客尘仿佛是次第清净，所以就像随着眼病消失越来越清晰看见对境一样，有境见到对境的清净，由于见它，有境也称为清净，而并不存在各自他体的其余清净相，我们应当了知，虽然在现相中，似乎有境越来越清净，对境似乎是重新显得清净，但在实相中，对境色等的自性本来清净，能见的有境脱离客尘，是果本来清净。这两者原本不存在对境有境二者，而安住于大清净中的要点都是一致清净，要知道这两者（对境、有境）是互不相异的本体。

同样，果清净、色等清净，离客尘清净达到究竟，也就成了尽断二障的最极清净——遍知智慧的清净。这所有清净，归根到底就是自性清净意义这一要点，正如刚刚所说一样。

究竟的清净就是遍知的清净，暂时各个道位的得果清净，基色等蕴界处的一切法的清净，这三种清净尽管在现相中安立为他体，但在实相中，如同虚空界互不相异一般，法界自性清净唯一的本体中不可分割，心也无有分割开来的他体。如实现量照见法性清净自性的佛陀智慧前，照见一切法是真实正等觉或者本来涅槃的自性，所见无不清净，如此证悟的智慧，也是永久性断除客尘及习气的所有障的究竟清净，依其如何照见，了达万法无有境、有境等二法的自性，于无二大平等本来清净佛陀性中不可分割、一味一体，这就是般若波罗蜜多最究竟的意趣。以本性之真义护持自然直定的方法，按照“此中无所遣，亦无少可立，于正性正观，正见而解脱”来理解。

**第二品终**

# 第三品

癸二、彼之作用分二：

一、不住寂灭边之作用；二、不住三有边之作用。

子一、不住寂灭边之作用：

**勇士所行依般若，真超三界非解脱，**
**虽除烦恼示投生，无老病死示死殁。**

诸位勇士菩萨，暂时所作所为，也是安住于有寂无二本来大清净的般若波罗蜜多中，尽管依此真实超离三界的一切烦恼，然而也并非像声闻一样安住于解脱三有的涅槃一边；虽然已经遣除了不由自主转生三有的烦恼，但依靠善巧方便而示现投生轮回；尽管不存在衰老、患病、死亡，可是以大悲心为利他众而示现死殁等。如果自己已经证悟了不住有寂的法界，那么对于耽著有寂之边的众生，就会生起证悟深法之自果的大悲心，并在无勤当中获得无量善巧方便，这是一种自然规律。

子二、不住三有边之作用：

**众生身陷名色泥，漂似风轮生死中，**
**知迷众如兽入网，智者如禽游虚空。**

不具备证悟无自性之智慧的这些众生，身陷在名、色五蕴难以逾越的淤泥之中，漂泊在好似能推动日月运行的圆形风轮数数旋转般的生死轮回中，如此有了业、烦恼和生这三者，十二缘起周而复始、紧密相连，犹如旋火轮般流转。了知这些迷惑的众生，进入到自心愚昧之网当中，如同野兽钻入无处可逃的网罟中一样痛苦不堪、难以解脱之后，诸位具有证悟般若智慧的智者，不被迷乱之网所束缚宛如飞禽遨游虚空中一般周游于此众生界。

癸三、入定智之行境分二：

一、宣说不行之行境；二、以比喻说明如此而行之功德。

子一、宣说不行之行境：

**行清净者不行色，不行识想受及行，**

**如是而行断诸贪，行解脱贪诸佛智。**

行为清净的某位菩萨，不以执著而行持色为色本体及其差别法的无常等，同样，也不行持识、想、受以及行。如此一无所行而行持，能断除实执的一切粗细贪执，并且是在行持解脱所有贪执的诸佛智慧。

子二、以比喻说明如此而行之功德：

**明智菩萨如是行，断贪趋向无贪执，**

**如离罗睺日昭住，失火焚烧草木林。**

如此而行的明智菩萨，断绝一切执著的贪爱，越来越向上趋往无贪执的等性。关于“趋向”，在印度的有些版本中也说是“解脱”（，这样一来，颂词就成了“断贪无贪得解脱”[1]）。犹如脱离罗睺曜的太阳昭然而住、失火焚烧所有草木森林一样，依靠光芒、烈火般的大智慧能摧毁一切烦恼的黑暗和薪柴。

癸四、宣说入定智之行相为无缘：

**诸法自性净普净，菩萨慧观般若时，**

**不缘行者一切法，此即行持胜般若。**

[1] 大藏经中《佛说佛母宝德藏般若波罗蜜经》这一句的译文为：“得离诸相脱轮回。”

如此染污和清净所摄的一切法，以自本体烦恼自性清净，所知所缘普皆清净，诸位菩萨慧观、安住于证悟万法如此自性的殊胜般若波罗蜜多之义中时，既不缘于见者——般若的能修行者，也不缘所观的一切法，也就是安住于止息戏论的法界中，这就是在行持最殊胜的般若波罗蜜多。

第三品终

# 第四品

庚三、广说分五：

一、修学加行之次第；二、真实成就彼加行果之理；三、宣说加行者补特伽罗；四、如是趋入行者之超胜功德；五、彼所修学法之超胜功德。

辛一、修学加行之次第分五：

一、所修加行之本体；二、修行加行所生之功德；三、对加行制造违缘之过患；四、加行之作用；五、宣说加行之缘善知识。

壬一、所修加行之本体：

**天王帝释问佛尊，菩萨如何勤行智？**
**蕴界尘许不勤行，不勤于蕴菩萨勤。**

天王帝释请问人中狮子佛尊：“在以往的如来前承事过、从中产生善根并被善知识摄受的诸位菩萨，应当如何精进行持智慧波罗蜜多呢？”佛告帝释：“对于蕴界所包含的法，微尘许也不以缘取或安住的方式精进行持，不缘、不住、不精进于蕴等，那就是菩萨的真精进。”

壬二、修行加行所生之功德分三：

一、加行因——恭敬之功德；二、加行所生果之功德；三、暂时加行本体功德。

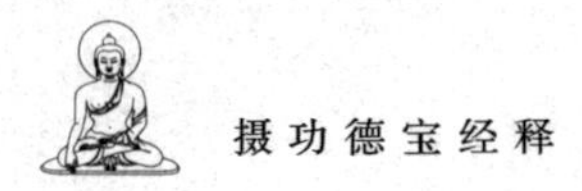


癸一、加行因——恭敬之功德：

**谁闻此法如幻化，无疑学复行加行，**
**知彼久远入大乘，事佛俱胝那由他。**

任何行者，听闻到此《般若经》中解说所有这些法虽然无有本体，但行相不灭犹如幻术、幻化的道理，对它的意义诚信不疑进而修学，继续策励修行加行，由此可知那位有情，先前长远以来就步入大乘，并且可以推知，他在以往通过供养、礼赞等方式精心承事过俱胝那由他数的佛陀。原因是，不依靠这样的因作为前提，不会听闻到甚深般若的意义并产生胜解。

癸二、加行所生果之功德分二：
一、不被违缘所害之功德；二、获得三身之功德。

子一、不被违缘所害之功德：

**入多由旬荒道人，见牧牛人交界林，**
**思乃临近村城兆，得安慰无盗匪惧。**
**如是寻觅菩提时，得闻诸佛此般若，**
**彼得慰藉无畏惧，非罗汉果缘觉地。**

步入于荒无人烟的路途已达数由旬的人，当徘徊在道路中时，一旦看见城区牧牛人或荒郊和村落交界的森林会异常舒心惬意，已经走过遥遥路程的他们心里思量：这些该是临近村落和城邑的相兆。此时他从猛虎等荒郊野外所具有的畏惧中得以安慰（义为不再有这种畏惧），从此以后心中再没有盗贼、土匪威胁的恐惧感。

同样，要想获得微妙的菩提，在寻觅菩提的方便之时，得以听闻诸佛之母堪为正道之最的这一般若波罗蜜多，这位有缘者，从轮回的痛苦中获得慰藉（义为脱离轮回的痛苦），而且无有堕入三有、寂灭之边的畏惧，因为并非堕入声闻阿罗汉的果位，也不是堕入缘觉地。

子二、获得三身之功德分三：

一、获得法身之功德；二、获得报身之功德；三、获得化身之功德。

丑一、获得法身之功德：

**如人为观海水往，见树林山仍遥远，**
**不见彼等遥远相，思近大海无怀疑。**
**当知已入妙菩提，听闻如来此般若，**
**纵未得佛亲授记，不久自证佛菩提。**

比如，一个人为了观海水而前往，假设他看见前方有树木森林高山，就会知道离大海仍然还遥远，当不再见到山峦等那些遥远的相征，所有地带渐渐下倾、趋向平坦，一眼望不到边，就会想到：现在我已经靠近大海。对此无有怀疑，而且从远处就知道这一点，因为大海一望无际、广阔平坦的缘故，它的范围内不可能有高山等，由此而知（离海）尚远。

我们应当知晓：如同此喻一样，已经趋入胜妙菩提者，通过拥有听闻如来此般若波罗蜜多的缘分，已经靠近离一切边的法身智慧大海。由此，如同山林般的所有分别念相逐渐断除，一切妄念运行接近寂灭，进而无欺获得无缘智慧。所以，不离此般若的行者，纵然没有得到导师佛陀亲口授记说“你将成佛”，但是可以知道自己不久将证得佛陀的菩提，因为从无欺的因果道理中足能推知。

丑二、获得报身之功德：

**春季好时树叶落，枝不久生叶花果，**
**谁手中得此般若，不久获证佛菩提。**

在春季的大好时节，当某种树木凋萎的陈叶更换而落到地上时，（人们就会知道）树枝不久将新生出绿叶、花果。同样，作为行者，谁的手中得到了此般若波罗蜜多，他过不了多久就会获证诸佛的菩提，因为：自从得到真实的教授时起为胜乘发心的果，也就是具有大悲茂密绿叶之凉荫、竞相绽放的相好之花、饶益他众之硕果好似如意树般的色身——受用圆满身终将获得。

丑三、获得化身之功德：

**犹如孕妇受苦逼，彼谓已至分娩时，**
**菩萨听闻如来智，生喜求疾证菩提。**

比如，怀胎的某位孕妇，当胎月圆满以后感受临产病苦的逼迫，那种症状就意味着已经到了分娩的时候。同样的道理，某位菩萨得以听闻如来的这一智慧波罗蜜多，并生起清净的欢喜之情和渴望的希求之心，将迅速证得大菩提，因为，由经这一正道使佛性的种子复苏，到资粮已经圆满，就像孕妇生子一样，化身势必直接显现于世间。

癸三、暂时加行本体功德分二：
一、虽不分别增减等却不证一边涅槃；二、虽无分别亦能利生。

子一、虽不分别增减等却不证一边涅槃：

**行胜般若瑜伽者，不见色之增与减，**
**不见非法法法界，不证涅槃彼住智。**

在如理行持最殊胜般若波罗蜜多意义之时，胜乘的瑜伽行者，不见色等染污清净的一切法产生及相续累积胜进的增相和灭亡及较前下降的减相，安住于一切法在真实义远离增减盈亏的平等性中。同样，也不以耽著的方式而见善的法和不善的非法、诸法的法性或法界，尽管灭尽一切所缘并安住于无戏论中，然而也不以唯一寂灭的法界方式而证得一边的涅槃，那位菩萨安住于不住有寂之边的等性智慧中。

子二、虽无分别亦能利生：

**行此不计佛诸法，五力神足寂菩提，**
**远离分别依加持，行此即行胜般若。**

如理行持此般若波罗蜜多者，不以执著而妄加分别佛陀的（十）力等一切法，同样，对于道的五力和四神足等以及果位真如寂静菩提也不予分别，对色等一切蕴界也不加分别。实际上这说明了远离四种分别相的道理，按照《佛说入无分别陀罗尼经》中所说，依次说明了远离对蕴等轮回的一切法分别为有自性、把道般若分别是对治法、将真如分别成法性、将佛陀的诸法分别成所得的一切分别。虽然远离了以上所有的分别，但凭借无分别任运自成之等持的威力、愿力或加持，降伏魔众，无勤之中行持一切他利之事，安住在这一无分别的等持中，依靠法尔获得诸佛也以无二之方式加持的威德力，因此他的事业丝毫不虚。这种方式，就是在行持最殊胜的般若无分别智。

壬三、对加行制造违缘之过患分二：
一、略说；二、广说。

癸一、略说：

**须菩提问说月佛，何为喜功德者障？**
**佛言成为障碍多，从中稍略普宣说。**

相好圆满的尊容中放射出妙语的光芒，从而遣除所化众生的无明黑暗和烦恼酷热，为此共称为“说月”。出有坏释迦牟尼佛前，须菩提请问道：“喜爱大乘功德的诸位菩萨之加行的障碍是什么？”佛告须菩提言：“成为障碍的多之又多，其中在这里稍稍普及宣说。”

癸二、广说分三：
一、真实违缘之过患；二、出现魔业之原因；三、宣说违缘损害与否之因。

子一、真实违缘之过患分四：

一、退失因——加行；二、退失大乘道；三、不具足讲闻因缘；四、宣说以此为例之其余过患。

丑一、退失因——加行分二：

一、由智慧不堪能而退失；二、由对般若生疑而退失。

寅一、由智慧不堪能而退失：

**缮写佛此般若时，不同辩才纷涌现，**
**未利众生似闪电，疾速退失是魔业。**

当缮写、受持、读诵、讽诵、传讲、听闻佛陀的这一般若波罗蜜多等时，分别三时的对境色等的不同辩才以及掉举、昏聩、睡眠、后悔、贪嗔、怀疑等纷纷涌现，依靠这种加行并没有利益自他众生，好似闪电一般迅速中断精进，从加行中完全退失，要知道这纯属是魔业。

寅二、由对般若生疑而退失：

**讲此之际有生疑，导师于此未言及，**
**我名种族地姓氏，不闻弃此是魔业。**

在宣讲此法之际，有些人对此生起怀疑，心想：导师佛陀于此既没有提及我的名字，对于种族、所住地方、姓氏也全然未说，因为没有对我作明确授记，所以并未发现依此我必定成就菩提的因缘。将诸如此类的问题当作是背离般若的理由，于是依靠这种怀疑，不再听闻而断然舍弃此深法，这实是魔业。

丑二、退失大乘道分三：

一、以比喻说明舍弃遍智之因——大乘；二、以比喻说明寻求劣道；三、以比喻说明从下乘中寻觅大菩提。

寅一、以比喻说明舍弃遍智之因——大乘：

**不明此理舍根本，愚昧不解寻枝叶。**

由于不明白般若波罗蜜多是一切法之唯一基础的道理，由这些愚痴导致，舍弃了真实佛陀诸法根本般的这一般若，因愚昧不解而去寻求枝叶般的其余法，这也属于魔业。

寅二、以比喻说明寻求劣道：

**如得象复寻象迹，听闻般若寻经同。**

就如同寻求大象者已经得到了真正的大象而把它放置一旁又再度寻觅大象的足迹一样，明明听闻了直接宣说最殊胜深法的般若波罗蜜多，而不踏踏实实策励追求，反而去寻觅除此之外间接趋入般若的其余经义，要知道这与比喻所说的一样，也属于魔业。

寅三、以比喻说明从下乘中寻觅大菩提：

**如人获具百味食，得妙食寻菲薄食，**
**菩萨得此波罗蜜，罗汉果寻菩提同。**

例如，有人获得了具有百味的食品，不品尝它的味道，反而在得到最上等的食品以后又再度寻找菲薄之食。同样，某位初学菩萨明明获得了这一最殊胜的波罗蜜多法门，而不如理行持它的意义，反而依靠指示阿罗汉果之道的经论去寻觅究竟菩提，与上述的比喻一样，这也属于魔业。

丑三、不具足讲闻因缘分二：

一、依于自己之因缘；二、依于他者之因缘。

寅一、依于自己之因缘：

**贪求恭敬图利养，以有见心熟俗家，**
**舍法而行非法事，弃道入歧是魔业。**

贪求自己美名传扬、受到别人恭敬，再者力图品尝到财食等利养的味道，带着爱见外境的心态，交往熟识城区的在家人，以诸如此类的各种散乱琐事舍弃缮写、听闻、思维此深法，而行持任意一种投生恶趣之根源的非法事，抛弃正道误入歧途，这纯粹是魔业。

寅二、依于他者之因缘：

**尔时希求起信已，去听闻此微妙法，**
**知说法师依琐事，不喜不悦而离去。**

任何闻法者，在讲法者散乱于利养恭敬的当时对般若有希求心并生起信心之后去往其前听闻了这一微妙法，当那些听法者知晓说法师喜爱利养恭敬，沉迷于此等恶劣琐事的情况以后，不再喜爱在这位法师前闻法，心里想现在不该求法了，心情不悦、扬长而去，这也是障碍听闻般若的魔业。

丑四、宣说以此为例之其余过患：

**是时出现此魔业，彼时扰乱众比丘，**
**不令受持此般若，余多违缘亦屡现。**

在听闻此深法等的当时，会出现令不具足讲闻因缘等对真实的加行制造障碍的这种魔业，那是什么呢？在听受深法等（“等”字还包括缮写、讽诵、供养等）的那个时候，心里憎恨正法的魔王波旬如箭入心，扰乱受持经藏的众多比丘的相续，千方百计百般阻挠，不让如理受持、思维此般若波罗蜜多等障碍方法多之又多，在此没有提到的其他违缘也屡屡出现。总之，我们要清楚地认识到：受持此深法等（“等”字还包括缮写、听闻、讽诵等）的过程中，凡是有害于它的方面，不管是什么，通通属于魔业，因为原本就是把对（行善）制造障碍取名为魔业的。《虚空藏请问经》中云：“善男子，令行不善法，舍弃善法，皆是魔业。”

子二、出现魔业之原因：

**有人已得无价宝，稀有恒时害亦多，**
**如是如来胜般若，法宝难得害亦多。**

比如，有人已经得到了无价之宝，因为并不是随时可以获得，所以稀有罕见，在得到持有的时时刻刻里，遭受有贪婪之心的怨敌等危害的情况也是许许多多。同样，如来的这些最殊胜的般若波罗蜜多法宝，也极度难得难遇，由于福德不圆满者难以享有的缘故，恒常遭受的损害也颇多。

子三、宣说违缘损害与否之因分二：
一、宣说出现违缘之对境；二、由违缘中受到佛陀护佑。

丑一、宣说出现违缘之对境：

**新入乘之浅慧者，未得稀有此珍宝，**
**为造违缘恶魔喜。**

新入乘的智慧浅薄众生，以往从未得到过极其稀有、甚深、能超越魔境的这种法宝，不曾心领神会，为了给他制造违缘，恶魔也是兴高采烈，伺机得逞。

丑二、由违缘中受到佛陀护佑分二：
一、真实宣说；二、以比喻说明。

寅一、真实宣说：

**十方佛陀行摄持。**

如果有人认为：那么，所有一开始行持般若的行人都属于初学者，倘若遭遇魔的违缘，那菩萨修行般若就难以圆满了。

就像有些获得珍宝的软弱者会受到当地国王的保护一样，安住十方世界智慧所见无有遮障的所有佛陀出有坏精进或进行摄受起初行持此法、还没有获得超越魔境之觉受境界的那些人，使其脱离违缘的险地。然而，我们要知道，观待修行者往昔的福德之因和现在的信心等之缘，导致没有成为佛陀加持对境和成为佛陀加持对境，也会出现不被违缘所害、被违缘所害等各种情况。

寅二、以比喻说明：

**如患病母有多子，悉皆伤心服侍彼，**
**如是十方世界佛，亦念佛母微妙智。**

佛陀保护的原因是：例如，一位患病母亲有许多儿子，都心情不悦、伤心难过地服侍着她。同样的道理，十方世界的一切佛陀，也护念生育自己的这位佛母——微妙智慧。

壬四、加行之作用分二：
一、生自子之作用；二、令自子行功德之作用。

癸一、生自子之作用：

**过去十方及未来，世间怙主由此生。**

如果有人问：正如刚刚所讲的一样，如果把般若称为“佛母”，那到底是怎样成为佛母的呢？

如同世间中，母亲是从生子、生育之后令她行事两个角度而安立为“母”的，在此也是同样，过去、现在十方一切刹土中安住以及未来时将要出世的所有世间怙主佛陀出有坏，他们都是由这一般若波罗蜜多中出生的，因此她堪为三世诸佛之母。

癸二、令自子行功德之作用分三：

一、令知轮涅基之理；二、令行遍智果之事业；三、令行灭二边道之理。

子一、令知轮涅基之理分二：

一、依靠般若而知世间二谛；二、由证悟真如而得名。

丑一、依靠般若而知世间二谛：

**示世诸佛能生母，示余有情之心行。**
**世间罗汉之真如，缘觉佛子之真如，**
**离实非他一真如，如来彻知智慧度。**

般若波罗蜜多为自子诸佛指示，世间也就是共称的蕴界处的所有法，它们名言的因、果、体的自性是怎样，因为佛陀依靠一切如来的能生之母此般若才如同手中放湿庵摩罗果一样照见那些法。此外，般若还为自子指示：尽管界性无量的所有其余有情的心行内摄、外散、有贪、离贪等有无量无边的情况，但通过修习般若的威力也能利益所有众生，这以上是讲世俗。

世间五蕴的真如、阿罗汉的真如、缘觉的真如、佛子菩萨的真如，并不成立他体的缘故，是独一无二的，这一切也远离有实的缘故，并不是另行存在，为此称为真如。如此染污、清净的一切法的实相真如智慧度，就是如来所彻知并如实领悟的。

这一个半偈颂，说明了依靠般若波罗蜜多，佛陀照见略摄二谛的一切法理。

丑二、由证悟真如而得名：

**遍知住世或涅槃，无过法性法空住，**
**菩萨随证此真如，故于佛赐如来名。**

洞晓真如的智者——诸佛，不论安住于此世间界，还是趋入涅槃，宣说无过法性诸法空性这一点永无改变，谁也无法扰乱，如同虚空般存在着。诸位菩萨以智慧随行证悟原本如终安住的这一真如无误实相，一旦证悟达到究竟之时，如实而来或如实证悟真如的缘故，才对佛陀赐予“如来”的名称。

子二、令行遍智果之事业分二：
一、依于般若成办二利；二、尤其为利他说法之理。

丑一、依于般若成办二利：

**依于般若欢喜园，十力导师此行境，**
**尽除众苦三恶趣，彼等永无众生想。**

依于般若能带来无边无际无漏欢喜的缘故，犹如天人乐园一样而安住、具足十力的诸位导师佛陀的行境即是如此，是什么呢？尽管能完全拔除无量众生的种种痛苦和三恶趣，但那些佛陀永远也无有众生想，因为他们是以无缘大悲凭借恒常、周遍、任运的事业进行讲经说法等。

丑二、尤其为利他说法之理分二：
一、折服非道之理；二、指示正道之理。

寅一、折服非道之理：

**如狮栖山无畏惧，震慑群兽发吼声，**
**人中狮子依般若，慑众外道发吼声。**

如同兽中之王的狮子栖身于雪山间对谁也无所畏惧而安住，能震慑群兽并发出狮吼声一样，人中狮子——佛陀也是依靠般若波罗蜜多甚深空性之义，而震慑持有我见的众多外道，在世间中也发出妙法的巨吼声。

寅二、指示正道之理：

**譬如空中之阳光，晒干大地显色相，**
**如是法王依般若，有海干涸说诸法。**

比如，虚空中的太阳光芒能晒干这个大地所有的潮气，并且也完全展现一切色相。同样，正法的日轮——法王佛陀出有坏依于般若波罗蜜多的虚空界，能使三有的爱河无余干涸，并且真实宣说一切所知万法。

子三、令行灭二边道之理分二：
一、道之本体；二、道之作用。

丑一、道之本体分二：
一、意义；二、比喻。

寅一、意义：

**诸色及受不可见，想无所见行不见，**
**识心及意无所见，此名见法如来言。**

因为一切色法自本体不存在的缘故，无所得或者不可见，同样，受也不可见，想也无所见，行也不可见，入定于真如的行境中，识、心、意之基一无所见。对此，其他注释中解说：取过去的对境为心、取未来的对境是识、取现在是意的角度而如此宣说，或以不同的名称表达。智慧论师说：按照共称，心是阿赖耶识；意是染污意；识是六转识。如此以五蕴为例一切法一无所得，任何本体也一无所见，这就名为现见诸法的本来自性，是如来所宣说的，如同无损害之眼根未见飘浮的毛发，就是见到毛发的自性。

寅二、比喻：

**有情声称见虚空，虚空岂见观此义，**
**佛说见法亦复然，见以他喻不能诠。**

如果有人问：无见之见的比喻是怎样的呢？

比如，所有世间有情心里这样想、口里也这般说“我见到了虚空”，可是，虚空怎么能见呢？所看到虚空成为眼根对境的形色、显色全然无有，所以，我们值得观察心想并言说此话的意义到底是什么？结果会领悟到仅仅是把有色的法一无所见这一点当作是见虚空的名言。与此比喻相同，佛陀宣说过：所谓“见诸法之真如”也是同样，依靠慧眼而认识到诸法皆不成立，任何本体也不可得或不曾见，就称为见法者。世间中，用某某有境见到某某对境，就称为“见”，那么不得任何边、不见任何戏论相的这一见到，只是片面性用见虚空的比喻来说明而已，实际上在真实性中超离一切有无是非等诸边的法界是以各别自证现见，以其他比喻并不能全面诠表，因为不可思议，真实超越了比喻和推理等衡量、推算的范畴。

丑二、道之作用分二：
一、摄集道果一切功德；二、远离歧途之理。

寅一、摄集道果一切功德分二：
一、以大臣比喻说明行诸事业；二、以国王比喻说明摄诸功德。

卯一、以大臣比喻说明行诸事业：

**谁如是见见诸法，如王舍住臣普行，**
**佛行声闻所有法，悉皆依于般若行。**

任何菩萨，不见任何所缘相，如是依靠慧眼而见，就是现见一切万法，从中获得广大所为，犹如国王无有勤作舍置而住，最得力最出色的大臣普

遍行持国王的一切事。同样，佛陀的所行事业以及诸位声闻的所有功德法，都是依于无分别的般若波罗蜜多而行持的，原因是：如果具备证悟无我的智慧，那么就能顺利成就一切解脱之道，否则无法成就。

卯二、以国王比喻说明摄诸功德：

**如王不往城国邑，居自宫摄诸财物，**
**菩萨法性无所去，摄集佛地诸功德。**

比如，大国王不去城市，也不去往国家的其余诸大城邑，深居于自己的皇宫，向内收摄一切赋税等财物。同样，菩萨于相续证悟的甚深法性中如如不动安住，不去往其余任何处，证悟的心相续依靠法尔的威力而摄集佛地的一切功德，这实在是稀有的所为。

寅二、远离歧途之理分二：
一、略说；二、广说。

卯一、略说：

**于佛菩萨有坚信，意乐行持胜般若，**
**尽越声闻独觉地，速得无遮佛菩提。**

任何行人，对诸位善逝及佛子菩萨，有清净信和不退转的坚定信心，以意乐追求，以加行勤奋行持成为菩萨和佛陀的道——殊胜般若波罗蜜多，方便智慧兼而有之，完全超越声闻、独觉二地的歧途，进而将迅速获得不被有寂障碍所遮蔽的微妙佛菩提。对胜乘有信心，是最初的入门，以智慧信奉的同时，不退失获得果位，因此主要讲了方便、智慧这两者。作为初学者，虽然具备信心，但如果不具有智慧波罗蜜多，那么就有可能退失正道，而只要深刻领会了般若波罗蜜多的甚深密意，就获得了不可夺取的信心，不可能由正道中退失。

卯二、广说分四：

一、以沉水之比喻说明；二、以新罐之比喻说明；三、以造船之比喻说明；四、以老者之比喻说明。

辰一、以沉水之比喻说明分二：

一、比喻；二、意义。

巳一、比喻：

**犹入海者船破毁，何人未持尸草木，**
**葬身水中不抵岸，若人握物至海岸。**

比如，入于大海的人，船只破损毁坏，其中任何人没有抓住尸体或草堆或者木头，那么就会葬身于水中，而不会抵达海岸。何人握住木头等物体，依靠它，就能达到大海彼岸。

巳二、意义：

**如是具信得净心，不随般若非证觉，**
**生老死忧波涛汹，轮回海中恒流转。**
**若以殊胜慧摄持，通法自性说胜义，**
**方便功德以慧摄，速证最妙佛菩提。**

与上述比喻相同，具备追求圆满菩提的信心并得到希求的欢喜清净心的某位行者，不依信心而随行成为正等菩提之道的佛母般若波罗蜜多，就不会证得善逝的菩提果。如此一来，将在生老死亡和种种忧恼的波涛汹涌的轮回大海中恒常流转。如果任何行者以证悟无自性的殊胜智慧波罗蜜多摄持，那么就将毫不颠倒通达万法的自性并且能够宣说胜义。倘若他们追求圆满菩提的信心等方便的那些功德，以无缘的智慧摄持，将迅速证得最殊胜绝妙的善逝菩提，如同某人抓住木头等物而得以达到海岸一样。

辰二、以新罐之比喻说明：

**如人新罐盛装水，知不牢固故速毁，**
**窑烧瓶中盛装水，途无坏惧安返家。**
**如是菩萨信虽足，然失智慧疾退堕，**
**若信心以慧摄持，越二地获大菩提。**

比如，有人如果在没有入窑焙烧的新瓦罐里装水，那么可想而知，那个瓦罐由于不够坚硬的缘故很快就会毁坏。如果往入窑焙烧过的瓶子里装水，那么在行途当中不会有瓶子毁坏的顾虑恐惧，安然返回自己的家园。同样，任何菩萨，如果不具备希求圆满菩提的信心，或者，虽然信心十足，但如果退失了能修的道——智慧波罗蜜多，显然很快就会从大乘道中退失，堕入劣道等中。如果信心加上智慧，也就是说，以有信心的智慧度摄持那位行者的相续，那么就会完全超越声闻缘觉二地，而获得大菩提。

辰三、以造船之比喻说明：

**如未精造船入海，财宝商人俱毁坏，**
**彼船精心而细造，无损载宝达岸边。**
**如是菩萨纵熏信，若无智速退菩提，**
**若具殊胜智慧度，不染失证佛菩提。**

例如，材料、结构、标准、补漏等方面没有精工细造的船只入于海中，连财宝带商人，一起都会毁掉；如果那艘船只，经过精心审察而精工细作，那么它就会完好无损地载着财宝抵达大海岸边。同样，任何菩萨纵然具备熏染信心之因，可是如果没有依于智慧度，很快就会退失最上菩提的正法；倘若既具足信心，又拥有殊胜的智慧波罗蜜多，那么就不会染上劣道的过患，不会从胜乘道中退失，而证得佛菩提。

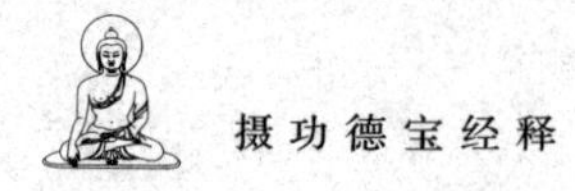


辰四、以老者之比喻说明：

**一百廿岁老苦人，虽立独自不能行，**
**若左右人作依附，无跌倒怖顺利行。**
**如是菩萨智力微，彼已趋入复退失，**
**以胜方便慧摄持，不退证得佛菩提。**

比如，寿量已达一百二十岁高龄，衰老、痛苦的人，虽然能从坐垫上站立起来，可是凭着自己的能力，无法行走到其余地方，因为他已老态龙钟。假设左右两侧有身强力壮的人作为依附，那么就不会有途中跌倒的恐怖，而能顺利去往想去的地方。同样，任何证悟真如的智慧力量薄弱的菩萨，尽管他已经趋入了殊胜菩提道，然而在没有获得果位之前还会再度退失，那位行者相续如果以殊胜的信心等方便和证悟无我的智慧摄持，就不会从正道中退失，将证得如来的菩提。

壬五、宣说加行之缘善知识分二：
一、宣说所依上师；二、宣说依者（听闻甚深智慧之）弟子。

癸一、宣说所依上师分二：
一、需依具相善知识之理；二、善知识宣讲教授之理。

子一、需依具相善知识之理分二：
一、真实宣说；二、需要如此依止之理由。

丑一、真实宣说：

**住初学位之菩萨，胜意乐入大菩提，**
**贤善弟子敬上师，恒依诸位智者师。**

处于初学位的菩萨也就是初学者，怀着特别缘于利他和正等菩提的殊胜意乐，追求而趋入佛陀大菩提道果的贤善弟子，带着对上师的恭敬，恒常依止具有善妙见行并能宣说大乘密意的诸位智者上师。

丑二、需要如此依止之理由：

**因智功德源于彼，随说般若波罗蜜，**
**佛诸法依善知识，具胜功德如来语。**

如果有人问：为什么要教诫步入大乘的初学者认真依止殊妙的善知识呢？

因为通晓大乘道果的一切智慧功德，都是来源于善知识，他们随从宣说大乘道的这一般若波罗蜜多。为此，要获得佛陀的一切法者当依善知识，这是拥有一切最殊胜功德的如来圆满佛陀所说。原因是，对于如此善巧方便之道修行、思维、听闻，前前依于后后（即修行依于思维、思维依于听闻），而且，听闻也依赖于善知识。

子二、善知识宣讲教授之理分二：
一、如何宣说教授；二、如是宣说之赞叹。

丑一、如何宣说教授：

**布施持戒忍精进，定慧回向大菩提，**
**菩提莫执蕴见取，初学者前示此理。**

如果要对这种新入乘者传授教言，那么就要应机而宣说方便智慧不相脱离的正道，教诫他们说："你对于成为如来之道的六度——布施、持戒、安忍、精进、禅定、智慧，要具全加行、正行、结行而行持，并将一切善根以希求一切种智的作意而回向究竟大菩提。"这是对方便方面教授。欲求究竟所得的菩提，也切切不可依耽著而把色等蕴的有实法执为最胜或殊胜——见取见。为什么呢？菩提为例的一切法均无有自性，因此教授通达这一点，是对智慧方面的教诫。要在希求菩提的初学者面前开示这种道理。

丑二、如是宣说之赞叹：

**此行善海说法月，众生皈处友军所，**
**依慧洲导欲利者，日灯说胜法不乱。**

如此行持、善妙宣讲教授的大乘善知识，您堪为善妙功德难以测度的大海，您作为具足真实妙法光芒的说法皎月，通过宣讲利乐之因的正法而成为遣除众生痛苦的皈依处，作为带来涅槃安乐的友军，作为消除苦因的处所，同样成为趋往菩提的所依，成为具有了知利害的智慧者，成为沉溺三有爱河者的洲岛。洲岛，指位于水中央的所依处，所谓的“岛屿”，也是指位居两河之间依处的名称。

通过宣讲无生法性能从轮回淤泥中引导出来随心所欲利益或者行持利益的商主等。宣讲人无我而成为日轮，宣说法无我而成为正法明灯，通过无碍解而讲说最殊胜的空性法，一心不乱，或者无所畏惧，自己对甚深之法坚信不移进而传讲它的道果，克胜诸方的辩才圆满。或者也可以解释成：“导”，是指就像商主等一样引领众生步入正道；“欲利”，是指以悲心任运自成行持他利；“说胜法不乱”，讲说真如之第一法，不被邪魔外道等敌方的反驳所害或扰乱。

癸二、宣说依者（听闻甚深智慧之）弟子分二：
一、宣说于深法具胜解信之弟子；二、宣说甚深难证之理。

子一、宣说于深法具胜解信之弟子分二：
一、智慧甚深之理；二、宣说甚深之功德。

丑一、智慧甚深之理：

**具大名披难行铠，非蕴界处之盔甲，**
**离三乘想无执取，不退不动不乱法。**

迈入最为深广之大乘道的某位行者，在无边佛刹中拥有菩萨大名者，披上难行铠甲，如此在名言中发心："我为了将等同虚空的无边一切有情解救到不住之涅槃的法界，我要证得涅槃。"那也是远离染污、清净的所缘，不是披上缘于蕴界处有实法的盔甲，远离耽著三乘之想，安住于不缘或不执取任何法的般若中，为此诚信甚深义而具备三大所为，在获得圆满菩提果中不退转，在大乘道之理中不动摇于他处，恶缘、邪魔和敌方的任何辩难也无法使他的相续染污，因此是一心不乱的有法。如《广般若经》中云："'世尊，菩萨为使一切有情证得涅槃而披上盔甲，然有情不可得，彼等实难行持。'世尊言：'须菩提，彼盔甲非与色相系……'"

丑二、宣说甚深之功德：

**彼具此法无戏论，远离疑虑具实义，**
**听闻般若不退却，不依他转不退还。**

那些菩萨由于具足深不可测的如此之法，因此无有一切所缘的戏论，对于甚深义远离怀疑、犹豫和顾虑，具有诚信的实义。这里"虑"只是怀疑的别名，也就是说明现行等粗细的怀疑全然无有。或者，对于道果，现在无有怀疑、过去没有犹豫、未来没有顾虑，应该把它们看成是反体的差别。以无有怀疑的诚信来听闻甚深般若波罗蜜多，对它的意义，心不退却而凭借自己的智慧领悟深法，结果不仰仗别人，也就是绝对不会有被他牵引而盲从之类的情况，由此可知，就不会从胜乘道果中退转。

子二、宣说甚深难证之理分二：
一、宣说所行之深法；二、如此甚深之理由。

丑一、宣说所行之深法：

**诸佛此法深难见，谁亦无悟无获得，**
**行利慈者证菩提，思众谁知不欲言。**

一切导师圆满佛陀的这一大般若法，最为深奥，基位的一切法无生，仅仅真如也不可得，本来超越所取能取心的行境，而难以现见。为此，在道位，谁也无所证悟，果位时获得也是不存在的。如果证悟、获得的本体存在，那么就不能充当是真如的真悟和真得。其他经中也说："菩提，佛陀也不曾获得，更何况说他众？因为菩提的本体本来就是空性之故。"再三宣说了此理。正因为无有现见、证悟、获得的这一甚深法性，深不可测，所以具有利益一切有情的大慈大悲的圆满佛陀，证得无上大菩提以后，不禁思量：我心领神会的这样的深法，众生群体中有谁能了知？于是不想言讲正法。《方广庄严经》中云："深寂离戏光明无为法，犹如甘露此法我已得，纵为谁说亦不能了知，是故默然安住于林间。"又如《中观根本慧论》中也说："世尊知是法，甚深微妙相，非钝根所及，是故不欲说。"

丑二、如此甚深之理由：

**众生喜处求诸境，住执不通愚如暗，**
**所得之法无住执，故与世间起争议。**

如果有人问：为什么普通人难以证悟这种甚深法呢？

一切众生从无始以来由内心久经串习实执所牵引，喜爱把三有之处执为我等情形，并且欲求一切所取境，住于执著它的心态中，就这样堕入所取能取戏论行境当中，为此，对于无有所取能取分别的真如义一窍不通，对其理愚昧不知，犹如处于黑暗之中一般。

所说和所得的般若法义，既不存在以缘所住的对境，对任何法也无有执著，出世间的这些法与一切世间不同，更为超胜，由此与世间发生争议，因为世间人执著实有，另一者说它不存在。比如，所有世人，不曾见到宣说无实的法理才争执不息。而如来如实照见万法的本体，虽然无有本体，但在世人面前显现如幻的这些法，按照在世间怎么显现，就随顺世间而进行言说，所以佛在其他经中也说："世人与我诤，我不与世诤，世间承许有，我也承许有……"

辛二、真实成就彼加行果之理分二：
一、认清所得之果；二、若无此道则不得果之理。

壬一、认清所得之果分二：
一、比喻；二、意义。

癸一、比喻：

**虚空界于东南方，西方北方无边际，**
**上下十方尽其有，不成别体无差异。**

虚空界，在东方、南方、西方、北方无有边际，也就是说四方全无边际，如是上下，再加上四隅也不例外，总之它于十方范围无有边际尽其所有之处都存在着，虚空无所不遍，本身无有成为有实的自性，因此不同方向的虚空也不成他体，而且自本体也没有形状等不同的差异。

癸二、意义：

**过去未来之真如，现在罗汉之真如，**
**诸法真如佛真如，法之真如皆无别。**

正如虚空无有差别一样，过去时的万法真如、未来的真如、现在的真如以及阿罗汉等补特伽罗的真如，基——所知诸法的真如，果——佛陀的真如，证悟空性等道位诸法的真如，如此所有真如，均无有各自成立的分别，而于法界的本性中一味一体。如此三有和寂灭、过去和未来等以二法分析的一切，仅仅在名言现相中显为不同他体，并如此假立，但在真正的实相义中，一切法无生无灭的体性于法界自性中成为平等性，因此无有三时、自他、贤劣等差别，这一切都以法界唯一明点的自性存在着，依靠具一刹那的智慧领悟，从而在自然本智具一切相之最的法身本体中圆满一切法而证得菩提。远离盈亏，不迁不变的大菩提就是究竟的果。

壬二、若无此道则不得果之理分二：
一、略说；二、广说。

癸一、略说：

**善逝菩提离异法，任何菩萨欲得此，**
**具方便行智慧度，无导师慧不可得。**

所得的究竟果——善逝的菩提，具有虚空的特征，远离所证能证等异体的法，无二的自然本智身或者法性身的这一自性，任何菩萨想要获得，必须具足追求正等菩提的信心等方便，行持或精进于证悟万法真如的智慧度，如果没有导师佛母这一智慧波罗蜜多，那么永远也不可能获得所得的大菩提，因为究竟果的因决定是拥有般若波罗蜜多名称、一切道之微妙的无分别智慧。

癸二、广说分二：
一、若离此道最终不成就果之理；二、如是了知而入此道之理。

子一、若离此道最终不成就果之理分二：
一、比喻；二、意义。

丑一、比喻：

**鸟身一百五由旬，羽翼折断无本领，**
**彼由忉利天自坠，至此赡洲必遭损。**

打个假设的比喻，有一只鸟，身体庞大量达一百五十由旬，它的翅膀折断而不具备腾飞的技能，如果那只鸟从三十三天自行跳到此赡部洲，那么当时它一定会遭受损伤，也就是说，身体不可能不受伤等。

丑二、意义：

**俱胝那由他劫行，诸佛此五波罗蜜，**
**无边大愿世恒依，无方便慧堕声闻。**

纵然在许多俱胝那由他劫中兢兢业业行持成为诸佛之道的布施等这五种波罗蜜多，并且在此世间恒常依于屡屡趋入广大道果的无边大愿，可是仅此一点并非具全获得大菩提的因，因为大菩提的无误之因，是将一切善根回向遍知佛果等大乘的无量善巧方便以及证悟诸法为等性的智慧，这两者如同鸟行空中的双翅一般不相脱离。换句话说，不具备这样的方便，或者离开了证悟真如的智慧，就会堕入声闻的果位中，如同飞禽即使身躯庞大但如果没有翅膀而跳跃，就会一落到底。倘若具备究竟实相的般若，那么这种智慧的本体就是方便智慧无合无离，二谛无二无别的有境。

子二、如是了知而入此道之理：

**乐此佛乘定生者，众生平等父母想，**
**利心慈意勇精进，无嗔正直说柔语。**

乐求依于究竟的大菩提之因、唯一经行之道——这一无上佛乘般若波罗蜜多，而决定获得趋至大菩提果位者，要具足什么条件而趋入呢？

大乘的根本就是缘他利的悲心，它的俱有缘是方便，果位就是乃至虚空际利益有情，因此实际行持大乘的方式、趋入大乘的行者，就是要对于无边无际的一切众生有平等心，无有偏袒，一视同仁，怀有父母想、兄弟姐妹想等，具足希望他们永久有利之心和暂时快乐的慈意，勇猛精进行持众生利益，无有忿恨、损恼的嗔心，无谄无诳，秉性正直，口里讲经说法及随同讲说等，说柔和之语。身体也要行持仁慈之事，对一切众生真心实意萌生饶益之心，不怀有与之相违的谄诳和害心等。

辛三、宣说加行者补特伽罗分二：

一、以请问略说；二、以答复广说。

壬一、以请问略说：

**须菩提问世尊言：功德海无烦恼相，**

**大力如何不退转？功德少分请佛宣。**

须菩提尊者请问三世间的怙主佛陀世尊说："具足无量功德海、无有烦恼的相兆和征象是怎样的？成办二利的大威力菩萨究竟如何？以什么相表示于大菩提道中不复退转，知是不退转的菩萨？如此大菩萨，他们的无量功德中片面或部分，请佛陀为我明确宣说。"

壬二、以答复广说分三：

一、认清表示不退转之相；二、不退转之行为特点；三、宣说退转与不退转之差别。

癸一、认清表示不退转之相：

**离异体想具理语，沙门梵志余不依，**

**依智恒时断三途，十善业道极精进。**

对于须菩提这般请问不退转的一部分相，善逝告言：证悟甚深法性的菩萨，现见一切法于真如中无二无别，从而对染污、清净的一切法远离他体之想；在相应实相善巧宣说深法时，以具备衡量之理的词语来赞叹，他人不能够转变；自己对此道的本师获得不退转信心，不以示道者想而依止其他外道沙门及婆罗门，对他所说的种种道，发自内心不信赖；因为依靠通达因果无欺等法理的智慧和坚信断除明显的不善业，由此获得时时刻刻恒常远离三恶趣及以其为主的一切无暇的方法。那些智者本身自然安住于十善业道中，而且极为精进，令别人也如此行持。

**无染为众随说法，专喜正法常雅言，**
**行住坐卧具正知，视轭木许无心乱。**

无有着眼于利养恭敬等染污的心思，遵照一切佛菩萨为众生如何宣讲而随从宣说波罗蜜多等法；对甚深法义诚信不疑，专心致志欢喜妙法，不特别刻意行持其余事，主要奉行唯一的正法；利他心达到纯熟，为此常常说文雅语言等，具备仁慈的身语意业；由于不放逸串习善法，平时行住坐卧四种威仪，所作所为都杜绝放逸，极具正念、正知。到底是怎样的呢？如此在行路时，眼睛视一轭木许之处行走，恒常无有放逸所生的迷路、身体受伤之类心迷乱的现象。

**净行洁衣三远离[1]，非图利尊恒求法，**
**超越魔境不随他，四禅静虑不住禅。**

随着聪明才智、不放逸之心而安住于无所诋毁之法，为了避免别人不起信心，外内的所有威仪清净而行，身著清洁衣装等；相合所化众生心意的举止纯净，身语意三门远离罪业，如同无垢的水晶般纯洁；现见有为法的（无常等）本性，不贪执它而行持；并非是以取受功德等方式贪图利养，胜伏悭吝等波罗蜜多的违品，以殊胜功德庄严自相续，广行他利，因此自然成为众人之尊；恒时希求甚深正法，自相续与法相融，一切时分都具足法性（即相应法性）而行，由于体悟到甚深法性，内心自然与之不相分离，一切所言所行都与法性相符，不超离法性，就像具贪者一切举止都表现出具有贪欲一样；已经具足甚深法忍，即便魔王波旬的幻现来宣说他道，幻变出地狱等，令对轮回产生恐惧，以诸如此类的种种伎俩使其退出大乘道，开示形象的道，然而了知他是魔，不被各种魔业所害，因此超越魔境，不随他转，也就是说，不依赖于他而具备自己的智力；虽然入定于四禅，或者修行静虑，可是并不以品尝禅味（著禅味）等而安住禅定中。

---

[1] 三远离：也叫三寂静，显密共同的三远离，即身远离繁杂、心远离邪恶妄想和三门远离凡庸执著。

**非求名誉无嗔恚，在家亦恒不贪物，**
**不为维生惨寻财，不行诛业不双运。**

由于认识到万法如幻，以至不追求自我名誉；依靠正法使自相续调柔，无有嗔恨乱心或扰心的情况；不贪执自我私欲，以善巧方便利他，即使成为在家人，也恒常不贪执一切事物而慷慨布施；处于证悟无我与利他的悲心中，断除过分执著自我利益所引起的一切邪命和行业，无论如何绝不为了自己维生而通过杀生、谄曲奉承等有可怕异熟果报的途径来寻觅财产；绝不为了自己以暴行的诛业残害他人，也不以贪欲驱使行持制服或怀柔女人双运的密行。

**不记欲界转男女，极静精进胜般若，**
**离争慈心亦坚固，求遍知心恒向法。**

语言上，从不为了自我宣扬而授记说“我于欲界的有缘分人中住胎或者本来即将投生，转成男或女”，具足清净这些为例的邪命和邪业的相；三门所为，完全避开喜爱琐事、言说戏论的各种散乱，极其寂静；精进行持殊胜般若波罗蜜多；由于相续寂静调柔，住于何处，相互之间都远离冲突、争执等；慈心不被外缘所动，非常稳固；始终以欢喜的心供养遍知佛陀并渴求、希求“我获得佛果”，恒常怀着希求、向往之心以十法行的方式行持佛教正法。

**离野人境诸边地，自地无疑如须弥，**
**为法舍命勤瑜伽，当知此是不退相。**

凭借愿力或智慧获得投生自在，远离边鄙野蛮人的境域，佛法不兴盛的边地，依靠法尔力转生于正法富兴的境内；对于自地的功德等确定无疑，不被其他道所动，恒常稳如须弥山王；为了妙法，纵然是自己的性命，也

不难舍弃；极度精勤于受持正法、思维意义的瑜伽。应当知道，以上这些就是领受深法的决定要点、安住于加行道及见谛行者的不退转相。如果具足方便智慧瑜伽之道，拥有决定并串习的这种相，那么依靠这些相就能决定不退转，如同由烟知火一样。

癸二、不退转之行为特点分三：

一、胜义之有境甚深行为；二、世俗之有境广大行为[1]；三、善巧方便双运之行为。

子一、胜义之有境甚深行为分二：

一、认清所行甚深义；二、如何行持深义之理。

丑一、认清所行甚深义分二：

一、宣说甚深性；二、行持彼而集福德。

寅一、宣说甚深性：

**色受想行识甚深，自性无相极寂灭，**
**如以箭测大海深，以慧观察不得蕴。**

色、受、想、行、识一切法悉皆甚深，如何甚深呢？无有自性的缘故，是空性，无有变碍的相状，耽著它的希冀完全寂灭，为此心无所缘，犹如用箭测量大海的深度根本不会得到“就在此处”一样，以分析真如的智慧进行观察探究，根本得不到蕴。

寅二、行持彼而集福德分二：

一、真实宣说；二、断除过失。

[1] 世俗之有境广大行为：下文中的科判是加了一个同谓语修行刹土，原文即是如此，下文中有类似情况也同样理解。

卯一、真实宣说分二：

一、略说；二、广说。

辰一、略说：

**菩萨于此甚深法，乘之胜义无贪执，**
**证蕴界处无此法，何有较真成福胜？**

菩萨对于所证悟法的自性或实相如是以本体成为甚深，殊胜乘——胜义的有境皆不分别而无有贪执安住于一切，哪还有比这样证悟蕴界处的本性并不成立的甚深此法真实形成的福德更为殊胜的他法呢？那是真实成就的最殊胜福德。

辰二、广说分四：

一、思维此深法之功德；二、传讲此深法之功德；三、入定后得修行之功德；四、视如是福德亦如幻之功德。

巳一、思维此深法之功德：

**如行爱染之人士，与女约会未遇彼，**
**一日尽其行思念，菩萨能得彼数劫。**

如《广般若经》中说："具足般若波罗蜜多之甚深处，审谛、思维、衡量、观察，如般若波罗蜜多所说而住，甚至仅在一日行持瑜伽，其于一日内行多少事？"其中，从"譬如耽欲人……所超生死流转数，与耽欲人经一昼夜所起欲念数量等同"到"能远离退转正等菩提所有过失"[1]之间加以说明。

[1]　《大般若波罗蜜多经》卷第三百二十九中云："复次善现。诸菩萨摩诃萨应于如是诸甚深处。依深般若波罗蜜多相应理趣。审谛思惟称量观察。我今应如甚深般若波罗蜜多所说而住。我今应如甚深般若波罗蜜多所说而学。善现。若菩萨摩诃萨能于如是诸甚深处。依深般若波罗蜜多相应理趣。审察思惟称量观察应作是念。如深般若波罗蜜多所说而住。如深般若波罗蜜多所说而学。是菩萨摩诃萨由能如是精勤修学。依深般若波罗蜜多起一念心。尚能摄取无数无量无边功德。超无量劫生死流转。疾证无上正等菩提。况能无间常修般若波罗蜜多。恒住无上正等菩提相应作意。善现。如耽欲人与端正女更相爱染共为期契。彼女限碍不获赴期。此人欲心炽盛流注。善现。于意云何。其人欲念于何处转。（转下页）

按照经中所说，在这里也不例外，比如，行持爱染心之法的一个男士和女人约会，假设没有遇到她，那个男子的一天，思念的分别心会接连不断涌现，由贪爱所牵，反反复复思念那唯一的对象。尽其所行这样的思念心刹那，在这么多劫中积累的善法，一日之中修行此法瑜伽的菩萨即能获得，因为心的每一刹那也能聚集无量的善资。

巳二、传讲此深法之功德：

**菩萨千俱胝劫施，罗汉独觉守护戒，**
**谁说具胜般若法，善妙施戒不可比。**

某某菩萨在千俱胝数多劫中，对阿罗汉、独觉等作布施，或者为了声闻缘觉的果位而进行布施，守护清净戒律，另外某人仅在一日讲说殊胜般若波罗蜜多法的善妙，布施持戒比不上它一分。

巳三、入定后得修行之功德：

**菩萨修行胜般若，起定宣说无染法，**
**利生回向菩提因，三世间无等彼善。**

某某菩萨入定中修行殊胜般若波罗蜜多，从中起定而在后得时，宣讲相应自己所修行的无染之法，也就是无有相分别等过失的法，或者也可解释为：不被追求闻名利养等的妄念所染而讲经说法，如果说法也为了利益众生回向成为大菩提之因，那么在地下、地上、天上三世间中没有等同于它的善法。

巳四、视如是福德亦如幻之功德：

**了知此福不实空，虚无不真无实质，**

（接上页）世尊。是人欲念于女处转。谓作是念。彼何当来共会于此欢娱戏乐。善现。于意云何。其人昼夜几欲念生。世尊。是人昼夜欲念甚多。佛言。善现。若菩萨摩诃萨。依深般若波罗蜜多起一念心。如深般若波罗蜜多所说而学。所超生死流转劫数。与耽欲人经一昼夜所起欲念。其数量等。善现。是菩萨摩诃萨随依般若波罗蜜多所说理趣。思惟修学随能解脱障碍无上正等菩提所有过失。”

**如是行持佛智行，行时引摄无量福。**

如此思维、传讲般若波罗蜜多等，虽然在名言中有不可限量、不可胜数、不可估量的福德，但在胜义中福德也无有自性，彻底了知这般传讲等所生的福德自法相也不成立的缘故，为“不实”。同样，由于无有苦等行相，因此是“空性”；无相的缘故为“虚无”；因为自本体不成立，依缘而起，所以“不真实”；远离缘取，为此无有实质。如是行持一切善逝的般若波罗蜜多，那么在行持这样的行为时，能引摄无量福德。对此，也有解释成：由于无有自相的缘故为不实；空性等三者是指空性；空空、大空、胜义空三种，是不实；有为空、无为空、无际空、毕竟空、无散空五种，是虚无；自性空等是无实质。实际上，万法无有自性的道理，从反体的角度，似乎是众多积聚、虚而不实，无有坚固性可言，为此是“不实”；诸如狮子等假造的形象，是“虚无”的；不能独立自主而观待他法，虚伪不可靠，因此说“不真”。诸如此类，以虚妄的不同名词来说明。

卯二、断除过失分二：

一、除胜义中福德果无增无断无得故成佛不合理之过；二、除世俗中亦不该获得佛果之过。

辰一、除胜义中福德果无增无断无得故成佛不合理之过分二：

一、胜义中无灭无增；二、胜义中虽无但世俗中成佛合理。

巳一、胜义中无灭无增：

**知佛略广详尽说，此一切法唯说已，**
**俱胝那由他多劫，纵说法界无增灭。**

诸佛出有坏简略宣说、广泛结合其义而说明、连同能立证成理而详尽宣讲的所有法，了解到这一切尽管在真实性中能诠所诠皆不可得，也就是无可言说，但在名言中唯是讲说的名称而已。在俱胝那由他多劫之中，纵然宣说无量法门，以遮破或建立的方式来进行诠解，能诠的词句倒是无有止境，然而法界自本体中，过失无有灭尽，功德毫无增长，恒常处于不可言表、无盈无亏的平等性中。所以，在真实义中，一切法无增无灭平等性，原本就是涅槃，而丝毫也不存在再度证得菩提的情况。

巳二、胜义中虽无但世俗中成佛合理：

**所谓诸佛波罗蜜，诸法唯名普宣称，**
**菩萨回向心无执，无失证佛胜菩提。**

所谓的一切佛陀之道——波罗蜜多的所有法，自本体都不成立，唯是以名称表达，普遍宣称，然而单单在世俗中，一切善根回向无上正等菩提，了知道果无有自性的菩萨，没有执著彼彼之心，方便、智慧圆融双运，由无欺缘起之理的正道中不会退失，将证得佛陀的殊胜菩提，这在名言中是存在的，原因是：由现证诸法本来涅槃自性清净的实相真如，获得离客尘清净作为差别的菩提，从现相的侧面而言真实不虚存在。

辰二、除世俗中亦不该获得佛果之过分二：
一、断除所断合理；二、获得功德合理。

巳一、断除所断合理分二：
一、比喻；二、意义。

午一、比喻：

**如油酥火相遇时，非初焚油无不焚，**
**非触火焰末焚油，无末火焰不焚油。**

如果有人说：从世俗名言出发，能获得菩提的心是刹那性，它无法积聚，为此依靠这颗心怎么获得离障的菩提呢？因为，单单依靠前面的心也不能断除障碍，不依靠前心而仅仅凭借后心也不能断除障碍，这两者也不存在积聚一起的情况。

首先运用世间共称的比喻来说，（油菜籽）粮食等的油精华——熔酥，和油灯、火焰这两者相遇时，并不是仅以第一刹那火焰就完全焚尽灯油的，当然没有第一刹那也不能焚尽它，也不是仅仅油汁和火焰接触到最后才烧尽灯油的，当然没有最后的火焰也不能烧尽它，从火焰的第一刹那到最末刹那之间的刹那相续完结时，就烧尽了所有清油的熔酥，灯油全部用尽，以这种存在的现象作为比喻可以了知。

午二、意义：

**非初心证胜菩提，无其不能证得彼，**
**非末心得寂菩提，无其不能获得彼。**

正如刚刚所说的比喻一样，并不是仅仅以刚刚发心的初始心证得远离一切所断的殊胜菩提的，当然没有它也不能证得菩提，也不是由临获得菩提相续末际那唯一的心获得使一切垢染寂灭的大菩提，当然没有它也无法获得菩提，然而，由超胜前前的后后心相续证得断除一切所断的大菩提，这是缘起的规律，不可否认。

巳二、获得功德合理分二：
一、获得功德合理；二、圆满功德合理。

午一、获得功德合理分二：
一、无不合理之理；二、从缘起而言决定合理。

未一、无不合理之理：

**如由种生芽花果，彼灭树木非不存，**
**初心亦是菩提因，彼灭菩提非不存。**

有人辩驳说：如果能获得菩提的初心到得果之间一直住留，那就成了常有；倘若它不停住而灭亡，则每一刹那的心，都不生菩提，结果数劫之中修行的菩提功德出生，这在名言中并不合理。

答复：一切有为法虽然都是刹那性的，但是作为因的所有刹那先前流逝过去，它的果会无有耽搁而产生，这是缘起规律。比如世间中，由种子生出芽、从苗芽中依次长出茎、花、果，在果实之际，各自的因尽管已灭，可是种子灭尽，它的果——树木并非不复存在，虽然种子已经灭亡，但是苗芽等果会逐渐显现出来。同样，在分析道之果的此时，也与此比喻相同，初发起的心或者一开始的心也是菩提的因，彼心泯灭，它的相续之果——菩提并非不复存在，由于因果无欺的原因，由道位时前后心的因中无欺获得菩提之果。

未二、从缘起而言决定合理：

**有种生出谷稻等，彼果非有亦非无，**
**诸佛之此菩提生，离有实性虚幻生。**

如此缘起（即依缘而生）的道理：拥有能产生自果的因缘聚合的种子以后就将生出五谷杂粮及稻果等。那个种子的果，在那一种子上本来并不存在，由于能生的原因，也并非不存在，原因是，如果先前存在，就不需要因；假设能生而不存在，那么就没有所谓“因”的含义了。这般分析它的自性，虽然是远离有无等万法的自性，但以虚幻等的方式会出生无欺显现的行相，这就是缘起的法则。依此道理也可了知，一切佛陀的此菩提也是以缘起而生的，如果分析它，则远离成实的有实法自性，如虚幻般出生。

午二、圆满功德合理：

**水滴满瓶始末间，涓涓必渐盈彼器，**
**初心亦胜菩提因，渐圆白法终成佛。**

如果有人问：由于一切有实法是刹那性的，不可积聚，纵然在无数劫中修习，也不可能聚集一起而增长，为此又怎么能获得圆满一切功德的菩提呢？

尽管一切有实法的确是刹那性的，但是依靠前前心，而使后后功德更为超胜，所以最终就会圆满功德，比如，就拿一滴滴水积聚众多会盛满瓶器来说，第一滴到最后一滴之间逐渐涓涓细流，积少成多，到最终就会盈满那个瓶器。同样，观待五道十地依次发心的数目圆满能得以成佛，也与此比喻相同，胜解行阶段最初的发心也是殊胜菩提的因，虽然并不是依靠独一的它圆满功德的，可是逐步向上，通过圆满白法功德终将得以成佛，就像一滴水不能盈满瓶器，但众多水滴能盈满一样。

一滴水不能盈满而众多可能盈满，来作为具足发心的许多刹那获得佛果的比喻，尽管水是刹那性的，但所有水滴相续齐备就能盛满瓶器。同样，刹那心的相续，后后超胜前前也可凭借这种方式来理解。

丑二、如何行持深义之理分二：
一、真实宣说；二、宣说其功德。

寅一、真实宣说：

**行空无相无愿法，不证涅槃不持相，**
**犹如舟子善往来，不住两岸不住海。**

如此诸法自本体是空性，因此是完全寂灭一切有缘见解的意义；所缘之基或因的相不存在，是完全断除一切分别念的意义；为此对它无有耽著或者对果无有愿求，是远离一切三界之愿的意义。行持所证悟以上三解脱门的甚深法——有寂平等性的意义，依靠它的威力，不证寂灭一边的涅槃，不行持耽著三有之相，如同聪明的舟子，善于往来大海的两岸，可是他既不住于彼此两岸，也不住于海中。在讲般若的此处，用三解脱、无生、真性、真如等尽其所有的别名来说明，也都是同一个意义，空性即是无相，也是无愿等，所以我们要知道，各种异名虽然反体不同，但就像蜂蜜同一味道一样，所证的法界是一味一体的。

寅二、宣说其功德：

**如是行持之菩萨，无佛记证菩提想，**
**此无菩提无畏惧，此行即行善逝智。**

如是行持有寂平等性之义的菩萨们，心里并没有“我将蒙受具十力者——佛陀授记，证得所得菩提”的执著想，因为他们完全通达了这一实相意义无有任何所遣所立、所得所断，所以对菩提虚空的法相全无不能接受的畏惧而胸有成竹地如此行持，这就是在行持善逝的甚深智慧。

子二、世俗之有境广大行为——修行刹土：

**世间荒途饥馑疾，见而不惧披铠甲，**
**后际恒勤尽了知，尘许不生厌倦意。**

在这个十方世间界，不清净的显现、无水无城贫乏荒寂的野外路途，似乎到处充满了凄凉的景象、粗糙的处所和凶残的猛兽等器世界的瑕疵。有情世界，缺乏正法与财富的饥馑，身心痛苦之病以及内在种种烦恼之疾。（行者菩萨）目睹此情此景，了知这一切是虚幻的，心无所畏惧，于是披上修行刹土的大铠甲而实地行，并由衷感叹：悲哉！这些众生福报浅薄，才这般被各种各样的烦恼和痛苦所折磨，因此，我为了利益这所有众生，要修行刹土，有朝一日，我成佛的佛土，全无这样的弊端，富饶完美。为此目的，乃至究竟后际（即尽未来际）之间恒常精进修行波罗蜜多资粮，由于完全了知这也无有自性，而对此丝毫不生厌倦之意。

子三、善巧方便双运之行为分三：
一、略说；二、广说；三、摄义。

丑一、略说：

**菩萨行持如来智，知蕴本空且无生，**

**未入定悲入有情，期间佛法不退失。**

所有菩萨随时随地行持并安住于如来之母——智慧波罗蜜多中。那是怎样的呢？

他们凭借有境智慧力，知晓蕴等所有这些法原本空性、无生，以无二的方式入定于法性义中，然而在没有如此入定的阶段，以大悲心趋入千差万别不可限量的有情界，而入定安住在唯一法界中，也并非舍弃众生利益，因为他们已经获得了智悲双运的甚深、殊妙瑜伽。在行持众生种种利益期间，也不退失佛陀之法——不住之住般若波罗蜜多，因为获得了智悲无二的善巧方便智慧。这里所谓的“未入定”，也可以解释成：在以悲心趋入没有入定（即平等安住）于甚深法性义的迷惑众生界；或者菩萨自身没有入定之时，以悲心趋入众生界；或者安住于智悲双运之间或者中道之类的时候，从十力等佛陀之法中不退失。由于具足如此善巧方便，而不现前唯一的寂灭。不管怎样，都是说明智悲双运善巧方便的本体。

丑二、广说——以八喻说明分八：

一、以幻喻说明不舍众生；二、以器世界喻说明圆满愿力；三、以飞禽喻说明无依也不堕落；四、以射箭喻说明未圆满而住；五、以神变喻说明住留也不厌他利；六、以撑伞喻说明不堕边；七、以商主喻说明成办自他利乐；八、以商人喻说明精通道。

寅一、以幻喻说明不舍众生：

**如有善巧诸德人，具力知技勤难事，**
**投抛工巧臻究竟，知成幻术欲利生。**
**偕同父母及妻子，行至众怨荒野路，**
**彼化勇敢众多士，安稳行程还家园。**
**尔时善巧之菩萨，于众生界生大悲，**
**尽越四魔及二地，住胜等持不证觉。**

如果有人问：智慧大悲圆融双运的善巧方便者到底是怎样的呢？

下面依次以比喻说明：

比如，具有善巧降伏怨敌方便一切功德的人，自己身强力壮，心有魄力，精进做出他人无能为力的难事，是什么事呢？了达身体跳跃等技能之事或者方法，射箭等投抛以及工巧明众多学问达到究竟，不仅如此，而且还知道成办展示种种幻术的方式，他是极其渴望利益道中的众生或者精进于其他众生之利的大悲尊。这样的人，自己偕同父母及妻子去往有众多怨敌的荒郊野外路途，如果成群的仇敌来到那里，此人本身无有怯懦而幻化出英勇、具有力敌对方气魄的众多人士，全然不受怨敌等所害，而安稳到达想去的目的地，并顺利返回自己的家园。菩萨在此修道阶段，也与比喻相同行持众生的利益，当时，善巧方便的菩萨，对于一切众生界普遍萌生大悲心，完全越过成为大乘道违缘的天子魔等四魔及声闻缘觉二地以后，安住于具三解脱的殊胜等持中，不以现前唯一真实际寂灭法界的方式而证得菩提。

如果有人认为：按一般来说，真实际单单是指远离一切戏论，以一味的方式融合其中的入定无分别智已达成熟的清净地大菩萨之类的圣者们可能趋入唯一寂灭法界的涅槃吗？

那是不可能的。原因是，他们以善巧方便摄持，在圆满佛陀的一切法之前不会现前真实际；其余经中宣说了经佛陀劝请等把他们从寂灭中唤醒的情形等，遮止寂灭的道理，真实际法界的本体中并非存在一个堕入寂灭边的基，如果存在，那么就成了不是以体性不住于有寂的基般若。所以，证悟它趋近果般若的基智，也就不合理了等等。这样一来，就失去了大乘的要点，而般若波罗蜜多就成了三乘共同的道，而不该是大乘不共的道了。那到底是怎样的呢？法界真实际，是自本体二谛无别平等性究竟实相的意义，不住于有寂，如果原原本本现前它，那就是佛陀。为此，在学道中不可能现前它，因为现前的因尚未齐全之故。

如果有人认为：那么，对此就无需顾虑，既然中间不可能现前它，为什么还宣说善巧方便等呢？

在学道位，方便智慧的部分有多有少，而从真实际无缘的反体来讲，如果万一唯独耽著它，那就成了一边的寂灭，从宣说善巧遣除边执之方便的角度，为了认识到真实法界究竟的现空无别是那些住地菩萨也要再度趋入的深法。八地菩萨，安住于自己内在的善巧方便力，加之外缘——诸佛也劝勉“善男子，你尚未得到我的十力等法，因此当精进。当悲悯无量有情界”，这也是一种法尔。八地菩萨尽管获得了无勤安住于现空无别境界的瑜伽，然而智慧方面安住于寂灭法界的等持占大部分，仍然没有获得法界现空无别、普皆清净的本性、方便智慧无不平等而圆融一体等同诸佛的究竟入定行境，所以还需要趋入逐步向上的道，而绝对不是指万一偶尔也可能有中间涅槃的清净地者的意思，因为从一地开始就现见了二谛无别的法性，为此决定是佛陀的种姓，然而在不清净七地尚未获得与清净地相同的无分别智慧，因此安住方便分占大部分。

如果有人问：经中不是说“万一诸佛未劝请，他无疑将趋入涅槃”吗？

尽管如此，但那是为了让我们认识到：八地菩萨的等持极其寂灭、超群绝伦，才以假设句来说明的。事实上，诸佛不劝请他的情况在何时何地都不可能有。八地菩萨依靠内在善巧方便的智慧自在，加上外缘如是劝请以后，修行真实门，也是一种必然规律。而且，从转生为大乘种姓、不退转获得一地开始便是这样，更何况说八地菩萨了？所以，在没有获证究竟果位不住之大涅槃佛果前，中间涅槃也绝不是寂灭一边的涅槃。善巧不入灭于此的方便，也就是二谛无别的有境空性大悲无二的般若而并非其他。可是，我们要理解，趋入这种善巧方便的不共方法是说在清净地修行的时刻，这是相当关键的重大要点。

以上对于至关重要的疑点稍加分析而阐释了。

寅二、以器世界喻说明圆满愿力：

**风依虚空水依彼，大地依彼生依地，**
**有情造业因即此，虚空何住思此义。**
**如是菩萨住空性，知有情愿作所依，**
**展现众多种种事，不证涅槃不住空。**

世界形成、安住时，最初风轮依靠虚空而形成，水依赖于风，这个大地依赖于水，而住于地面的四洲等众生依附于大地，一切有情积累、造作共业的因或基础，就是如此。所有大种这般互相依存，但最终虚空依于其他何法而住呢？思索这一意义时，必将认识到虚空任何法也不依赖的道理。同理，菩萨安住于虚空般的空性中，以了知有情之名言和胜义自性的无缘大悲，而为了一切众生发下无量宏愿作为依处，依靠愿力所生，在一切有情界中展现多种多样的利乐之事，不证一边的涅槃果位，也不住于单空之道。

寅三、以飞禽喻说明无依也不堕落：

**何时菩萨明而知，行此空寂妙等持，**
**其间全然不修相，住无相寂最寂行。**
**如飞虚空鸟无处，非住于彼不堕地，**
**菩萨行持解脱门，不证涅槃不持相。**

在修学大乘道的过程中，如此菩萨自己精通胜义并能驱散他众的愚痴黑暗而带来光明，在空性的有境——这一寂灭的微妙等持中行持，于学道期间，丝毫也不修行所缘相，安住于无相之义中，寂灭轮回分别念、完全寂灭涅槃的分别念而行持。然而，就像飞翔在虚空中的鸟并没有所依的其余处，既不是安住于虚空任何地方，也不是堕落地上。同样，菩萨行持三解脱门，以方便不证得涅槃之边，依智慧不行持三有之相，因此不住于任何法，也不堕于任何边。

寅四、以射箭喻说明未圆满而住：

**如学箭法空射箭，余箭随后不间断，**
**前箭不得落地机，彼人想时箭坠地。**
**如是行持胜般若，智方便力神变行，**
**彼等善根未圆满，期间不得妙空性。**

比如，认真学习箭法的人，向空中射出带有木板的箭，紧接着所射的其余箭，随着前前箭的后面，连续不断，一个接一个（指后箭不断射前箭的箭筈）[1]，使前面的箭得不到落地的机会，而向上飞跃，当那些人想停止这种功力而没有射的时候，那些箭就会坠落于地。与此比喻相同，行持殊胜般若者，在道位时，依靠无缘的智慧以及大悲回向等方便、信心等之力、身体随心所欲显示神变等而行持的那些圆满、成熟、修行该达到究竟的一切善根在没有圆满期间，就不会获得微妙空性无漏的法界，也就是实现愿力之事没有完成前要积累资粮的意思。

寅五、以神变喻说明住留也不厌他利：

**如比丘具神变力，住空顿时显神奇，**
**行住坐卧四威仪，彼无厌烦无疲倦。**
**聪睿菩萨住空性，智神变竟无有住，**
**为众生现无边事，俱胝劫间无疲厌。**

例如，一位具备高超神变力的比丘，安住于虚空中顿时大显神奇，变幻行住坐卧四种威仪种种举止，可是他没有以各种行为心生厌烦，他的身体也无有疲倦。与此比喻相同，聪睿的菩萨，安住于虚空般的空性之义中，善巧方便的智慧和神变达到究竟，尽管以对任何法也无有缘执的方式安住，然而为所有众生，能展现相应各自的无边种种利乐事，纵然在俱胝无量劫之间，也不厌其烦，身体没有任何疲劳。

---

[1] 《大般若经》中云："欲显己伎仰射虚空。为令空中箭不堕地。复以后箭射前箭筈。如是辗转经于多时。箭箭相承不令堕落。若欲令堕便止后箭。尔时诸箭方顿堕落。"

寅六、以撑伞喻说明不堕边：

如人处于大悬崖，双手撑伞空中跃，
身体下落不坠入，大深渊底直行进。
具有智悲之菩萨，手握方便智慧伞，
悟法空性无相愿，不证涅槃法亦见。

比如，有人处于大悬崖边，双手撑两把伞，向空中跳跃，身体下落时，手拿的伞借助风抬起的力量，使他不会立即坠入大深渊底，在那期间，一直缓缓行进。同样，具足通晓真如之智、心怀大悲的菩萨，撑着方便智慧两把伞而住，如此持着智慧的伞而证悟诸法空性、无相、无愿；持着方便的伞，不证得寂灭一边的涅槃，一切尽所有法也得以现见。

寅七、以商主喻说明成办自他利乐：

如欲珍宝赴宝洲，已得珍宝返家中，
商主非独以安生，令亲友众不悦意。
菩萨诣至空宝洲，获得禅定根及力，
不喜独自证涅槃，而令众生心忧苦。

我们知道：例如，高贵种姓的人，为了使亲友等人幸福安乐而想求得珍宝，于是赴往宝洲，已经获得众多珍宝以后返回自己的家中，商主并不是以本身独自所得来安然维生而一丝一毫也不给其他亲友众人，使他们心不悦意。与此比喻相同，菩萨到达空性之等持的宝洲，获得了禅定之乐、五根及五力等无量功德法时，并不欢喜独自一人证得涅槃不饶益其余所有众生而令他们内心忧苦，因为正是为了众生的利益才修行那些法的缘故。

寅八、以商人喻说明精通道：

如求利商熟知故，中经都市城邑村，
不住彼处及宝洲，知不住家通路途。

**明了菩萨则通晓，声闻独觉智解脱，**
**不住于彼及佛智，不住无为解道理。**

比如，谋求珍宝利的商人们由于熟知道路的缘故，从自己家到宝洲之间虽然经过所有都市（即大城市，旧译王都）、城邑（中等城市）和村落（小城镇或乡村，旧译聚落），可是他知道自己留在那没有意义，也就不住在中间的城市等处，他也明白即便是留在宝洲也对自己的家起不到利益作用，也不住在宝洲，在行途当中，熟悉、了解道路，他们也不住在自己的家里，而善巧行程并精勤行路。同样，我们要知道：追求利乐有情的菩萨正当修学方便智慧之道时，对此道理明明了了，这样一来，精通中间之城等般的声闻、缘觉的道——智慧及果——解脱的所有道理之后，自己不安住于下劣之道、果中，也不以耽著的方式安住于如宝洲般的佛智中，又不以享受（即著味）的方式安住于如自家般的无为涅槃法界中。充分理解暂时行道般的声闻、缘觉、菩萨三道之理后，而利益各自种姓的无量有情。

丑三、摄义分二：
一、意义；二、比喻。

寅一、意义：

**何时慈心结缘众，行空无相愿等持，**
**彼者既不获涅槃，亦不可立有为处。**

什么时候，以大慈心摄持而结缘众生之后行持空性、无相、无愿的微妙等持自性的菩萨，他既不可能获得唯一无为法界涅槃，也不可能安立是流转有为法轮回之处者。

寅二、比喻：

**如化人身非不现，彼以名称亦能立，**
**行解脱门之菩萨，彼以名称亦能立。**

我们要知道：尽管不能这样来安立轮回、涅槃任意一种，但菩萨并非随时随地谁也不知、谁也不见，比如幻化人的身体并非在谁的面前都不显现，他以名称也能够安立，世间中也有表达他的方式。虽然依靠名称假立，但幻化终究不成为人或非人的其他补特伽罗。同样，行持三解脱门的菩萨，虽然不住三有和寂灭，但在世间中能够显现并且以名称也能安立。

癸三、宣说退转与不退转之差别分二：
一、略说；二、广说。

子一、略说：

**若问行为以及根，菩萨不说空无相，**
**不讲不退转地法，知彼尚未得授记。**

某位行者请问某某菩萨：佛子所安住的行为到底是怎样的？行者对甚深之理如实信解、如实思维的信根及慧根等根是怎样的？那位菩萨并不宣说所证空性无相的深法，对于根性成熟的那位（询问的）行者不能够传讲能使之诚信的不退转地之法的验相和行相等，由此可知他还没有获得不退转的授记。比如说，有人问："如若菩萨欲证无上正等菩提，当如何熟练空性、如何是不现行？"以此为例，询问不退转的行为、根、相是怎样的？对此，由于自己没有领会体悟而无法讲述这一点。如经中说："行菩提者多，能答复者少。"[1] 自己已经现前了不退转之道法者，对于别人如何提问，都能以极其肯定的方式予以回答，由此就能确定这是领会体悟如此深法的不退转者，否则，无法确定是不退转者。

第四品终

[1] 《大般若经》中云："多有菩萨摩诃萨。修行无上正等菩提。少有能如实答。"

# 第五品

子二、广说分二：
一、不退转之清净地；二、被魔欺惑之差别。

丑一、不退转之清净地：

**罗汉地及缘觉智，三界梦中亦不希，**
**见佛亦为众说法，知彼得不退转记。**
**梦见有情三恶趣，刹那发愿断恶趣，**
**谛实加持熄烈火，知彼得不退转记。**
**人间鬼魅疾病多，利悲谛实加持息，**
**而无执心不生慢，知彼得不退转记。**

对方便智慧圆融的大乘道生起定解之人，对于声闻阿罗汉地和缘觉的智慧——寂灭边以及三界轮回，不用说是真正，即便是在梦中也不希求，在梦境等中见到诸佛由如海眷属围绕，并且目睹佛也为众生说法，由此可知，他是被授记由无上菩提中不退转于下劣道者。

此外，具有慈悲心的菩萨，在梦中见到有情三恶趣，那一刹那，就能发愿斩断所有恶趣相续，目睹他消除所有痛苦。再者，无论是在睡眠或醒觉时，看见火烧城区村落以后，这位菩萨以"如果我是获得不退转授记者，那么愿依此真谛和谛实语而熄灭此火"之类谛实力的加持而熄灭烈火的威力得以成功，由此可知他是获得不退转授记者。

在人世间，有各种各样的鬼魅和繁多的疾病，作为菩萨，怀着想利益

他众和希望救离痛苦的慈悲心口说谛实语等，从而依靠谛实的加持止息了这些。然而，他并没有“我能做到这一点，因此我具备威神力”的执著心，不生起认为自己超胜的我慢，由此可知他是获得不退转授记者。

如此能够体现对道有稳固定解、内在的暖相、在梦境等中见到外缘佛陀、现前内在的功德力者，全然无有执著，那就是不退转相。

丑二、被魔欺惑之差别分二：

一、魔业；二、宣说精进断魔业之方法。

寅一、魔业分三：

一、以功德自诩之魔；二、由名而来之魔；三、以寂静自诩之魔。

卯一、以功德自诩之魔：

**自在种种谛加持，我得授记起慢心，**
**执余菩萨予授记，当知住慢智浅薄。**

如若某位行者，由于依靠自己或魔力等他缘成就或自在了种种真谛的加持而认为“我具有如此功德的缘故成了得授记者”，生起慢心，或者萌生“其余菩萨会授记我、宣扬我名声”的妄执，就会处于以自我美名传扬而功德骄傲自满的心态中，由此可知，他具有妄执的缘故智慧浅薄、尚未成熟，很可能被魔所欺骗，那是由加持的因所导致的着魔。

卯二、由名而来之魔：

**名因生魔至近前，说此即汝及父母，**
**汝祖七代之间名，汝成佛号乃是此。**
**头陀戒行如何得，汝昔功德亦如是，**
**闻此骄慢之菩萨，当知着魔智浅薄。**

由名字的因中也会出现执著魔，那是什么呢？魔王波旬身著佛陀等的任何一种装束来到某位修行者的近前之后，如此说道：这是你和你的父母、你的祖宗七代之间的名称。一一说出他们的名字，并且迎合修行者心里以前的意愿等，说某时你成佛的名号就是某某。现今你这位行者，具有次第乞食、但一座食等头陀功德，具足清净戒律，思维、修行等瑜伽，将来如何获得。同样，明确地提到：你以往行头陀功德等的情形也如同现在这样。听到魔所说的这番话，依靠宣讲自己功德等有名无实的因缘，而生起骄慢心的菩萨，可以知道，已完全着魔蒙蔽而生起执著心的他们，是智慧浅薄者。

卯三、以寂静自诩之魔分二：
一、略说；二、广说。

辰一、略说：

**依于极静村落城，深山静林阿兰若，**
**自赞毁他之菩萨，当知着魔智浅薄。**

当自己依于、安住在不与他人接触极其幽静的村落、大城市、深山、远离城区的阿兰若以及无人的静地、林间之类的任何一处时，心里这样想：身居寂静处，受到如来高度赞叹，我住在静处。以寂静的因而产生骄傲自满心，自我赞扬、诋毁不住在静处之他人的这种菩萨，要知道，已经中魔诱惑或动摇相续的他们，是智慧浅薄者。

辰二、广说分二：
一、宣说内寂静；二、讲解不知内寂静之过患。

巳一、宣说内寂静：

**常居村落都城邑，成熟有情勤菩提，**
**不求罗汉独觉地，此谓佛子之寂静。**

常时始终如一居住在里帕等之类的村落，鹿野苑、瞻巴嘎等一类的城

邑，巴札勒布札等之类的都市，在那里成熟一切有情，精进于菩提道的菩萨，永远不会生起希求阿罗汉和独觉的果位，这才称为善逝之子菩萨的真正寂静。仅仅做到身体远离繁杂（即身寂静），不能达到心远离垢染。内心安住于远离自私自利和劣道的心态，也就是安住于最殊胜的寂静之中，比如《圣宝箧经》[1]中记载：往昔圣者文殊菩萨立誓夏安居，没有住在祇陀园僧团之中，而在波斯匿王的王妃中，成熟众生。

巳二、讲解不知内寂静之过患分二：
一、宣说无内寂静之过患；二、宣说轻视内寂静之过患。

午一、宣说无内寂静之过患：

**五百由旬之深山，布满蛇处住多年，**
**不知寂静之菩萨，得增上慢杂而居。**

在大约五百由旬以内无有人来人往的幽静深山——空无一人、布满毒蛇、难以呆住的地方，住了俱胝多年，然而不知内在真实寂静的菩萨，自己有了增上慢，混杂下劣作意而居住。其原因是，寂静就是不相混杂的意思。如果问：与什么不能混杂呢？菩萨的相续不能与过分贪执自我、作意劣道相混杂，不知晓这样的寂静而单单是以身体寂静而傲慢，懈怠利益众生，那就成了内心与违品的烦恼同流合污，所以并不是安住于寂静之中。

午二、宣说轻视内寂静之过患分二：
一、真实宣说；二、宣说是故难以揣度他众。

未一、真实宣说：

**菩萨勤利众生得，禅力解脱根等持。**
**轻思此非行寂静，佛说彼住魔行境。**

---

[1] 《圣宝箧经》：又名《大方广宝箧经》，二卷，刘宋求那跋陀罗译。

某位菩萨精勤利益众生，获得四禅、五力、五根、三解脱门等持以后，周游村落、城市，为了成熟一切有情而示现种种事业。另有不了知他的甚深密行之人，轻蔑地认为这并非在行持寂静，佛说这种造作者是住于魔的行境——魔有机可乘的处境中，如《佛说诸法无生经》等中记载往昔说法时比丘净行与行慧的公案一样。

未二、宣说是故难以揣度他众：

**于住村落或静处，离二乘心定大觉，**
**利生寂静之菩萨，妄念揣度坏自己。**

任何菩萨无论是住在村落或者寂静处，内在远离声闻缘觉二乘的心而对大菩提之道有定解，这种方式就是实际利益众生的真正寂静，其他菩萨不知此理而对具备如此寂静的菩萨以妄念揣度他的境界，觉得这不是安住于寂静……如此一来，他将毁坏自己已得与未得的功德。因此，佛在诸经中说："除非我与如我者以外补特伽罗不能确定补特伽罗。""菩萨当观察自相续而莫寻他之过失。"

寅二、宣说精进断魔业之方法分二：
一、略说；二、广说。

卯一、略说：

**故勇意寻妙菩提，善巧必定摧我慢，**
**如患为愈依良医，无懈怠依善知识。**

对于寻觅正道者来说屡屡出现魔业，所以为了避免这一点，应当依止外摄持和内摄持。它是指什么呢？依止者，是具有勇猛寻求微妙菩提之意乐并且善巧修行其方便的行者。如何依止呢？决定摧毁自相续的我慢，以最大的恭敬心依止其余善知识，如同患者为了治愈自己的病而依靠其余高明良医一样，在听闻期间，也具备自己是病人、说法师是医生、正法是良药、

精进修行是治病这四想，毫不懈怠地依止。依止谁呢？依止善知识。其中的“善”在这里是指大乘法。善妙宣说大乘法者就是善知识，因为善知识通过给我们开示正道、让我们认清道障魔业、宣讲超离其方便的途径摄受而令我们不退失正道。因此，我们务必要依止善知识。

卯二、广说分二：

一、宣说外内两种摄持；二、分说内摄持。

辰一、宣说外内两种摄持：

**菩萨入佛大菩提，具波罗蜜依善师，**
**随彼等说修行地，二因速证佛菩提。**

趋入诸佛出有坏大菩提的菩萨，具足波罗蜜多之道，依止善知识，也就是说，随从佛菩萨，而为他众宣说此大乘道，为此称为外摄持。他们所宣讲的这一波罗蜜多道，是所实修或修行之地或者处，所以称为内摄持。依靠外摄持内摄持而不堕入胜乘道以外的他道，为此凭借两种摄持的这两种因将迅速证悟佛陀菩提，因为完整无缺的因已圆满的缘故。

辰二、分说内摄持分二：

一、般若是善知识之理；二、如何依止善知识之理。

巳一、般若是善知识之理：

**过去未来十方佛，道皆般若非余者，**
**此度是入大菩提，光灯日轮胜导师。**

如果有人想：众所周知，诸佛菩萨是善知识，但是般若波罗蜜多成为善知识的道理究竟是怎样的呢？

过去已经出世的圆满佛陀、现在没有出世的未来佛以及现在成佛安住于十方，也就是说三时一切如来之道均是此般若波罗蜜多，而并非除此之外的余者，原因是：没有依靠般若波罗蜜多而成佛的其他道，在何时何地都不可能有，因为依靠不具备证悟有寂等性的智慧而凭借他道决定不能成佛。一切如来均说：“这一智慧度是所有步入大菩提者的光明、明灯、太阳和殊胜导师。”因为（般若）按以上比喻次第宣说了人无我、法无我、世间出世间的一切法和究竟遍知菩提的道。

巳二、如何依止善知识之理分二：

一、所依般若之本体；二、教诫必须依般若。

午一、所依般若之本体分二：

一、真实宣说；二、断除成为染、净不合理之争议。

未一、真实宣说：

**犹如般若法相空，知诸法相与彼同，**

**尽晓万法空无相，此行即行善逝智。**

《圣般若八千颂》中对于请问般若法相的回答说“般若是空性之法相”，没有指出名言的法相，宣说了胜义的法相。有变碍是色的法相等这种名言的实相，在胜义中并不成立，仅是以心识假立的，经不起观察。诸法的本来实相就是空性，是无过的本相，所以才如此宣说。这里也是同样，不但般若的法相是空性、真如的法相是空性，而且了知色等一切法的法相都与般若相同是空性。如果完全通晓尽其所有的一切假立法，本体空性，无所缘相，如此行持就是行持善逝的智慧波罗蜜多。

未二、断除成为染、净不合理之争议分三：

一、真实意义；二、其比喻；三、如是宣说之结尾。

申一、真实意义：

**众生妄执欲求食，贪轮回意恒流转，**

**我我所法非真空，凡愚虚空打疙瘩。**

如果有人问：假设一切万法是寂灭、空性，那么一切有情如何能成为染污者与清净者呢？

与经中对此回答的意义相符来宣说染污、清净合情合理：一切众生由于非理作意的妄执所牵，对于能增长妄念的欲妙食生起欲求之心，由这种欲望驱使怀着贪恋轮回之心的众生，如同猪出没于不净淤泥中一般恒常流转在世间中，因此在现相中就会存在染污法。虽然在现相中由迷惑导致而存在，但实相中从来不曾如此存在，以分别妄念而执取的我与我所的二法，并不成立真实性，而是空性，因为原本无生的缘故。尽管对境本不存在，但不知此理的凡愚本性就是执无为有，就如同想将虚空打疙瘩一样，虽然在诸法的空性法相中不存在染污，但对于不明其法相的迷乱者前是存在染污法的。

申二、其比喻：

**如顾虑想引发毒，毒未入内而昏迷，**
**凡愚执我许我所，我想非真念生死。**

如果有人认为：有实法的外境不存在，那么执取它的分别心如何产生？

比如，当自己以顾虑之想而引发毒性，认为毒已入体内而明显生起中毒的分别念，尽管外境中实际毒并没有入于他的腹内，然而以那种妄念所致，觉得毒似乎已发病，也会恐慌而昏迷，如同在胆小人面前，用厉鬼的形象吓唬或者仅仅说“敌人要杀死你……”他就会瑟瑟发抖一样，虽然没有服毒，但是以自己的妄念而执著，以至于出现昏迷不醒等情况。同样，所有愚昧无知的凡夫异生，明明不存在而执著我存在，把属于自相续的法许为我所，一直串习，从中对所谓我的对境产生非真实的我想妄念。由此所牵，出现在三有中连续感受生死的迷乱相。

申三、如是宣说之结尾：

**如是执著说染污，无我我所说清净，**
**此无成为染与净，菩萨证悟智慧度。**

如是尽管在实相中不存在，但执著我与我所存在，如此以自己的妄念而言染污法；如果按照万法的实相，不缘我与我所，那么就说为清净。即使这般在世俗中成为染污、清净法，但在真正的这一实相中，全然不存在补特伽罗成为染污与染污法得以清净的情况，（了达了这一点的）菩萨就是证悟了本来平等性的智慧度。

午二、教诫必须依般若分三：

一、以必要教诫精进般若法；二、以比喻说明如何精进；三、宣说如是精进行持之功德。

未一、以必要教诫精进般若法分三：

一、稍微行持即成大福德；二、成为一切众生之应供处；三、成为为所化众生示道之师。

申一、稍微行持即成大福德：

**赡洲尽其有众生，无余发胜菩提心，**
**俱胝千年作布施，利生回向菩提因。**
**何人精进于般若，甚至一日随同行，**
**布施福蕴不及彼，故当不懈恒入智。**

作一个假设，赡部洲尽其所有的众生无余获得人身，他们都发起无上殊胜菩提心，而在数俱胝千年中广作上供佛陀、下施众生的布施，并将那所有善根为利益众生普皆回向成为大菩提之因，尽管也有无量的功德利益，然而，另有某人，精进于殊胜的般若波罗蜜多，暂且不说长时间，甚至仅仅在一日随同般若奉行，自己思维并为他众讲说等，那么上文中所说的布施的福蕴远远比不上它的福德。为此，我们应当坚持不懈、持之以恒趋入这一智慧度。

申二、成为一切众生之应供处：

**行胜般若瑜伽者，起大悲无众生想，**
**时智者成众应供，恒行乞食具实义。**

行持殊胜般若波罗蜜多的瑜伽行者，虽然对于所有众生界生起大悲，却无有众生之想，具备如此无缘悲心的当时，那些智者就成了一切众生殊妙的应供处，恒时于诸国境化缘等具有实义而行，因为对他供养具有广大的意义。

申三、成为为所化众生示道之师：

**菩萨为度长结缘，人天三途之众生，**
**大道彼岸欲示众，昼夜精进行般若。**

某某菩萨在此轮回中为了救度以前长久结缘成父母子孙的天、人、三恶趣即五道的一切众生脱离束缚和痛苦，想把能从中获得三菩提、能为无量众生提供机会、依靠它能达到轮回彼岸——涅槃的宽广大道，指示给一切有情，因此日日夜夜精进行持般若波罗蜜多，如若精进于此，将成为能讲说佛陀之无量法的大师。

未二、以比喻说明如何精进：

**人昔未得之至宝，别时已获心欢喜，**
**得即不慎已遗失，失而求宝恒忧苦。**
**如是趋入大菩提，如宝般若行莫弃，**
**如获宝取勤缠裹，疾速而行消忧苦。**

比如，一个人，前所未得也就是从来不曾得到过的至宝，在另一个时候已经获得，心里无比欢喜，刚刚得到就由于不谨慎而遗失了那个珍宝，由于丢失了难得的珍宝，所以一心迫切渴求这个珍宝，恒常忧愁苦恼。如此比喻一样，趋入了大菩提道者，对于如妙宝般难得难逢的这一般若波罗蜜多要修行，切切不要舍弃。就像那人失去以后又再度得到那个珍宝时会满怀喜悦取受，十分勤恳精心地缠裹在衣服等里面，为不失坏而隐藏起来，唯恐丢失、被别人夺去，疾速而行返回自己的家里，从而消除远离珍宝的忧伤和一切贫困的痛苦。

未三、宣说如是精进行持之功德分五：

一、胜他修行之功德；二、成为人天指望处之功德；三、能击败恶魔之功德；四、摄集一切波罗蜜多之功德；五、他者随喜彼善之功德。

申一、胜他修行之功德：

**如离云日光灿灿，驱散所有重重暗，**
**映蔽一切萤火虫，含生群星明月光。**
**行胜般若之菩萨，善行空性及无相，**
**摧见浓暗胜众生，罗汉独觉多菩萨。**

比如，离云的太阳光灿灿，驱散重重黑暗及其余所有黑暗而升起，映蔽所有自身一部分具有微光的萤火虫、凭自身的光芒及拿灯盏等的力量能照亮附近的所有含生、稍稍发光的群星以及照亮部分的明月光——这四种光芒。同样，行持殊胜般若波罗蜜多的菩萨宛若离开遮障云雾的太阳，他善巧行持空性及无相，尽情放射出正法的璀璨光芒，无余摧破我见、法见的浓重黑暗而胜过萤火虫般的一切众生、其余含生般的阿罗汉、星辰般的缘觉及明月般无有此般若之善巧方便的其余众多菩萨，从智慧的角度超胜其余所有不具备此的修行。

申二、成为人天指望处之功德：

王子施财欲实义，成众尊主乐亲近，
此今尚令群生悦，得势在位何须说？
如是巧行智菩萨，施甘露令人天喜，
此今尚勤利群生，住法王位何须说？

例如，国王的一位太子为了救济百姓而布施财物，精通君规论典而渴求维护国境的实义，也就是说他知晓有利之事、行持有利之事，而并非无有实义，由此他成为国王所有太子中的尊主，所有百姓都尊敬、爱戴他，众百姓会怀着希望乐于到他面前亲近。这位王子现今没有得成为君王之时尚且能够使芸芸有情心怀喜悦，那得到王位灌顶、头戴皇冠等执掌国政的权势，换句话说他成为拥有国政的君主以后能饶益、利乐所有民众就更不需说了。与此比喻相同，善巧行持般若波罗蜜多的具义智者菩萨，施予一切有情正法甘露，使众人天皆大欢喜，天等众生来到他的面前，将其作为指望处而恭敬，这种菩萨在学道的现阶段，尚且能精勤利益群生，那么成为法王，住于佛智以后饶益有情就更不言而喻了。

申三、能击败恶魔之功德分二：
一、能令诸魔畏惧；二、魔不能害彼之理。

酉一、能令诸魔畏惧：

尔时恶魔怀刺痛，忧凄苦恼气焰消，
何能退此菩萨意？威逼诸方烧陨石。

菩萨具足要点如此行持般若的当时，三千大千世界的所有恶魔，心里这样暗想：这个菩萨必定超越我的境界，他成佛以后将使我的境地化为空无。由此原因而心怀刺痛（如箭入心），想到依靠自己的力量也难以镇服他，而忧伤凄惨，因此身体痛苦、内心忧恼。由菩萨的功德威慑，使自身的威力傲气荡然无存，气焰消弱。如此一来，那些邪魔实在忍无可忍，一直琢磨如何才能使这位菩萨的心从遍知之道中退失、退转？思量：能寻得搅扰遍知的一念之心的机会吗？为了对那类菩萨进行威逼，从四面八方用火焚烧、抛落纷乱陨石，显示诸如此类魔的种种幻化。

酉二、魔不能害彼之理分二：

一、宣说无机可乘之理；二、附带说明违品有机可乘之因。

戌一、宣说无机可乘之理：

**智者具有勇猛心，昼夜观胜般若义，**

**如鸟飞空身心净，魔众岂能有机乘？**

当魔显示神变之时，那些智者菩萨，具备不退转大乘道的勇猛意乐，行为上日夜常观殊胜般若波罗蜜多的意义，如此而行的当时，菩萨的身心清净，犹如飞翔空中的鸟一般，无有有寂险隘之惧而行，这来自于安住于不住之般若的威力。所以，对于他来说，凶恶魔众又怎么能有机可乘呢？就如同飞在空中的鸟不会受到狗等所害一样。

戌二、附带说明违品有机可乘之因分二：

一、宣说主要是争论；二、宣说脱离彼恶业之方法。

亥一、宣说主要是争论分二：

一、总说争论；二、别说未得授记故于得授记菩萨争论之过患。

子一、总说争论：

**何时菩萨起斗争，相互不和具嗔心，**

**时魔最悦心舒畅，思彼二者远佛智。**

**彼二将远如罗刹，二者失毁自誓言，**

**嗔恨离忍岂证觉？彼时诸魔皆欢喜。**

如上所述，虽然对于具足善巧方便和智慧盔甲的菩萨来说魔无机可乘，但是对于不具备此德相智慧浅薄者而言，魔有机可乘。《般若八千颂》中讲了魔乘机的七种过失，《般若二万颂》中在宣讲十二种过失之末尾这样说道：什么时候，菩萨相互之间，发生身体打斗、语言争论，彼此之间不和睦，怀有嗔心，那时魔王波旬欢喜若狂，争论越增长，他心情越舒畅，其原因是：想到这两位菩萨违背方便智慧之道，由争论的罪业所致将远离如来智慧，我就有机可乘。如此一来，这两者将距佛智遥远，相续不调，犹如罗刹、饿鬼等食肉众生一样，以嗔还嗔的双方依此争论也将失毁自己所立下的“以利他悲心想证得正等菩提并实修其道般若”的誓言，因为怀着嗔恨争论，与慈悲菩提心和现见无我智慧等完全相违的缘故。心怀憎恨、远离其对治法安忍，岂能获证菩提？就如同种子焚毁的苗芽一般。如此争论的当时，所有恶魔及眷属将皆大欢喜，因为他们已经如愿以偿。所以，对菩萨来讲，在一劫之间生起贪欲的罪过，比不上一刹那生起嗔恨的罪业严重，因为它与慈悲心完全相违的缘故，有关这方面的道理，在诸经典中有广说。尤其是对于菩萨对境心生嗔恨，罪业更大。正如《大宝积经·弥勒狮号声品》中说：“当逃离有嗔恨之争论处百由旬，切莫生嗔心，对于其他菩萨生起嗔恨之心，比责骂、殴打、刀砍三千大千世界的一切有情罪过更重。他将嗔恨、失毁了菩萨，就像铁能断铁而土块等不能断铁一样，菩萨的善根也能以嗔恨另一位菩萨灭尽，而其他法不能灭尽。因此，彼此要怀着尊重、恭敬，对于初发心的菩萨也当生起本师想。”

子二、别说未得授记故于得授记菩萨争论之过患：

**未得授记之菩萨，嗔得授记起争论，**
**尽嗔具过心刹那，需彼数劫重披甲。**

尤其是，没有获得不退转授记的某位菩萨，嗔恨已得授记的菩萨，发起身体的争斗和语言的争论，乃至没有依靠后悔的方式舍弃嗔心而作忏悔，没有放弃争论期间，使相续不堪能、不会增长善法之种子诸如嗔恨之类具有过患的心生起了多少刹那，就需要在同等数的劫中重新披上入道的盔甲。

萌生有过失的争论心，尽其数目的劫中转生地狱，以嗔恨能灭尽其数劫中所积累的善根，罪业同样增长的缘故，尽其劫数中，在没有重新披上铠甲修学布施等一切道之前，一切道不能恢复，为此证得无上菩提的时间将延迟这么久。

亥二、宣说脱离彼恶业之方法分二：

一、世俗中具足四力而忏悔；二、观胜义无缘而忏悔。

子一、世俗中具足四力而忏悔：

**佛依忍度证菩提，思嗔非妙起正念，**

**发露忏悔亦戒后，不喜彼学此佛法。**

诸佛是依靠安忍度而证得菩提的，认为与之相反我的这个嗔心实在不好，它能焚毁多劫的善根，与菩提道极度相违，生起知过为过的正念，对所造的罪业追悔莫及，这是厌患力；对罪业一一发露忏悔的外所依力十方诸佛菩萨了了明知，即是所依对治力；讽诵甚深经藏，念陀罗尼咒，入定于甚深义等任意法行次第，这是现行对治力；返回力，也就是戒后，即从今以后再不造这样的罪业。心想：这种恶行不是作为菩萨我所应作的，心生厌恶而不再喜爱邪念争论等品行，那就是修学佛陀的此法，而不是修学魔法。

子二、观胜义无缘而忏悔分二：

一、真实宣说；二、如是了知之功德。

丑一、真实宣说：

**何者学时不许学，不缘学者所学法，**

**是学非学不分别，彼学即学此佛法。**

任何行者在学道之时，不以耽著的方式承许所谓修学的任何所为，也不缘修学者我与其所修学的法——所有波罗蜜多，对于修学对治法与不修学其违品也不加分别而了知一切法无所得的自性，这般来修学，即是正确无倒修学这一遍智之因、佛陀之法的般若波罗蜜多。

丑二、如是了知之功德：

**菩萨了知如此学，永不失学不破戒，**
**为得佛法修学此，善学胜学无缘执。**
**智者学修发光慧，不善一念亦不生，**
**如日行空光辉映，前方虚空暗不存。**

某位菩萨了知如此不学之修学，永远不退失慧学与定学，不会破戒，因为断除了罪过之因——有缘之见的缘故，如同没有毒种就不会生长毒叶毒果一样。这样的菩萨，为了证得或成就佛陀的（十）力等法，才修学如此甚深智慧之道；另外，也见到有解释为：安住于令佛欢喜之法的意义。这类菩萨，善巧增上殊胜定学、戒学和慧学，其原因是，安住于无缘执之道。言外之意是说，如果带着执著（有缘），就会由于被我见等所蒙蔽愚昧的缘故也就不成为殊胜之学了。精通二谛的智者菩萨应当如此修学放射正法光芒的智慧。倘若这般修学，则与遍知之道相违的染污分别、不善之心一念也不会生起，因为自相续中遍布甚深智慧的光明，恶分别念的黑暗无有容身之地，就如同太阳行于空中的光辉映照的前方虚空，黑暗绝不会有存留之处。

申四、摄集一切波罗蜜多之功德分二：
一、成为修学一切波罗蜜多之理；二、成为修学一切乘之理。

酉一、成为修学一切波罗蜜多之理分二：
一、成为根本之比喻；二、成为核心之比喻。

戊一、成为根本之比喻：

**修学般若波罗蜜，诸波罗蜜皆归此，**
**坏聚见摄六十二，如是摄集此等度。**

修学智慧波罗蜜多，布施等一切波罗蜜多各自的学处都归集于此智慧波罗蜜多当中，无不归属于此范畴。为什么呢？因为：（通达了）道般若，就是真实精通了二谛之理，依靠这种智慧能铲除波罗蜜多的违品——悭吝等，凭借善巧方便而不舍大菩提果，对此，也是以三轮无分别而使一切道成为现空无别之一波罗蜜多的本体，这一切在现空无别之本智——一切种智中一味一体。为此，如果具备了这个智慧波罗蜜多，那么所有波罗蜜多的学处将圆整无缺而具足，依靠这一根本而出生一切度。例如，四种常派等依靠前际的十八种见以及说有无派、断派等依于后际的四十四种见解，也就是《梵网经》中所说的六十二种见，这所有见都是认定差别基“我”存在，进而分析它的种种差别法。所以，我执或者坏聚见包括那六十二种见解，因为它们是依靠此因而生并且辨别其差别，如果没有它，那么其余一切也不复存在。如此了知与比喻相同，这一智慧波罗蜜多中也摄集了所有这些波罗蜜多。

戊二、成为核心之比喻：

**譬如命根若灭尽，所有余根皆灭尽，**
**如是行慧大智者，诸波罗蜜皆集此。**

例如，虽然眼等若干根已经具足，但住在这个世界的命根如果已经灭亡，那么属于今生的所有其余根都将灭亡。同样，行持智慧波罗蜜多的大智者菩萨们的其余一切波罗蜜多学处，均摄集在这一般若中，如果不具备她，那一切通通不复出生，有了此般若，那一切都将成为出世间的波罗蜜多。与从中获得成佛的证悟无我不相关的布施等，行持多少，也都不能从轮回中解脱，又怎么能成为大菩提之道——波罗蜜多呢？绝无是处。

酉二、成为修学一切乘之理：

**善巧菩萨能修学，声闻独觉诸功德，**
**不住于彼不希求，思此我所学故学。**

善巧般若的菩萨，通晓三乘，如同一藏斗包括一藏升（一藏斗等于二十藏升）的比喻一样。如果了解到堪为圆满方便智慧道之最的这一般若，那么自然了知相似方便智慧的声闻缘觉之道。因此，（经中云：）般若中详细宣说了三乘之道，欲求修学声闻地者也要修学此般若[1]。如同大国王的宝库里有各种各样的财宝，所以下层人物所需要的财物在那里一定会取到。同样，入于自利相似之道者的道果，在此般若中自然会更透彻更完全地了解。这样的菩萨，也能够不愚昧地修学声闻所修学的一切功德，诸位缘觉修学的所有功德，并且通过相应他们各自种姓而摄受他们，那些菩萨自己不住于低劣之道，对它也不生起希求之心，然而他们会思量：这种法理是我所要修学的，为什么呢？证悟人无我等的法理，也要同样向往作为下劣之道的相似的方便智慧部分，自己应该理解以后超越，为了摄受其他种姓者，理当宣讲。为此而修学一切乘。

申五、他者随喜彼善之功德分二：
一、真实宣说；二、彼之原因。

酉一、真实宣说：

**于不退入大菩提，发心诚意作随喜，**
**三千须弥秤可量，随喜彼善非如是。**

暂且不论精进于般若者的无量功德也就是精进者的现行福德，就算是随喜精进般若也获得大福德。为什么呢？对于通过强烈的意乐和加行实修

[1] 《大般若经》中云：“善现。善男子善女人等。欲学声闻地者当于如是甚深般若波罗蜜多。应勤听习读诵受持。如理思惟令至究竟。欲学独觉地者。亦于如是甚深般若波罗蜜多。应勤听习读诵受持。如理思惟令至究竟。欲学菩萨地者。亦于如是甚深般若波罗蜜多。应勤听习读诵受持。如理思惟令至究竟。何以故。善现。如是般若波罗蜜多甚深经中广说开示三乘法故。若菩萨摩诃萨能学般若波罗蜜多。则为遍学三乘诸法皆得善巧。”

般若的方式不退转而趋入大菩提的行者菩萨的如此发心，如果他人诚心诚意作随喜，那么位于这个三千大千世界之内的须弥山用秤可以称量，而随喜的那一善根并非能如此定量。

酉二、彼之原因：

**求善欲利诸众生，一切福蕴皆随喜，**
**故获如来功德已，为尽苦于世法施。**

如果有人问：为什么有如此巨大的功德呢？

直接随喜那位菩萨行持唯一善法，间接也已经随喜了世间中追求自己善妙以及想利益他众的所有众生的福蕴。为什么呢？因为菩萨的善根就是成为一切有情的利益，所以不退转的那些菩萨依靠此道而获得导师如来的功德之后，为了永久灭尽重重痛苦，在一切世间中进行法布施，能满足诸位追求善法并渴求利他者的意愿。例如，精心保护药树，直接是使药树成长，间接则维护了许多众生的利益，以上的意义与此道理相同。

辛四、如是趋入行者之超胜功德分三：

一、获得无分别之行；二、虽无分别然行事不相违之比喻；三、获得如是证悟之功德。

壬一、获得无分别之行分二：

一、意义；二、比喻。

癸一、意义：

**菩萨无念而彻知，法空无相无戏论，**
**不以二慧寻菩提，瑜伽者勤胜般若。**

某位菩萨，安住于无分别当中，彻底了知染、净所摄的一切法是空性、无相、无戏或无愿，他不以分别染污清净、所取能取、近和远等之相执著二边的智慧寻觅菩提。远离了执著二法分别念的瑜伽行者，就是在精勤于殊胜的般若波罗蜜多。

癸二、比喻：

**虚空界与彼违一，非有何亦不得彼，**
**善行智慧之菩萨，亦如虚空寂灭行。**

如是远离执著近、远菩提等一切分别心的道理，如同虚空界既不能与它自本体相违也不能与虚空共存，这两种情况都不存在，因为虚空自本性原本无有，以什么法也得不到它，一无所得的虚空本性，与任何法既不相近也不相违——不远。同样，一切万法于菩提的自性中圆满正觉，就是虚空的方式，在胜义中谁也不会重新获得，善巧行持与何者也不远、本来安住于等性的甚深智慧的菩萨，也如同虚空一般，具有止息（即寂灭）一切分别而行持的殊胜特点。

壬二、虽无分别然行事不相违之比喻分三：

一、以幻师之喻说明不分别对境有情；二、以幻化之喻说明不分别作者；三、以木匠工巧之喻说明不分别果。

癸一、以幻师之喻说明不分别对境有情：

**人中幻人无此想：取悦此人彼亦行，**
**见显种种之神变，彼无身心亦无名。**

如果有人问：获得这般无分别行境者，是怎样利益众生等的呢？

下面以比喻来说明：例如，在会集的大庭广众之中，虚幻的人即依靠虚幻的咒语等威力显现的那个人并没有“我显现天尊等色相，依此取悦这众多人群”这种想法，但事实上他也做了让所有观众欢悦的事。尽管众人看见他这般显示摇摆等各式各样的神变，但实际上虚幻的人身体无所成立，心也不存在，如此以设施处为空性，名称也无所成立。

**如是行慧永不思，证悟菩提度有情，**

**种种生具众多事，如幻示现无念行。**

同样，行持智慧波罗蜜多无所得之义、无有分别的菩萨，永远也不会这样思维："我证悟大菩提以后度化所有众生。"但事实上，他在世间界中示现种种投生，并具有调伏所化有情的众多所为。尽管如无而显现幻术般来示现，但那是以无分别的方式行持的。

癸二、以幻化之喻说明不分别作者：

**如佛化现行佛业，于行骄傲毫不生，**

**如是行慧巧菩萨，亦如幻化显诸事。**

就像寂慧如来的传记一样，一切佛陀化现为佛陀，行持讲经说法等佛陀的一切事业，然而幻化者，对于自己行持佛陀的事业丝毫也不会产生"我在行持佛陀的事业"这种骄傲，因为他仅仅是幻化的显现。同样，修行、串习证悟诸法如幻现而无自性的智慧并且已获得无分别善巧行境胸有成竹的菩萨，也是如幻化、幻术般显示讲经说法等一切事，但全然不生分别。

癸三、以木匠工巧之喻说明不分别果：

**巧木匠造男女像，彼亦能做一切事，**

**如是行慧巧菩萨，无分别智行诸事。**

擅长工巧之事的木匠，制造出男女像，所造的男女也能做行走等一切事情，而不分别"我做了此事"的果，因为它没有思维的缘故。同样，善巧行持智慧的菩萨也无所分别，但在安住于无分别智慧中的同时却能行持圆满、成熟、修行的一切事。如此万法本来就是如幻般现而无自性，这般修习的明了智慧达到究竟时，将唯一显现诸法的实相。为此，我们要知道，如同虚幻的人一样无分别而生，凭借无分别智慧的威力示现任运自成的各种事业，恰似如意宝珠一般，也就是说，我们要了解到，无分别智慧，从有学道阶段相似具足直至佛地完全圆满。

壬三、获得如是证悟之功德分二：
一、受到众天顶礼之功德；二、能击败恶魔之功德。

癸一、受到众天顶礼之功德：

**如是行持诸智者，众天合掌亦顶礼，**
**十方世界诸佛陀，亦作赞叹众功德。**

如是善巧行持无分别行为的诸位智者，梵天、帝释等世间众天尊双手合掌，以最大的恭敬躬身顶礼，堪为尊中尊的十方世界所有住世的佛陀也不断尽情宣说赞叹获得无分别行境之菩萨的众功德，如同诸佛赞说文殊和普贤菩萨那样。

癸二、能击败恶魔之功德分二：
一、真实宣说；二、彼之原因。

子一、真实宣说：

**等恒河刹诸有情，假设普皆成恶魔，**
**一毛亦化相同数，彼等无法障智者。**

等同大恒河微尘数的刹土中尽其所有的有情，假设通通变成了恶魔，每一个魔的每一汗毛也幻化出相同数目的魔，尽管这所有魔都对获得无分别智慧的菩萨寻机挑衅，可是他们对那种智者连动摇其毛孔的障碍也无法做到。

子二、彼之原因：

**四因菩萨具智力，四魔难胜不能动，**
**安住空性不舍众[1]，如说而行佛加持。**

如果有人问：为什么无法制造违缘呢？

依靠四种因，菩萨具足善巧方便和证悟法性的力量，使天子魔等四魔难以胜过，不能令其从正道中动摇。何为四因呢？安住于空性意义的智慧；不舍一切众生的大悲；按照以往自己曾承诺过的“我要为利益一切有情修行无上菩提”所说而如实不退转修行的坚定誓言；积累二资而令诸佛欢喜，依靠法尔在他们相续中融入了诸位善逝的加持。菩萨凭借以上这四种因能击败一切魔。

辛五、彼所修学法之超胜功德分三：

一、入果由经之一道；二、堪为一切住道者之最；三、是一切修学所知之最。

壬一、入果由经之一道：

**讲此佛母般若时，若有菩萨起信解，**
**诚心精进而修行，知静者入一切智。**

在传讲一切如来之母这一般若波罗蜜多时，如果某位菩萨对此法理由衷生起信解，诚心诚意精进实修或者修行她，那么应该知道三门寂静调柔的菩萨，趋入一切种智的道理，因为她是趋入遍知智慧果独一无二的道。

壬二、堪为一切住道者之最分二：

一、认清菩提心之处般若；二、宣说为一切余处之最。

[1] 不舍众：原颂是不舍众，堪布阿琼仁波切在《前行备忘录》中引用时，说是“不舍悲”。

癸一、认清菩提心之处般若：

**法界真如不可住，如空中云无住住，**
**咒师无住行于空，欲住依咒加持花[1]。**

如果问：菩萨的住所到底是什么呢？菩萨安住于般若中。

为什么这样说呢？

法界以外的法丝毫也得不到，因此一切法就成了法界的自性。了知此理而心住法界的名言，任何法也不住的意义是说，远离一切所缘的真如就取名为法界，而它并没有所缘的基础，为此法界真如或真实性，也不可以执著的方式安住。它是不住一切，由此称为不住之住。证悟如此远离一切所缘行境平等性的智慧就如同空中的云不依赖于一切一样，对任何法一无所住而安住。虽然不住一切，但依靠甚深不住之住的威力能自在拥有如海的圆满、成熟和修行，这就好比某位持明咒者，并没有为自己安住营造的房屋等而是行于空中，如果他想安住，就依靠明咒的威力，随心所欲地加持，刹那间在虚空界就能够呈现并不是时间成熟从地里生长等，具足悦意的鲜花和果树等庄严的美妙乐园等。

**此行明智之菩萨，不缘能证佛诸法，**
**不缘视为讲求法，是求寂喜德者住。**

如是借助堪为无上甚深明咒的不住而住之般若的加持，可以随心所欲行持圆满、成熟、修行之理的善巧菩萨，明了他相续，能使别人趋入不可思议的圆满、成熟、修行，却不缘于为自利能证悟的道法和所得的佛陀一切法。不缘也就是不视为利他讲法和求法者即讲经说法的对境，因为已经证悟了一切无所得的自性。这种方式，仅在名言中，就是希望消除其余一切众生的痛苦、自己欢喜大乘之道果功德的诸位菩萨的安住。

---

[1] 加持花：本来，原文是“加持非时花”，但限于字数，未能译出。

癸二、宣说为一切余处之最：

**罗汉解脱如来外，此住堪为诸声闻，**
**缘觉息具寂乐定，众住之最是无上。**

不包括摧毁二障之敌的阿罗汉卓越的解脱等持和如来的安住之内，即除此之外，菩萨的此安住，堪为其余所有声闻及缘觉止息所有烦恼、具足寂灭、无漏之安乐等持所有安住之最。在它之上别无其他，因此这是无上的安住。

**飞禽住空不坠地，鱼住水中无闭死，**
**如是菩萨依定力，到岸住空不涅槃。**

尽管安住于无余灭尽戏论的等持之处，然而不成为一边寂灭。比如，众飞禽，虽然住于无所依处的虚空中，但是不会坠到地上；鱼儿虽住水中，并没有耳鼻等闭气而亡的情况。同样，菩萨依靠不住而安住的禅定力抵达轮回彼岸的寂灭涅槃法界，虽然已经证悟、安住于空性中，但是无有所依，如飞禽一般不堕于有寂之边；由于也不耽著空性，因此如同鱼儿不被自己的住所水所闭气一样，不成为寂灭一边的涅槃。

**欲成众生功德最，证最稀有佛胜智，**
**发放上胜妙法施，当依利者此胜处。**

因此，凡是希求成为一切有情界尽其所有的功德之最、渴望证得诸法之最——稀有佛陀的殊胜智慧并渴求对一切有情发放上等、最胜、微妙的法布施者，当依止利益一切众生诸佛菩萨的这一最殊胜之处（般若）。

堪为一切有情功德之最对应去往超越一切世间的法身处，具足稀有佛智对应报身，于世间发放法布施对应化身，上等法布施对应随福德分道，最胜法布施对应随解脱分道，微妙法布施对应胜乘之法，尽管有此等对应来解释的，然而没有分别对应，只是作为功德超胜的异名也可以。

壬三、是一切修学所知之最分二：
从本体角度说为最；二、从生无尽之果角度说为最。

癸一、从本体角度说为最：

**此学处乃导师说，诸学之最是无上，**
**智者欲学到彼岸，当学佛学此般若。**

这一般若的学处，堪为导师圆满佛陀所宣说的种种法门无量学处的所有学处之最，由于较此更胜的学处丝毫也不存在的缘故，它是至高无上的，希望达到一切诸学彼岸的某位智者，应当修学佛陀的学处——这一般若波罗蜜多学处。

癸二、从生无尽之果角度说为最分三：
一、略说；二、广说；三、摄义。

子一、略说：

**此胜法藏妙法藏，佛种众生安乐藏，**
**过去未来十方佛，此生法界不穷尽。**

这一般若是三世诸佛所说的一切无尽正法的源泉，堪为正法第一大宝藏，能产生十力等果功德珍宝，也能产生波罗蜜多、陀罗尼、菩提分法等道功德的种种财物，因此是微妙、稀有、广大的法藏；也是出生诸佛的种姓，因为诸佛由此诞生的缘故；她还是众生的身心安宁、快乐的宝藏；由证悟这一甚深般若波罗蜜多，能获得甚深广大的一切法，能出生世间正见之间的所有妙道。我们要知道，以缘于基般若、实修道般若、获得果般若中出生世间出世间的所有善妙。因为：如果没有她，那么一切不复存在，有了她，一切应有尽有，是随存随灭的关系。过去、未来和现今住世的十方世界的所有怙主佛陀，都是由实修此般若诞生的，然而作为此般若之本体的法界，永远不会穷尽，无盈无亏而安住。如果没有基般若，就不存在如理如实证悟而实修的情况；倘若没有道般若，也就不存在果。但是，我们应当了知，如实证悟并宣说安住基法界无二的义理或者法性的智慧也就是因的道理。

子二、广说分二：

一、以外缘起而阐释；二、以内缘起而阐释。

丑一、以外缘起而阐释分二：

一、外缘起之比喻；二、宣说般若意义。

寅一、外缘起之比喻：

**所有树果花林园，皆从地生并呈现，**
**大地无尽亦无增，不失无念无厌倦。**

如此法界的本体虽然一成不变，可是有法缘起的游舞不灭，即外界的一切法都是缘起而生，所有树木、果实、花朵、林园，均是从大地上真实生出并呈现在大地上。尽管屡次三番生长尽其所有的树木等，可是大地并不存在以前相续泯灭、穷尽的现象，也无有增长，而结出一切果，并不存在从开始的阶段变迁、退失的情况，也没有分别“我生出这些果”的心念，虽然反反复复长出所有果实，却从无厌倦。我们要知道，由一切众生的业因所感，乃至世间安住期间，从大地上生出草木等，并没有其余作者，就是缘起的规律，以此为例外界的一切法都是由各自因中产生并且无有分别而造作。

寅二、宣说般若意义：

**佛子声闻独觉天，一切众生安乐法，**
**悉由殊胜般若生，智慧无尽亦无增。**

诸位佛子菩萨、声闻、缘觉、天人以及除此之外的人类等所有众生的

一切安乐幸福的法，都是由殊胜般若波罗蜜多中产生，佛陀由般若所生，佛陀说法而出生增上生、决定胜的一切功德，而他者不会宣说，甚至他们通达善恶因果的世间正见也决定不会获得，因为依靠自力无法了解的缘故。如果不具备世间正见，那么也就不会成办、产生世间的一切安乐，更何况说真正出世间的道果了？般若波罗蜜多始终是无上智慧的含义，她是无有颠倒、一五一十趋入二谛自性的智慧。为此，无误通达二谛之理的一切智慧都包括在她当中，因为属于她的一部分，行持增上生、决定胜的一切智慧也直接或间接依赖于她。尽管般若波罗蜜多如此产生轮涅的一切安乐，可是这种智慧永远无尽无增而如是安住。

丑二、以内缘起而阐释分二：

一、以比喻宣说顺次轮回缘起之理；二、以意义宣说逆次清净缘起之理。

寅一、以比喻宣说顺次轮回缘起之理：

**所有下中上有情，佛说皆由无明生，**
**众缘聚合极生苦，无明无尽亦无增。**

在这个世间，观待身体、受用而言，下等的三恶趣众生，中等的人类，上等的天人，尽其所有的众生趣，都是由根本无明所产生，这是如来宣说的。如云："诸法由因生，彼因如来说。"[1]对于执著我与我所的分别心，未见真实义并且颠倒执著的心所，就称为无明。由无明中产生行……出生缘起十二支。为此，有漏的业和爱等烦恼的一切外缘聚合以后，就完全产生众多的痛苦，形成辗转流转的自性。有情界的无明迷惑轮，没有产生果而灭尽的情况，也没有增长，就是如是存在着。所以，在自性不成立的同时显现犹如幻术之景象般的三有无增无减，这是就法界无边的世间界总体而言的，也就是从名言的侧面来说的。

[1] 另有译：诸法由缘生，如来说是因。

寅二、以意义宣说逆次清净缘起之理：

**智慧理门方便本，皆由殊胜般若生，**
**众缘聚合极生智，般若无尽亦无增。**

修学无学位佛陀的智慧及相应之理的修道，加上成为其门的见道、生起它的方便——加行道、彼之根本的资粮道，所有这一切，都是由殊胜般若波罗蜜多所产生，因为由证悟无我中产生这一切。三种智慧、善知识、积累资粮等等的一切缘聚合之后，断除自道的所断，增长证悟的功德，完全产生出世间的业轮或者智慧轮，而作为其根本的般若波罗蜜多，永远无有相续中断的穷尽，也不存在较前阶段更为增胜的情况，而如是安住。对此，《虚空藏请问经》中也说：“如若尽了知，依因生诸法，彼藏无穷尽，法藏不可思。四法不穷尽，世间怙主说，有情及虚空，菩提心佛法。彼等若是实，彼等将穷尽，彼无故不尽，是故说不尽。”

子三、摄义：

**菩萨知晓此缘起，无生无灭此般若，**
**如日无云放光芒，除无明暗获自然。**

了知轮涅的一切法仅是缘起的显现，就是通达了佛陀最珍贵甚深的法，证悟此理者就是获得正法光明，现见佛陀法身。因此，我们要领悟二谛所分的世俗谛缘起无欺的道理。任何菩萨如果以理证认真分析此缘起法，那么充分理解到缘起经不起分析，在胜义中自本体无生无灭、本来于法界体性中平等二谛无别的般若波罗蜜多的甚深意义，而进一步加以修行，它的作用就如同太阳在万里无云的情况下放射光芒，无余驱散黑暗一样，将无余遣除客障无明的黑暗以后获得与法界无二的自然本智，即得以成佛。

己二、解说其余五度分五：

一、宣说禅定度；二、宣说精进度；三、宣说安忍度；四、宣说戒律度；五、宣说布施度。

庚一、宣说禅定度分四：

一、修学成为妙果所依之禅定；二、修学亦不贪自利；三、以无贪方式实行他利；四、以意乐差别成为胜劣而结尾。

辛一、修学成为妙果所依之禅定分二：

一、修学四禅；二、修学四无色定。

壬一、修学四禅：

**具大力者依四禅，能住非依亦无住，**
**然依此四禅定支，成得大菩提所依。**

具大威力的菩萨依靠四禅能安住并串习熟练。当时，并不是以相执作为所依，也无有以著味而安住的情况，然而依靠这四个禅定正行寻、伺等各个分支，成为获得大菩提断证的所依，因为见道等依赖于禅定心的缘故。

壬二、修学四无色定：

**获胜智慧住禅定，受四无色妙等持，**
**此定利胜妙菩提，菩萨非为漏尽学。**

获得了殊胜智慧的菩萨安住于禅定中，也领受四无色殊妙等持，然而对其也不耽著，这些无色定，无有罪苦，成为神通等的顺缘，因此作为有利于获证胜妙菩提的助缘，故而修学。但是，菩萨并不是像声闻那样为了使相续中的有漏法灭尽进而现前一边的寂灭果才修学它的。

辛二、修学亦不贪自利分二：

一、略说；二、广说。

壬一、略说：

**此是积德之奇迹，住定等持而无相，**
**安住彼中若身亡，随意受生欲界中。**

上述的这种方式是能积累所有功德的菩萨们的奇迹，是指什么呢？安住于禅定等持中而依靠智慧证悟其无相。安住于禅定中的菩萨们假设命绝身亡，那么为了成熟众生等，而随自己的意愿受生到欲界当中。

壬二、广说分二：
一、比喻；二、意义。

癸一、比喻：

**如赡洲人昔未至，天境天城后前往，**
**见彼拥有一切境，复还此处不贪执。**

如果有人问：如此已经获得因等持禅定的同时，不转生到果禅天而投生到下面欲界中的原因何在呢？

因为菩萨不贪执禅定，而是为了自己的功德法得以圆满。比如，赡部洲的一个人以往没有去过位于天境的善见城等堪为之最的天界城市，后来某个时候到了天界，看见那里众天人所拥有的宫殿、乐园等一切悦意境以后不留恋它而返回到此赡部洲，那人虽然见到了天境的庄严，却不贪执不留住那里，自然不会贪执这个赡部洲的外境等。

癸二、意义：

**菩萨持有胜功德，精勤瑜伽住禅定，**
**后住欲界无贪著，不住凡法如水莲。**

与上述比喻相同，菩萨持有智悲等殊胜功德，精勤等持瑜伽，安住于四禅等三摩地而不耽著于它，后来住于欲界中，对先前的禅定和欲界的法也无有贪著，虽转生欲界，却不被欲贪等所染，宛若莲花不被水染（即“犹如莲花不著水”）一般，不住于凡愚的法中。

辛三、以无贪方式实行他利分二：
一、略说；二、广解。

壬一、略说：

**至尊唯为成熟众，修行刹土圆满度，**
**失菩提德波罗蜜，不求转生无色界。**

菩萨虽然获得了四禅、四无色定，却不转生到色界和无色界，而要再度投生到欲界的必要：这些至尊唯一就是为了通过宣讲正法而成熟有情，修行佛陀刹土，圆满波罗蜜多，并不是因为别的原因。

如果有人认为：那么，这三种在无色界等处也可能行持啊！

由于在无色界并没有讲经说法和布施的对境等，因此在那里，将从成就能生起菩提功德的因——布施等广大波罗蜜多中退失。为此，菩萨不希求转生到无色界。

壬二、广解分二：
一、比喻；二、意义。

癸一、比喻：

**如人获得珍宝藏，于其未起爱乐心，**
**彼于他时取彼等，取而还家不贪执。**

比如，一个人获得了珍宝藏以后，对于那个宝藏，他自己未生起贪恋或爱乐之心，而没有取受，那人在其他某时，为了利他而取了那些大宝藏，取受之后返回自己的家，对它也不贪执而奉送给亲友们。运用比喻来了知意义。

癸二、意义：

**善巧菩萨喜乐施，获四禅定寂等持，**
**具禅乐弃所得定，悲悯众生入欲界。**

与比喻相同，善巧的菩萨将暂时的欢喜和究竟的安乐布施给一切众生，获得四种灭除违品过失的四种寂静禅定等持，具备了禅乐而不贪著，毅然放弃所得的生果禅定三摩地，满怀悲悯众生之情又再入欲界，因为：这个欲界中有重重痛苦所提醒，而想到修行刹土；由于这里有修行波罗蜜多的对境，因此能快速圆满资粮；依靠讲经说法能够成熟一切众生。所以，想要迅速成佛的菩萨投生到这个欲界能速疾圆满资粮。

辛四、以意乐差别成为胜劣而结尾分二：
一、应舍低劣之理；二、应取殊胜之理。

壬一、应舍低劣之理：

**若菩萨住禅等持，欲求罗汉独觉乘，**
**非定掉散失佛德，犹如舟子坏船只。**

假设菩萨安住于解脱等持和四禅中，然而生起欲求声闻阿罗汉和独觉乘的心态，观待大乘道，这并不是入定，是掉举，是心思散乱，为什么呢？由作意劣道已经动摇了心进而从大乘义中涣散，为此，完全失毁大义佛果的功德，就如同舵手坏了船只而不能到达宝洲一样。

壬二、应取殊胜之理：

**此外虽勤享色声，香与味触五欲妙，**
**离小乘喜菩提心，当知勇士恒入定。**

与上述情形相异，即此外，虽然以喜爱和贪恋而精勤享受色声香味触五种欲妙，但如果离开了希求罗汉独觉乘的心态而发起无上菩提心或者欢喜无上菩萨道，那么要知道，这种勇士恒常都是入定者，因为即使依靠五种欲妙而散乱，可是由于没有生起障碍遍知之心，而一缘专注大利，为此称作是入定。可见，菩萨的所有禅定均成为获得正等菩提果的支分、他利大悲摄持的方便、证悟无自性的智慧摄持以无贪的方式趋入的这三种特点说明了大乘禅定的这一道理，下面所有波罗蜜多也是如此。

庚二、宣说精进度分三：

一、教诫精进他利；二、不怯懦而精进；三、以三轮清净方式精进。

辛一、教诫精进他利分二：

一、略说；二、广解。

壬一、略说：

**为余有情心清净，勤行精进波罗蜜，**

**如取水仆受主制，勇士随从众生行。**

为了有补特伽罗名称的所有其余有情，披上成办利乐之盔甲的菩萨勇士，自私之心垢得以清净，以恭敬精进加行和恒常加行而行持精进波罗蜜多，比如取水的仆人们身不由己受主人控制。同样，菩萨勇士们受一切众生主宰而行或者随众生而行。

壬二、广解分二：

一、虽作损害亦不舍精勤他利；二、恒常精进他利之理。

癸一、虽作损害亦不舍精勤他利分二：

一、比喻；二、意义。

子一、比喻：

**责骂抑或常殴打，女仆于主不顶撞，**
**思量彼将杀害我，怀极恐惧受其压。**

即便主人口出恶语进行责骂或者常常殴打，那个女仆由于从属于主人而不顶撞，即便主人再怎样大发雷霆，女仆对他不仅不心怀嗔恨，而且想到"如果得罪了他，他会杀死我的，因为我毕竟受此人的控制"。于是，怀着极其恐惧的心理，对主人言听计从，受他的压迫。

子二、意义：

**为菩提入大菩提，当如众生之奴仆，**
**依此成佛圆功德，草木失火焚烧彼。**

正如刚刚讲的比喻一样，为了无上菩提而步入大菩提之道的诸位菩萨，应当像一切众生的奴仆一样，其原因是：依靠以大悲心摄受这一切众生，我将获得菩提并圆满所有功德，为此要顾及其面、随顺其心而实行，就像女仆一样行事。否则，如果对众生嗔恨，那么就如同草木失火会把草木本身焚烧一样，自己的嗔心之火会自我焚毁而葬送、灭绝菩提道的性命。

癸二、恒常精进他利之理：

**舍弃自乐无求心，昼夜精进众生利，**
**当如生母侍独子，诚心无厌而行持。**

由于爱重自己而引生出轮回的一切痛苦，珍爱他众能获得佛陀的一切功德，认识到这一点以后，舍弃渴求自我安乐的心态，而怀着不求异熟回报的心，日日夜夜精进成办其他众生所需的利益，应当如同亲生母亲何时何地都不厌其烦地侍候独生子那样，诚心诚意无有厌倦地而行持众生之利。

辛二、不怯懦而精进分二：

一、略说；二、广解。

壬一、略说：

**菩萨欲长住轮回，勤利众生修刹土，**
**纤尘不生厌倦心，彼具精进无懈怠。**

某某菩萨以大悲心驱使，想要在漫漫长期里不舍住于这个轮回。住在轮回精勤利益众生、修行刹土的瑜伽者，对于这种行持纤尘不生厌倦之心，那么他具备精进波罗蜜多，对于成办众生之事，无有懈怠。

壬二、广解分二：
一、所断；二、对治。

癸一、所断：

**不巧菩萨俱胝劫，久想苦想修菩提，**
**修行正法成长苦，失精进度懒惰者。**

不善巧方便的菩萨思维：如果在俱胝等数劫这么长时间里精进，才能获得无上菩提。假设他对这样的时间作长久想，对于施舍头颅肢体等难行怀着痛苦想，来修行菩提，那么在修行无上菩提正法的当时，以这种想所牵，就变成了长久和痛苦，由此会退失精进波罗蜜多而成为懒惰者，因为：精进的本体是喜乐善法，如果具备这种喜乐，那就能够无有怯懦地行事，相反依靠久长想等退失了这种喜乐就会变得懈怠。比如，世间中，对某件事有着强烈兴趣的时候，纵然是百由旬的路途，也欣然前往；当兴趣索然的时候，就算是走一闻距也觉厌倦、苦恼。所以，通过证悟无自性的智慧和大悲圆满双运的善巧方便而想在等同无量有情界究竟际中，圆满、成熟、修行达到无量无边。发起这种无边无际的心，就是菩萨的披甲精进，凭借这样的披甲，越修道精进越增上，最终达到不可限量的程度，就像文殊菩萨等的传记那样。我们理解以后就要这般实行。

癸二、对治分二：

一、从时间角度说明；二、从根基角度说明。

子一、从时间角度说明：

**初发殊胜菩提心，至获无上菩提间，**
**作意仅一昼夜时，当知明智行精进。**

断除如是认为时间漫长、事情难行的想法而精进的方式：对于从最初发起殊胜菩提心时起直到最终获得无上菩提之间，心里要作意成好像仅仅是容易流逝的一昼夜时间，而满怀喜悦，那么应当了知拥有智慧光明的智者行持精进的方式就是如此。尽管我们前劫没完没了地在这个轮回中辗转感受难忍的痛苦，可是利益一无所成，尚且对此仍无厌烦，那么我如今修行成就大义究竟果位的此道，理当修成，如果越来越好，对此生什么厌烦呢？而会欢喜行持，依此压制漫长和困难的想法，从而对长久时间也作短暂想，对困难作无苦快乐想，以这种方式增上精进，就如同发现珍宝利润以后不会认为路途遥遥、难之又难，而会怀有快乐之想等。为此，我们要知道，不观待所行的事，只是在心态的驱使下使事情成为难与不难。如同诸位菩萨舍身利他，纵然步入无间地狱也作欢喜快乐想。

子二、从根基角度说明：

**若有说毁须弥山，随继将得大菩提，**
**生厌倦心思其量，尔时菩萨成懈怠。**
**仅此限度有何难？发刹那粉山王心，**
**智者菩萨行精进，不久获佛胜菩提。**

假设有人说：摧毁这个须弥山王，毁了它之后你将获得大菩提。行者不禁会想：这个须弥山如此巨大，这般坚固，难以摧毁。从而生起厌倦之心，并且想到这要用多少年或多少劫才能摧毁，也思维它的限量，带着这样的怯懦之心，当时菩萨就变得懈怠了，因为已经失去欢喜心。另有菩萨如此思量：无上菩提如果仅仅以这么一点精进的限度就能获得，那么须弥山王是逐渐就能摧毁的，为此有何困难？并不困难。想到这一点以后，不衡量时间而发起似乎一刹那间就能将须弥山粉为灰迹的强烈欢喜心，当时，精通义、非义之处的智者菩萨就是在行持精进。通过这种方式喜乐遍智，具备不怯难行的精进，过不了多久，就将获证导师佛陀的殊胜菩提，因为具有能获得菩提之因——精进。

辛三、以三轮清净方式精进分二：
一、应止；二、应行。

壬一、应止：

**成熟众生行利益，若身语意精勤行，**
**存有我想成懈怠，远一切智如天地。**

即便是如此行持精进，但如果被有缘所牵，那就成了不清净的懈怠。这是指什么呢？假设有着“我成熟一切众生以后行持他利”的相执之想，身语意进行精进，存有“我想”观待无缘的精进就成了懈怠，其原因是，依靠有缘的见解不能成为真正清净的精进，由于堕落其违品中而远离一切智佛果，如同天地之遥一般。

壬二、应行：

**时无身心众生想，灭想行持不二法，**
**佛说是求寂不失，大菩提者精进度。**

在行持精进的某时，行持者无有自己的身体、内心和其余众生之想，灭除精勤的三轮之想而行持无有二边或自他二者的法理，利他者一切佛陀说：这就是希求消除垢染、永不退失大菩提果位的诸位菩萨的精进波罗蜜多。

庚三、宣说安忍度分三：

一、谛察法忍；二、耐怨害忍；三、安受苦忍。

辛一、谛察法忍分二：

一、真实宣说；二、彼之功德。

壬一、真实宣说：

**若闻他说粗恶语，我乐善巧菩萨喜，**
**孰说孰闻以何说，具胜忍度是智者。**

假设听到别人出口不逊说诋毁我等粗恶语时，心里想：如此得到了安忍的对境才能安忍，这是我安乐之因，进而善巧方便的菩萨满怀欢喜。再者，胜义中，谁说、谁听此恶语，以嗔恨等什么因而说，依靠某某恶语刺伤别人心等为什么目的而说，如果对这些加以观察，那么通达了本体不成立如幻般的缘起显现，具足殊胜安忍波罗蜜多的人就是智者，因为领悟了对于依缘所生的法无所嗔恨的意义。而不知此理的愚者则以嗔还嗔，失毁自他。

壬二、彼之功德：

**菩萨若具忍善法，三千世界满宝供，**
**罗汉缘觉世间解，施蕴不及彼福德。**

任何菩萨如果具足安忍的善行之法，那么另有某人将这个三千大千世界遍满奇珍异宝，供养一切世间解佛陀、罗汉和缘觉，所作的布施福蕴也比不上具足安忍的一分福德。

**住安忍者身洁净，三十二相力无穷，**
**于诸有情宣空法，众喜具忍成智者。**

住于安忍的异熟果，身体变得如纯金般洁净，具足三十二妙相，威力无穷；谛察法忍的士用果，能对一切有情宣讲最极的空性法；增上果，在这个世间中，一切众生都喜欢具有安忍者并将其作为依处；离系果，成为不愚昧的智者。

辛二、耐怨害忍分二：

一、如何安忍；二、如是安忍之果。

壬一、如何安忍：

**有众生取檀香包，恭敬涂敷菩萨身，**
**或有火烬撒其头，于二者起平等心。**

假设有些众生拿出檀香包，以极其恭敬的心（用檀香粉）涂敷菩萨的身体，或者另有某人以损害心把火烬撒在他的头上，对于这两者，菩萨应当无有贪嗔而生起平等之心。

壬二、如是安忍之果：

**智者菩萨安忍已，发心回向大菩提，**
**勇士为世安忍胜，罗汉独觉众有情。**

如果精通义理的智者菩萨如此进行安忍之后，将具有安忍的发心，普皆回向大菩提，那么菩萨勇士为了利益一切世间而安忍，能胜过声闻阿罗汉、缘觉和其余众多有情界。其余经中说："舍利子，声闻之安忍唯断自之烦恼，故是相似安忍，菩萨之安忍是为一切有情，故不可估量。"之后又以赡部纯金和红铜、须弥山和芥子、大海与发梢水滴的差别比喻作了说明。

辛三、安受苦忍：

**能忍者当生此心：狱畜阎罗界多苦，**
**欲因受害不自主，我为菩提何不忍？**

**鞭棍兵刃打杀缚，砍头断耳鼻手足，**
**世间诸苦我能忍，菩萨安住忍辱度。**

能安忍者，也应当生起这样的心思维：地狱、旁生、阎罗世界——饿鬼有着寒热、饥渴等难以忍受的众多痛苦，那些众生由贪恋欲妙的因所致，不由自主遭受那些损害，并且因为它，自他利益一无所作，尚且毫无意义地感受痛苦，那么我为了成办自他之利的无上菩提，为什么不能现在就安忍呢？心想：鞭子抽、棍子击、兵刃刺、用石头锤子殴打、灭绝生命杀戮、用铁镣等束缚、砍断头颅耳鼻及手足，诸如此类世间中所有的痛苦，我都能忍受。这样的菩萨就是安住于忍辱波罗蜜多中。

庚四、宣说戒律度分二：

一、具足殊胜戒律之功德；二、宣说戒律胜劣之分类。

辛一、具足殊胜戒律之功德：

**戒令求寂者超胜，十力行境戒无失，**
**戒行随行于一切，回向菩提为利生。**

依靠戒律，能使希求寂灭涅槃者变得超胜，因为戒律如同趋往解脱的双足一般。本体的差别：菩萨的戒律住于十力者的行境，十力者是指佛陀，菩萨的戒律就是随学佛陀的戒律，与作意劣道等不相关联，并且不被大乘道的一切所断之垢所染，因此戒律无有缺失，这已说明了严禁恶行戒。戒律的所为随行于所有一切善法，防护违品，实行对治，以此作为戒律的本体，这称为摄集善法戒。为了利益一切众生，将如此护持戒律回向大菩提，即是饶益有情戒。以上略说了戒律的本体。

辛二、宣说戒律胜劣之分类分三：

一、以回向而分；二、以发心而分；三、以有无慢心而分。

壬一、以回向而分：

**欲得独觉罗汉果，破戒无知失行为，**
**回向寂灭胜菩提，勤欲妙亦住戒度。**

假设以想要证得独觉菩提、声闻阿罗汉果的心守护戒律，观待大乘而言，那位行者就已经破戒了，意乐愚昧无知，也失毁行为，因为从大义中堕落的缘故，失坏意乐和加行。如果守护戒律，回向于成就消除二障的寂灭殊胜无上菩提，那么即便那位行者以勤于享受五种欲妙的方式安住，也称为安住于戒律波罗蜜多者，因为为了殊胜道果趋入而无有退失的缘故。

壬二、以发心而分分二：
一、略说；二、广说。

癸一、略说：

**若法菩提功德生，具功德法戒律义，**
**法失利者之菩提，此谓破戒导师语。**

通过发心而对学处的法生起定解，能产生菩萨们所得的殊胜菩提功德，这就是具功德法菩萨们戒律的意义所在。以下劣等起（即发心或动机）摄持的法，能退失能利益者——菩萨们的所得大菩提果，这就称谓破大乘戒，此为导师佛所宣说。

癸二、广说分二：
一、所行殊胜；二、所止下劣。

子一、所行殊胜：

**菩萨纵享五欲妙，然皈依佛法圣僧，**
**思维成佛念遍知，当知智者住戒度。**

某某初学菩萨纵然以沉迷的方式享受五种欲妙，但如果诚心皈依佛、法、圣僧，心想我要成就佛果而不离开作意遍知，那么应当知道：通达意义的智者他就安住于戒律波罗蜜多中。

子二、所止下劣：

**俱胝劫行十善业，然求独觉罗汉果，**
**时戒有过是失戒，彼发心罪重他胜。**

假设有人在俱胝劫中行持十善业道，然而如果对声闻阿罗汉及独觉地生起希求之心，当时，大乘戒就出现了过患，实是失毁了真正的戒律。大乘行者为声闻缘觉果位发心，作为菩萨，罪业比比丘犯四他胜更为严重，因为即便是犯他胜罪，但如果没有舍弃发殊胜菩提心，仅以此就不会断绝大菩提道的缘分，而发小乘心者在没有放弃它之间，没有缘分趋入大乘的道果。

壬三、以有无慢心而分分二：
一、应取；二、应舍。

癸一、应取：

**守戒回向大菩提，无骄慢心不赞自，**
**尽除我想众生想，菩萨住戒波罗蜜。**

如果守护戒律并将此回向大菩提，而对戒律无有相执的骄慢心，不以戒律等赞叹自己，全然断除我想、众生想，那么这样的菩萨，就称为安住于戒律波罗蜜多者。

癸二、应舍分二：
一、真实应舍；二、宣说彼之对治。

子一、真实应舍：

**若行佛道菩萨思，此等具戒此破戒，**
**起种种想是破戒，失戒不具清净戒。**

假设行持大乘佛道的某某菩萨思维：这些众生是具戒者，这些是破戒者，起种种想而耽著，唯有这种想法就称为破戒，因为依靠具有耽著而轻蔑别人等的垢染已经失坏了大乘戒，那位行者不具备清净的戒律，因为他的戒律以有缘之想已经失毁了。

子二、宣说彼之对治：

**谁无我想众生想，离想贪岂有恶戒？**
**谁无执戒非戒心，导师说此是戒律。**

任何行者，具备无有我想、众生想——人无我的证悟，如此远离了耽著我之想和由它所生的贪执，那怎么会有恶戒——破戒的现象呢？因为所有不善业就是由贪执我之想的根本所致，如果没有了我执，自然就不会有罪业产生，因为因不存在的缘故。任何行者，通过了知诸法无自性而无有执著戒非戒、具戒破戒二法的心，导师佛说这就是菩萨的戒律。如果具足这种戒规，则远离所有恶行，具足圣者欢喜的戒律，也是无有缘执，因此完全清净。

庚五、宣说布施度分二：

一、了知发放布施之功德与未发放布施之过患后当欢喜布施；二、如何发放布施之理。

辛一、了知发放布施之功德与未发放布施之过患后当欢喜布施分三：

一、菩萨发放布施之方式；二、平凡者没有如此发放之过患；三、如是了知后当乐于布施之理。

壬一、菩萨发放布施之方式：

**清净有情具戒律，不见可爱不可爱，**
**施头手足无怯心，布施所有恒无执。**
**知法无性我不实，纵舍自体无怯心，**
**尔时况施身外物？无有悭吝之是处。**

相续清净的某某有情，如刚刚所讲远离想和贪执而具足清净戒律，他对于可爱不可爱一切不视为某某相，布施头颅、手足给他众，当时，没有无能为力的怯懦心，以这种方式舍施自己所拥有的一切，恒时也不会对所拥有的一切有耽著，如此了知诸法无自性、无我、依缘而起、空而不实之后，纵然施舍自己的躯体尚且不生怯懦之心，当时更何况说布施身外之物了？何时何地都无有悭吝的情况，因为无有贪执之故。

壬二、平凡者没有如此发放之过患：

**我想执物为我所，贪愚焉有施舍心？**
**吝啬转生饿鬼处，投生为人亦贫穷。**

原本无有而执为我想、将眼睛等事物执为我所具有贪执的愚者们，怎么能有如此施舍之心，他们没有。具有吝啬者将转生到饿鬼趣，即使有机会投生为人，当时也会成为贫穷者。

壬三、如是了知后当乐于布施之理：

**菩萨知众贫乏已，渴求舍施恒博施，**
**四洲庄严如唾沫，施喜得洲非如是。**

当时，诸位菩萨知晓一切众生由于吝啬所感而贫乏之后，自己断绝悭吝之心，意乐上渴求舍施，行为上恒常无遮而慷慨博施。实际上，这个庄

严的四大部洲如果没有布施而置之，那么就成了有为法无常的自性，没有可靠的实质性可言，如同唾沫也就是唾液吐出的细屑一般。如果认识到这一点，那就从无有实质中取受实质，将四大部洲布施给他众之后菩萨满怀欢喜，而获得那些大洲并非如是欢喜，其原因，正是刚刚所述的那一点。

辛二、如何发放布施之理分二：

一、真实宣说；二、彼之功德。

壬一、真实宣说分三：

一、以悲心为利他而施舍；二、以善巧方便而回向；三、不图异熟和事物而布施。

癸一、以悲心为利他而施舍：

**明智菩萨如此思，但愿依此而布施，**
**三有众生发放施。**

明智的菩萨，哪怕只是布施一口食物，也以悲心作为前提，想到：但愿依靠这样的布施，施予属于三有的所有众生，使他们拥有无罪的财富以及成就入于三乘之果，悉皆获得无上佛果。进而发放布施。

癸二、以善巧方便而回向：

**利生回向大菩提。**

发放布施的福德，也为了利益一切众生界，为了我与一切有情现前大菩提成佛而普皆回向。

癸三、不图异熟和事物而布施：

**施已于事无能住，彼永不求异熟果。**

如此菩萨发放布施以后，内心对于布施物和回报之事无有以贪执或执相能安住的心（即心里没有贪执和相执）。不仅如此，而且这种菩萨何时也不希求“布施的异熟果报将成为我所有”，不贪执事物连同异熟，为一切众生的利益而施舍。

壬二、彼之功德分二：
一、总功德；二、别功德。

癸一、总功德：

**如是知舍施一切，施少成多无有量。**

如刚刚所述，这样布施的菩萨具足善巧方便的作意而精通布施，不贪著而舍施财物与其异熟果报这一切，如此一来，即便是施舍少少的财物，也成了发放众多不可估量的布施，而且它的异熟果也将变成如此多的数目，不可限量。

癸二、别功德分二：
一、具足悲心等善巧方便之布施功德；二、无贪而施舍之功德。

子一、具足悲心等善巧方便之布施功德：

**三有无余诸众生，假设彼等无量劫，**
**供世间解佛罗汉，独觉而求声闻果。**
**善巧方便智菩萨，随喜彼等做福事，**
**利生回向大菩提，回向胜过诸群生。**
**如碔砆宝纵成堆，一琉璃宝能胜彼，**
**众生广大诸布施，随喜菩萨胜过彼。**

三有之中所有的众生无一余留，假设他们在无量劫期间，广兴供养世间解佛陀出有坏、声闻阿罗汉及缘觉，而为了求得它的果声闻菩提。如果

某某精通大乘、善巧方便的智者菩萨，在心的一个成事刹那中随喜刚刚所讲的那些众生所做的福德事，并且为了利益一切众生普皆回向最极殊胜的菩提佛果，那么仅仅依靠如此回向的一念心，就胜过一切群生的善根。比如说，碱砆宝纵然积成大堆，可是一个琉璃宝王，就能胜过那所有的碱砆宝。同样，其余众生的所有布施虽然极其广大，可是以绝妙意乐作一次随喜的菩萨已经胜过它。

子二、无贪而施舍之功德：

**若菩萨于众生施，不执我所不惜事，**
**彼生善根增大力，犹如无云上弦月。**

假设菩萨对一切众生发放布施之后，对于布施的福德不执为我所，对于所布施的事物也无有吝惜，如果以这样全无贪执的方式慷慨博施，那么发放这种布施的善根，就具足圆满资粮、断除障碍的大威力而与日俱增。布施的违品就是贪执所牵而怀有吝啬，对此根本不让贪执有机可乘，就像万里无云、具足白光的上弦月一样。

第五品终

# 第六品

戊二、宣说道之果分二：

一、分别道之果；二、道圆满之果。

己一、分别道之果：

**菩萨布施离饿鬼，中止贫穷诸烦恼，**
**行时广得无量财，布施成熟苦有情。**

菩萨的一切道无不包含在六波罗蜜多中，因此大乘和广般若的教义实际上也包括在六度中。

以上说明了这样的六度实修法。

接着阐述六度的果：

菩萨依靠布施而断绝转生饿鬼趣的相续，而且也能中止受用贫乏和一切烦恼。自己凭借发放无缘的布施，断除吝啬、无明等所有烦恼。依靠对他众作法布施，也能断除他们的一切烦恼。菩萨在行持（菩萨）行之时，生生世世能得到无量无边、有增无尽、所需要的丰富圆满、受用。财布施、法布施，归纳而言能成熟处于苦因及苦果中的一切有情。

**依戒能断旁生体，离八无暇恒得闲，**
**忍得广大微妙相，宛如金色众乐见。**

依靠戒律，能断除旁生趣种姓、身相等各不相同形形色色的本体，不仅如此，而且还能远离八无暇处，依靠持戒恒常获得闲暇的殊妙所依身份。

通过安忍，一直到能获得相好庄严、广大微妙的色相——佛身，宛若金色般可人、众生乐见。

**精进白法不减失，得无边智佛宝库，**
**禅定舍弃呵欲妙，成就明通及等持。**

依靠精进使一切白法的功德不会减退而与日俱增的威力，将获得无边智慧佛陀的功德宝库。依靠禅定，能舍弃由过患严重、安乐甚微、受到呵责的欲界欲妙，并且以现前成就三明[1]——宿命通、漏尽通、他心通，天耳通、天眼通、神境通三通[2]，总共六通，以及狮子奋迅等等持。

**依慧遍知法自性，真超无余诸三界，**
**人中之尊转宝轮，为尽苦于众说法。**

依靠智慧，能完全了知万法自性空性，进而断除实执，真正超离一切三界，成为具足二身、人中之尊法王佛陀，连续不断而旋转驾驭所有世间界的事业宝轮，为了永久灭尽一切痛苦，也为众生展示殊胜的妙法光明。

第六品终

[1] 三明：此处说是宿命通、漏尽通与他心通，另有说是宿命通、漏尽通与天眼通。

[2] 三通：这里说是天耳通、天眼通与神境通，另有说是天耳通、他心通、神境通。

# 第七品、第八品

己二、道圆满之果：

**此法圆满彼菩萨[1]，受持净土摄净情，**
**受持佛种及法种，圣僧之种一切法。**

住于大乘种姓的某位行者，从最初发菩提心起，在三大阿僧祇劫等期间，以善巧方便的方式实行所说的无余（包含）六度大乘道的此法。其中善巧方便是指什么呢？所有波罗蜜多不相脱离而归为一义，如此以相辅相成或一者具足一切进行实修，这一切也都是以成为现空无别智慧波罗蜜多之本体的方式实地修持的。通过这样实修，所有波罗蜜多的实修达到究竟圆满以后，菩萨依靠一刹那的智慧就能现前无不齐全一切无漏法现空无别的法界，获得十地相续末际的大智慧，依靠它而于无学大菩提地现前圆满佛果。之后，凭借证得的究竟转依力，而受持天边无际、不堕偏方、普皆清净的刹土——自现密严刹土，摄受内清净有情十地大菩萨为眷属。由于获得了与诸佛平等的智慧身而受持十方世界遍虚空际本师三身自性佛陀的种姓——无有时空边际的本性，也受持教法、证法的无边法脉，还受持奉行佛陀之法十方世界中无边无际的圣僧之种，以及依靠广大事业受持属于有寂利乐的一切法。法界所及的智慧身断证究竟、恒常稳固、无有迁变，以如虚空、如摩尼宝珠般任运自成的大事业乃至轮回际行持利乐，这就是获得究竟的果。

[1] 此法圆满彼菩萨：这一句是第七品的内容，其余三句是第八品。

丁三、以如是宣说之必要结尾：

**疗众生疾大明医，示慧说此菩提道，**
**摄功德宝菩提道，为众生得说此道。**

能通过彻底根除的方式疗愈众生身心的一切疾病、堪为之最的大明医，就是佛陀，而作为疾患的一切痛苦的根本就是实执，从中产生的所有烦恼，以及烦恼障和所知障所产生的有寂一切衰败，依靠所有如来的般若波罗蜜多正法甘露能够恢复。这样的医王出有坏释迦佛亲口宣说所诠般若波罗蜜多，到底有什么殊胜性呢？佛宣说了具足大乘的甚深、广大所有法的这一殊胜菩提之道。此经的名称，以世间、出世间之道果功德宝无余归集于此，故而称为摄功德宝的大菩提道。

如此宣说的必要，就是为了让无量无边的一切众生获得才解说了这样的道，这是从往昔无数劫以来“为了救度众生，我要现前成佛”的誓言已经圆满的结果。以无缘大悲，将自己所领悟的甚深究竟之法为所化众生宣讲，当时近的所化众生，直接听受佛亲口宣说，一切远的所化众生也间接听到。通过这般闻法打开思路，依靠思维理解意义，凭借观修实地修行，逐步得以成佛。无边无际智慧身平等性的一切佛陀，就是通过这种方式、以这种词句和意义，将一切众生安置于无上菩提道中。

第七品、第八品终

乙四、末义分二：

一、无余宣说剩余经义之句而总结；二、为表明来源可靠而说译师之译跋。

丙一、无余宣说剩余经义之句而总结：

**圣般若摄颂圆满！**

丙二、为表明来源可靠而说译师之译跋：

**印度堪布布雅嘎热桑哈与主校译师万得拜则（即著名三大译师之一的噶瓦拜则）由梵译藏并校勘抉择。**

以上《圣般若摄颂功德宝经》直接宣说的意义已经解释完毕。

甲二、依照间接宣说道现观而解释：

对应道现观次第的内容，当从他论（指麦彭仁波切著的《经论对照》）中了知。

此言：

善说经教之大海，堪为精华之般若，
无价珍宝之精髓，是摄功德宝神珠。

妙相满月之色身，深寂意界中安住，
吉祥喉中引生出，如此法理世稀有。

当忆真实语佛陀，临近入灭留遗嘱：
所有法理宁失毁，般若只言莫损失。

十地菩萨恒河沙，不表其智之一分，
善逝亲口所说经，讲闻著论兴趣增。

且观此法善男子，广大甚深之宝藏，
圆满二资佛智因，即此妙法当爱重。

实修现观之次第，意义明了而直叙，
注疏无垢之妙论，凭依教理窍诀著。

愿以此善生生世，悟深空性缘起义，
于如来喜之妙道，永时不复退转也。

愿我自此至成佛，世世得以增智慧，
依离自私之悲心，善巧方便行众利。

愿以思报佛恩心，受持如来诸法藏，
佛子普贤文殊同，弘扬佛业至有际。

愿见闻思此论等，于我结善恶缘者，
速除见解之稠林，安住不复退转地。

愿依法尔善说此，真谛诸佛及佛子，
令受持此慧辩才，得以发挥胜诸方。

愿此经函安放处，害佛教鬼野人等，
恶人非人众眷属，永息作害之心行。

愿诸伪法之谬论，依此加持无遗摧，
正法璀璨光明力，利乐有情与日增。

愿今时浊盛暗际，散发利他之凉光，
多种庄严得彰显，胜心上弦月升起。

愿持教尊久住世，佛法施主财富增，
佛教精华众信奉，佛教珍宝至殊胜。

愿普天下有情海，唯独由我善安置，
般若波罗蜜妙道，一切皆成圆满佛。

愿此论兴之方所，消除疾病贫困争，
意愿如法成吉祥，喜宴日日得增上。

无倒趋入佛母密意的此注释，我从小就对此法有着殊胜信解，为了使自相续中保存深法的善习等，怀有想撰著之心，以此作为近取因，应前译大圆满瑜伽持明那凑扬珠以最大的诚心再三劝请，前译自宗殊胜上师龙多也策励劝请，多闻的多昂等诸多法师劝请，以此作为俱有缘，对此法理具有坚固诚信的麦彭文殊欢喜金刚，依靠注释善说，于自寿四十七岁水龙年，于莲花生大士加持的圣地嘎姆达仓（白色虎穴）吉祥给仓古玛札士白班玛得丹洲，自六月十四开始，每天持续，一有空闲就相应写书，到本月二十八日吉时，缘起圆满，撰著完毕，依此愿遍及十方三时，无偏不断殊妙弘法利生。愿增吉祥！

2008 年 8 月 26 日<br>藏历土鼠年六月二十五<br>译毕于色达喇荣静处

# 佛说佛母宝德藏般若波罗蜜经

西天译经三藏朝散大夫试光禄卿明教大师臣法贤奉诏译

## 卷上

### 行品第一

尔时世尊。为令四众各得欢喜。说是般若波罗蜜经使获利乐。即说伽陀曰

所有菩萨为世间　　灭除盖障烦恼垢
发净信心住寂静　　当行智度彼岸行
诸江河流阎浮提　　华果药草皆得润
龙王主住无热池　　彼龙威力流江河
亦如佛子声闻等　　说法教他方便说
乐最圣行求果报　　此诸如来胜威德
云何佛说此法眼　　令诸弟子如佛学
自证教他及方便　　此亦佛力非自力
最上般若不可知　　非心可知非菩提
如是闻已不惊怖　　彼菩萨行知佛智

色受想行识皆无　　不着纤尘无处所
彼若不住一切法　　行无受想得菩提
菩萨若求出家智　　照见五蕴无实相
知此不求于寂静　　彼是菩萨之行智
复次云何智所得　　照见一切法皆空
不着不惊照见时　　自觉觉他诸菩萨
色受想行及识蕴　　是蕴见行而不知
菩萨照见蕴皆空　　行无相化不着句
无色受想行识等　　不行是名无相行
若行不得最上智　　无相寂静三摩地
若菩萨行自寂静　　过去诸佛咸授记
身苦乐等皆不及　　由知因果法本性
若行于法不可得　　行如是行乃佛智
行无所行了知已　　是行最上般若行
彼无所有不可得　　愚痴着相谓有无
有无二法皆非实　　出此了知乃菩萨
菩萨若知诸幻化　　色受想行识亦然
寂静行离种种相　　此名最上般若行
善友方便令知觉　　使闻佛母不惊怖
恶友同行及化他　　坏器盛水非坚牢
云何得名为菩萨　　一切乐行皆无著
求佛菩提无所著　　是故得名为菩萨
云何得名摩诃萨　　得第一义众生中
断众生界诸邪见　　是故得名摩诃萨
大施大慧大威德　　佛乘最上而得乘
发菩提心度众生　　是故得名摩诃萨
幻化四足俱胝数　　多人众前悉截首

一切世界皆幻化　　菩萨知已得无怖
色受想行识缠缚　　知不实已不求解
行菩提心无所著　　此名最上诸菩萨
云何得名为菩萨　　乘大乘行度众生
大乘体相如虚空　　菩萨由得安隐乐
大乘之乘不可得　　乘涅槃往诸方所
行已不见如火灭　　是故名为入涅槃
菩萨所行不可得　　初后现在三清净
清净无畏无戏论　　是行最上般若行
大智菩萨行行时　　发大慈悲为众生
为已不起众生相　　是行最上般若行
菩萨起念为众生　　修诸苦行有苦相
是有我相众生相　　此非最上般若行
知自及诸众生等　　乃至诸法亦复然
生灭无二无分别　　是行最上般若行
乃至所说世界等　　名离一切生灭法
最上无比甘露智　　是故得名为般若
菩萨如是所行行　　了知方便无所求
知此法本性非实　　是行最上般若行
若不住色亦无受　　亦不住想亦无行
复不住识住正法　　是名最上般若行

## 帝释品第二

欢喜地摄布施波罗蜜伽陀

常与无常苦乐等　　我及无我悉皆空
不住有为及无为　　住无相行佛亦然

若求声闻缘觉等　　乃至佛果亦复然
不住此忍不可得　　如渡大河不见岸
若闻此法彼定得　　成等正觉证涅槃
见于一切如自身　　是大智者如来说

佛子当住四补特伽罗。是行大智行。一真实善法。二不退心。三应供离垢无烦恼无求。四善友同等

大智菩萨如是行　　不学声闻及缘觉
乐学如来一切智　　是学非学名为学
学不受色不增减　　亦复不学种种法
摄受乐学一切智　　若此功德出离者
色非有智非无智　　受想行识亦复尔
色性自性如虚空　　平等无二无分别
妄想本性无彼岸　　众生之界亦复然
虚空自性亦同然　　智慧世间解亦尔
智慧无色佛所说　　离一切想到彼岸
若人得离诸想已　　是人语意住真如
彼人住世恒沙劫　　不闻佛说众生声
众生不生本清净　　是行最上般若行
佛说种种之语言　　皆具最上般若义
过去佛为我受记　　于未来世证菩提

## 持无量功德建塔品第三

无垢地摄持戒波罗蜜伽陀

若人常受持般若　　所作上应诸佛行
刀剑毒药水火等　　乃至诸魔不能为
若人于佛灭度后　　建七宝塔以供养

如是圆满千俱胝　　佛刹恒沙等佛塔
众生无边千俱胝　　以妙香华涂香等
供养三世无边劫　　所有功德之数量
不及书写于佛母　　诸佛由此而得生
若受持读诵供养　　功德倍胜于佛塔
大明般若诸佛母　　能除苦恼遍世界
所有三世十方佛　　学此明得无上师
行般若行利有情　　使学大智证菩提
有为无为诸快乐　　一切乐从般若生
譬如大地植诸种　　得和合生种种色
五波罗蜜及菩提　　皆从般若所生出
又如轮王出行时　　七宝四兵为导从
若依佛母最上行　　一切功德法集聚

## 功德品第四

发光地摄忍辱波罗蜜伽陀

帝释有疑问佛曰　　恒河沙数等佛刹
佛界圆满如芥子　　能受佛刹般若力
如是了知般若已　　此界云何不供养
譬如人王人所重　　住般若者合亦尔
佛界般若摩尼宝　　具一切德价无比
经函安处经有无　　供养悉获宝功德
佛灭供养于舍利　　不及供养于般若
若乐受持供养者　　是人速得证解脱
首行布施波罗蜜　　次戒忍进及禅定
受持善法不可坏　　彼一一生一切法

如阎浮提种种树　　百千俱胝无数色
虽一一树影皆别　　无量影同一名摄
五波罗蜜五名异　　般若波罗复一名
一切回施为菩提　　一味同归菩提名

## 福量品第五

焰慧地摄精进波罗蜜伽陀

彼色受想行识等　　菩萨观照悉无常
各各现行而不知　　非法非生智者见
无色无受想行识　　是法无得复无生
了知一切法皆空　　是名最上般若行
如化恒沙等佛刹　　诸众生证罗汉果
若能书写此般若　　令他受持功德胜
如佛修行云何学　　信重般若诸法空
速证声闻及缘觉　　乃至无上正觉尊
世间无种不生树　　枝叶华果悉无有
无佛谁指菩提心　　亦无释梵声闻果
如日舒光照诸天　　普使成就种种业
佛智菩提心亦然　　从智生诸功德法
如无热池无龙主　　即无河流阎浮提
无河华果悉不生　　亦无大海种种宝
世间无佛无大智　　无智功德不增长
亦无佛法诸庄严　　无菩提海等等宝
譬如世间萤有光　　一切萤光集一处
比日一光照世间　　微尘数分不及一

## 随喜功德品第六

难胜地摄定波罗蜜伽陀

所有声闻众功德　　布施持戒观照行
不及菩萨发一心　　随喜福蕴之少分
所有俱胝那由他　　无边佛刹千俱胝
过去现在佛说此　　法宝为断一切苦
先发最上菩提心　　至成正觉及入灭
彼量所有佛功德　　咸成方便波罗蜜
及彼声闻学无学　　有漏无漏诸善法
菩萨等一普回施　　当为世间证菩提
菩萨施已不住心　　住心即名众生相
有见有念名著相　　非是菩萨之回施
如是施非无相施　　是法当知有灭尽
若作非法非施心　　乃可得名为回施
作有相施非真施　　无相回施证菩提
如上妙食杂毒药　　自法着相亦如是
是故回施应当学　　如佛众善悉当知
若生若相若威力　　悉皆随喜而回施
以功德施佛菩提　　菩萨之施皆无相
此施佛许而印可　　如是得名勇猛施

## 地狱品第七

现前地摄智慧波罗蜜伽陀

无量盲人不见道　　无一得入于城郭
修六度行阙般若　　无力不能成菩提

譬如画像不画眼　　因无眼界无功德
若有受行于智慧　　得名有眼及有力
有为无为黑白法　　如微尘等不可得
智慧观照如虚空　　故名般若出世间
菩萨谛信行佛行　　度那由他苦众生
如是若着众生相　　此非般若最上行
菩萨若行最上行　　过去未曾求大智
今闻般若如佛想　　速证寂静佛菩提
过去信佛那由他　　不信般若波罗蜜
或生嗔恨或诽谤　　是人少智堕阿鼻
若人乐证诸佛智　　不能信重诸佛母
如商入海欲求宝　　返失于本而复还

## 清净品第八（此品摄第九叹品）

远行地摄方便波罗蜜伽陀

色清净故果清净　　果色二同一切智
若一切智清净时　　如虚空界不断坏
菩萨出过于三界　　断尽烦恼而现生
无老病死现灭度　　斯即是行般若行
世间欲色之淤泥　　愚人处中如风旋
亦如鹿在屋中转　　智者如禽飞虚空
若不着色无受想　　亦无行识乃清净
如是离诸烦恼垢　　解脱名佛大智行
菩萨如是行大智　　得离诸相脱轮回
如日解脱罗睺障　　光明普遍照世间
火烧草木及树林　　如一切法性清净

作如是观亦非观　　如是最上般若行

## 称赞功德品第十

不动地摄愿波罗蜜。善慧地摄力波罗蜜伽陀

帝释天主问佛言　　云何菩萨行智慧
佛答微尘数蕴界　　无此蕴界之菩萨
菩萨久行应可知　　于俱胝佛作胜缘
新学闻此生邪疑　　或不乐求而不学
又如人行深恶道　　忽见边界牧牛人
心得安隐无贼怖　　知去城郭而非遥
若闻最上般若已　　复得乐求佛菩提
如获安隐得无怖　　心超罗汉缘觉地
譬如人住观大海　　先见大山大树林
见此所爱祥瑞境　　必达大海知非远
菩萨若发最上心　　闻此般若波罗蜜
虽未授记于佛前　　此证菩提亦非远
如见春生诸草木　　知有华实而非遥
若人手得此般若　　得证菩提亦非远
亦如女人怀其妊　　十月满足必诞生
菩萨若闻宝德藏　　速成正觉之祥瑞
若行般若波罗蜜　　见色非增亦非减
见法非法如法界　　不求寂静即般若
行者若不思佛法　　不思力足及寂静
离思非思无相行　　是行最上般若行

## 魔品第十一

法云地摄智慧彼岸伽陀

佛告善现汝谛听　凡夫声闻缘觉地
斯即名为如来地　一切如一彼无疑
所有称赞离言说　从彼遍照如来时
乃至成所之作智　住持大金刚佛地
观察无相住虚空　应知不断佛种故
善现白佛言世尊　云何菩萨之魔事
佛言菩萨魔事多　我今为汝略宣说
有无数魔种种变　当书最上般若时
速离天宫如电灭　来于世间作魔事
或有示现乐欲说　或不听受返嗔恨
不说名姓及氏族　如是魔事咸应知
愚痴无智无方便　无根宁有枝叶等
闻般若已别求经　如弃全象返求足
如人先得百味食　或得稻饭为上味
菩萨先得般若已　弃舍乐求罗汉果
或为乐求于利养　心着族姓留种迹
舍彼正法行非法　是魔引入于邪道
若人闻此最上法　当于法师深信重
法师知魔不应着　身适悦及不适悦
复有无数种种魔　娆乱无数苾刍众
欲求持诵此般若　不能获得无价宝
佛母般若实难得　初心菩萨欲乐求
若十方佛而摄受　一切恶魔不能为

# 卷中

## 现世品第十二

如母爱子子疾病　　当令父母心忧恼
十方诸佛般若生　　般若摄受亦复尔
过现未来三世佛　　遍十方界亦复然
皆从佛母般若生　　众生心行无不摄
如是世间诸如来　　乃至缘觉及罗汉
迨及般若波罗蜜　　皆一味法离分别
过现大智诸菩萨　　各各住此法空行
彼诸菩萨如实已　　是故如来名作佛
般若园林华果盛　　佛依止故甚适悦
十力诸根等净众　　乃至声闻众围绕
般若波罗蜜高山　　十力诸佛而依止
三涂众生悉救度　　度已不起众生相
师子依山而大吼　　诸兽闻已皆恐惧
人师子依般若吼　　外道邪魔悉惊怖
如日千光住虚空　　普照大地诸相现
法王住般若亦然　　说度爱河之妙法
色无相以受无相　　乃至想行亦复然
识亦如是五法同　　是法无相佛佛说
起虚空见众生相　　虚空无相不可得
佛说法法非相应　　不说非有非无相

## 不思议品第十三

若如是见一切法　　一切我见悉皆舍

佛行法及声闻等　　皆从般若而成就
如王不行于国邑　　所有王务而自办
菩萨离相依般若　　自然获佛功德法

## 譬喻品第十四

若菩萨发坚固心　　修行最上般若行
超过声闻缘觉地　　速能证得佛菩提
如人欲渡于大海　　所乘船舫忽破坏
不依草木命不全　　若得依附达彼岸
若人不发坚信心　　依于般若求解脱
溺轮回海无出期　　处生老死常苦恼
若有信心持般若　　解有无性见真如
是人获福智有财　　速证最上佛菩提
如人担水用坏器　　知不坚牢速破坏
若用坚牢器盛水　　而无破坏无忧怖
不见具信诸菩萨　　远般若行求退堕
能发信心持般若　　证大菩提超二地
未有商人欲入海　　不造坚固大船舫
依坚固船无怖畏　　获多珍宝到彼岸
信心菩萨亦如是　　离般若行远菩提
若修最上大智行　　当得无上菩提果
如百岁人复病患　　是人不能自行立
若得左右扶侍者　　随意行往无所怖
菩萨般若力微劣　　往菩提岸不能到
兼行最上方便行　　得佛菩提无挂碍

## 天品第十五

所有菩萨住初地　发信心行般若行
为求无上菩提故　亲近善友及智者
大智功德云何获　当从般若波罗蜜
如是一切诸佛法　功德皆从善友得
修行六度般若行　一一回施于菩提
佛蕴非有不可求　勿为初地如是说
菩萨修行功德海　救度世间无度者
求菩提意离颠倒　说最上法如电光
发于最上菩提心　不求名称不嗔恚
离蕴识界及三乘　不退不动不可取
于如是法得无碍　达甚深理离妄想
闻般若信及化他　知此菩萨住不退
彼甚深法佛难知　无有人得不可得
为利益故证菩提　此非初心众生知
众生愚痴复盲冥　乐住世间求境界
法无所住无取得　从无所住生世间

## 如实品第十六

东方虚空界无边　南西北方亦如是
乃至上下及四维　无种种相无分别
过去未来及现在　一切佛法及声闻
一切如实不可得　不可得故无分别
菩萨乐求如是法　应行方便般若行
离种种相即菩提　菩萨离此无由证
如鸟能飞百由旬　折翅翼故飞无半

忉利天及阎浮人　　忘失般若故自坠
难修前五波罗蜜　　经多俱胝那由劫
复以广大愿资持　　离方便堕声闻位
乐行佛智心平等　　犹如父母观一切
当行利益及慈悲　　常宣善软妙言教

## 不退地祥瑞品第十七（此品摄普遍光明佛地）

时须菩提瞻仰问　　不退菩萨何殊胜
离言声相云何说　　愿佛说彼功德藏
不住沙门婆罗门　　及行十善离三涂
大智离于种种相　　如山谷响声相应
若欲法无碍行化　　一向善说诸言教
行住坐卧四威仪　　一念观心悉通达
三业清净如白衣　　不为利养故乐法
降魔境界及化他　　观四禅定而不住
不求名誉无嗔恚　　乃至在家尘不染
或为富贵及脱命　　不染纤毫之欲尘
本来寂静无所有　　更互相相业所缘
若求清净不退时　　当行最上般若行
求正遍知心柔顺　　不求二地离边地
为法舍命如须弥　　是名不退之菩萨

## 空品第十八

色受想行识甚深　　本来寂静而无相
如海之深杖莫测　　得般若蕴亦如是
菩萨知此甚深法　　住真如乘不可染

六尘十二界体空　　无蕴宁有所得福
如人思彼染欲境　　心着女色如目见
乃至日日心所行　　菩萨思觉亦如是
若多俱胝劫布施　　罗汉缘觉持戒者
不如说行般若法　　百千万分不及一
若菩萨观般若理　　安住说法而无相
回施一切证菩提　　彼三界师无有等
所说成就而无相　　非空非实不可得
若如是行名觉智　　得受成就义无边
于一念知一切法　　信佛所说及他说
演说俱胝那由劫　　法界不增亦不减
此得名佛波罗蜜　　菩萨于中而说法
如名施已心不着　　亦不言证无上觉

## 昂誐天姊品第十九

譬如灯光从众缘　　假以膏油芯火等
光非芯火及膏油　　非火非芯光不有
或有菩萨初发心　　不求无上菩提果
岂唯不得证菩提　　亦复不得寂静故
从种生树及华果　　无种华果悉皆无
发心不为佛菩提　　修行终远菩提果
从种子生麦谷等　　彼果非有亦非无
佛菩提果亦如幻　　离彼有性及无性
譬如涓滴水细微　　渐次必能盈大器
初心为求无上果　　久修白法终能证
行空无相无愿行　　不求寂静无行相
亦如船师善济渡　　不着两岸非中流

菩萨修行无所著　　乃得受佛菩提记
若了菩提非所有　　此即是行佛般若
譬如疾疫饥馑道　　菩萨中行无怖畏
小人知已悉往来　　得无苦恼如微尘

## 善解方便品第二十

菩萨奉行佛般若　　了知本来蕴不生
佛法众生界悉空　　以空三昧起悲智
如人有德力最胜　　善解一切幻化法
乃至器仗及工巧　　而能一向为世间
彼人父母妻及子　　游行远路多冤中
是人勇猛众所知　　安乐还家无怖畏
大智菩萨为众生　　安住第一三摩地
降伏四魔离二乘　　亦复不求佛菩提
譬如虚空无所有　　风水火地皆依住
世间众生得快乐　　虚空无意住非住
菩萨住空亦如是　　现于世间种种相
以众生智及愿力　　非彼寂静非空故
若菩萨行大智时　　住空寂静三摩地
此中不见一切相　　亦复不见彼非相
菩萨行此解脱门　　非求寂静非行相
如鸟飞空而往来　　非住虚空非住地
亦如有人习射法　　习之不住经多岁
射法久习得尽妙　　一一箭发无不中
最上般若行亦尔　　修习智慧及方便
直至众善悉圆满　　方获最上神通力
若苾刍证神通力　　现神变化住虚空

行住坐卧四威仪　　经俱胝劫不退倦
住空菩萨亦如是　　修无相行到彼岸
行种种行现世间　　经俱胝劫不退倦
如人经险遇大风　　二手持盖心专注
是人怖险不能行　　直至无风乃前进
大智菩萨住大悲　　智慧方便为二手
执空无相愿法盖　　见法不住于寂静
如人求宝往宝洲　　获宝安隐而还家
是人心足而快乐　　岂有眷属心苦恼
诣空宝洲亦如是　　获得根力禅定宝
菩萨不住欢喜心　　令诸众生离苦恼
商人为利悉所经　　聚落国城诸里巷
虽达宝所亦非住　　大智善道而复还
大智菩萨悉了知　　声闻缘觉解脱智
乃至佛智亦非住　　何况行彼有为道
大智菩萨为世间　　住空无相愿三昧
若得寂静无所著　　乃可得知于无为
譬如人生人未识　　称其名故众乃知
菩萨若行解脱门　　于解脱门众知识
菩萨闻彼甚深法　　而于诸根悉照明
住空无相无愿法　　无退无思无授记
观于三界如梦幻　　不求声闻缘觉地
如佛说法为世间　　名不退地应授记
知诸众生堕三涂　　发愿刹那灭恶道
以真实力灭火蕴　　名不退地应授记
诸恶宿曜及鬼神　　作种种疫恼世间
真实愿力悉灭除　　无我能作应授记

## 魔业品第二十一

我得授记非能所　　是实愿力得增长
若见授记及能所　　是名执著及少智
菩萨有执魔即知　　现亲友相来娆恼
或作父母七代人　　言汝名此佛可证
魔所现作无数相　　皆云愍汝作利乐
菩萨闻已有所忻　　是名少智魔所著
或住城隍及聚落　　山林旷野寂静处
自称己德毁他人　　应知少智为魔作
虽住城隍聚落中　　不求声闻缘觉证
此心为度众生故　　我说是名为菩萨
五百由旬山险深　　共诸恶兽多年住
若见逼迫着我慢　　若无分别知菩萨
菩萨住彼为世间　　得力解脱三摩地
彼着山野寂静行　　此亦知彼魔所作
虽住城隍及山野　　乐佛菩提离二乘
修如是行利世间　　一念如秤名菩萨

## 善友品第二十二

有大智者依师学　　速疾得证无上觉
亦如良医除众患　　学从善友心无疑
菩萨行佛菩提行　　依彼善友波罗蜜
此最上地能调伏　　为二种事证菩提
过去未来十方佛　　行此正道无异路
行佛菩提最上行　　说波罗蜜如电光
如彼般若空无相　　知诸法相亦如是

了知一切法皆空　此即名行佛般若
系着色欲及饮食　常在轮回不休息
此愚迷人所见倒　于不实法生实想
譬如得食疑有毒　以虚妄见而不食
愚人妄心生我想　以我想故有生死
亦如恒说诸烦恼　于诸烦恼不着相
烦恼清净俱无有　如是菩萨知般若
如阎浮提诸众生　皆发无上菩提心
多千俱胝劫布施　回施一切证菩提
若复有人于一日　奉行最上般若行
千俱胝施不及一　行般若功无为故
菩萨大悲行般若　度众生故不起想
恒行乞食于国城　是得一切名大智
菩萨欲度于人天　乃至三涂极苦众
皆令速到于彼岸　昼夜勤行于般若
如人欲求无价宝　必过大海诸险难
无心忽尔而获得　忧恼皆除喜无量
求菩提宝亦如是　勤行般若诸功德
得无取舍无上宝　菩萨速证于菩提

# 卷下

## 法王品第二十三

日出光明照世间　　云幻焰散黑闇灭
所有萤光及众星　　乃至满月皆映蔽
菩萨住空无相愿　　行于最上大智行
罗汉缘觉证皆超　　一切邪见俱能破
譬如王子施财宝　　自在能利诸众生
众生欢喜悉随顺　　无疑当得嗣王位
菩萨勤行大智行　　施甘露法利群生
一切人天悉爱乐　　决定当证法王位

## 我品第二十四

魔恐菩萨证法王　　虽处天宫常忧恼
放火掣电现诸相　　欲令菩萨生退惧
大智菩萨心不动　　昼夜常观般若义
如鸟飞空心泰然　　一切魔事无能为
菩萨若起嗔怒心　　于昼夜分或斗诤
时魔欢喜而精勤　　菩萨是远于佛智
菩萨或诤或嗔怒　　毗舍左鬼得其便
入彼菩萨身心中　　令退菩提魔所作
菩萨授记未授记　　或起嗔怒或斗诤
乃至心念皆过失　　知已倍更勤修行
菩萨思念于诸佛　　皆从忍辱证菩提
忏悔如说持正行　　是如佛法而修学

## 戒品第二十五

若学戒法有作相　　而于戒法不善学
知戒非戒无二相　　如是乃名学佛法
若有菩萨住无相　　受持不离名持戒
于佛法学乐承事　　是名善学而无著
是大智者如是学　　心永不生不善法
如日虚空而往来　　放百千光破黑闇
若学般若住无为　　能摄一切波罗蜜
六十二见身见摄　　般若摄受亦复尔
譬如有人具诸根　　命根灭故诸根灭
若诸菩萨行大智　　亦行一切波罗蜜
声闻缘觉诸功德　　大智菩萨悉皆学
虽学非住亦非求　　所学之学此为义

## 幻化品第二十六

若发志心而随喜　　最上菩提不退行
三千须弥重无量　　随喜善法重过彼
众生为求解脱法　　一切随喜作福蕴
作佛功德法回施　　当为世间尽诸苦
菩萨不着诸法空　　了知无相无挂碍
内心亦不求觉智　　是行最上波罗蜜
如虚空界无障碍　　无所得故亦不有
大智菩萨亦复然　　住寂静行如虚空
如有幻师作幻人　　众人见幻而皆喜
幻人虽现种种相　　名字身心俱不实
行般若行亦复然　　为世间说证菩提

乃至种种所作事　　如幻师现悉无著
佛佛化现诸佛事　　所作皆无彼我相
菩萨大智行亦然　　一切现行如幻化
如木匠人心善巧　　一木造作种种相
菩萨大智亦复然　　无著智行一切行

## 妙义品第二十七

大智菩萨行如是　　天人合掌恭敬礼
乃至十方佛刹中　　亦得功德鬘供养
假使恒河沙佛刹　　所有众生皆作魔
一一毛变无边相　　不能娆动于菩萨
大智菩萨有四力　　而彼四魔不能动
空行亦不舍众生　　菩萨慈悲处利乐
佛母般若波罗蜜　　菩萨了知深信重
内心真实而奉行　　应知是行一切智
法界如实不可得　　由如虚空无处所
如天宫殿应念生　　亦如飞禽思果树
大智菩萨如是行　　住彼寂静之功德
法不可见亦无说　　菩提非得非不得
所有声闻及缘觉　　修行寂静三摩地
爱乐寂静得解脱　　唯佛超出于一切
菩萨依禅到彼岸　　不住寂静行如空
如禽飞翔不堕地　　如鱼水中行自在
菩萨若为诸众生　　当求未曾有佛智
施与最上第一法　　此名最上行行者

## 散华品第二十八

如来说戒波罗蜜　　一切戒中为第一
智者欲奉一切戒　　当学佛戒波罗蜜
今此法藏诸佛母　　为最第一快乐所
过现未来十方佛　　生此法界而无尽
一切树林华果等　　皆从大地而生长
大地不厌亦不着　　不减不增复不倦
佛及声闻缘觉等　　天及世间安隐法
皆从般若之所生　　般若无增亦无减
世间上中下众生　　一切皆从无明生
因缘和合转苦身　　无明无增亦无减
乃至方便诸法门　　皆从般若所生出
彼方便法随缘转　　般若无增亦无减
菩萨了知十二缘　　乃至般若无增减
如日云中放光明　　破无明障证菩提

## 聚集品第二十九

大菩萨修四禅定　　如所爱乐而无住
或复不住于四禅　　当得最上之菩提
得最般若住禅定　　四无色等三摩地
为得最上大禅定　　而复不学诸漏尽
此功德藏未曾有　　行三摩地而无相
住彼不破于我见　　有心所思生欲界
譬如南阎浮提人　　未生诸天生北洲
见彼境界而求生　　作彼住已而复还
菩萨所修之功德　　三摩地行而相应

虽同凡夫住欲界　　由如莲华不着水
菩萨度脱于众生　　圆满净土波罗蜜
不求生于无色界　　而求菩提波罗蜜
譬如天人获宝藏　　虽得不生爱乐心
或言天人而起心　　欲收彼宝不可得
大智菩萨不乐住　　四禅寂静三摩地
出彼寂静三摩地　　而入欲界为世间
若菩萨行三摩地　　不乐罗汉及缘觉
乃至散乱凶恶心　　无知迷乱无功德
色声香味触五欲　　及彼缘觉声闻等
如是之法悉远离　　等引不离菩提心
菩萨一向为众生　　修行精进波罗蜜
由如奴仆事其主　　利于众生亦如是
如仆事主心专注　　虽被嗔辱而无对
凡所动止常在心　　唯恐彼主责其过
菩萨为求佛菩提　　如奴事主利众生
证得无上菩提已　　利生如火烧草木
昼夜勤行利他行　　利已内心无我相
如母爱子常卫护　　寒暑虽苦心无倦

## 常欢喜品第三十

菩萨爱乐为众生　　修治佛刹清净行
恒行精进波罗蜜　　无如微尘心退倦
大智菩萨俱胝劫　　久修苦行为菩提
不离精进波罗蜜　　无懈怠心终得证
从初发心为菩提　　乃至得获寂静证
恒于昼夜行精进　　大智菩萨应如是

有言能破于须弥　　方证无上菩提果
闻已懈怠而退心　　是彼菩萨之过失
大智菩萨闻是言　　谓须弥卢甚微小
于一念间可破坏　　亦不住证佛菩提
于身心语行精进　　度脱世间作大利
或着我相起懈怠　　而不能证佛菩提
无身心相无众生　　离诸相住不二法
为求无上佛菩提　　是行精进波罗蜜
大智菩萨行利乐　　令人闻言悉欢喜
说法无说无听人　　名最上忍波罗蜜
譬如宝满三千界　　施佛缘觉及罗汉
不如知法忍功德　　百千万分不及一
持忍菩萨得清净　　三十二相到彼岸
一切众生悉爱乐　　闻法信受而调伏
或有众生以栴檀　　涂菩萨身为供养
或有持火遍烧然　　行平等心无嗔喜
大智菩萨持是忍　　或为缘觉及声闻
乃至世间诸众生　　悉皆回向佛菩提
譬如世间贪五欲　　甘忍三涂无边苦
菩萨为求佛菩提　　今何不勤持忍辱
割截首足劓耳鼻　　禁缚捶拷诸楚毒
如是苦恼悉能忍　　是住忍辱波罗蜜

## 出法品第三十一

持戒当得高名称　　亦复证得三摩地
持戒为利诸众生　　后当证于佛菩提
心重缘觉及声闻　　及见破戒说他过

虽实持戒为菩提　是名持戒行五欲
欲证菩提功德法　持戒具足行利乐
若行毁破于尸罗　是则灭坏于菩提
菩萨虽乐受五欲　归命佛法及圣众
念我当证一切智　是住尸罗波罗蜜
菩萨经历俱胝劫　奉行十善无间断
心乐缘觉及罗汉　是犯波罗夷重罪
持戒回向佛菩提　而不作念求自益
但念利他诸众生　是则持戒波罗蜜
菩萨若行诸佛道　于众生离种种相
不见破戒诸过患　此为最上善持戒
菩萨要离于诸相　无我无人及寿者
不着戒相及行相　是则持戒之殊胜
如是具足而持戒　一切无碍无分别
头目手足施无吝　一切所爱皆无著
了知法本空无我　乃于此身无恋着
况外财物而不舍　及彼非处而嫉妒
于内外施生我慢　是菩萨病非为施
或起嫉妒生鬼趣　或得为人处贫贱
知彼众生贫贱因　菩萨发心恒布施
施如四洲草木数　如是广大亦无相
大智菩萨行施已　复念三有诸众生
菩萨亦为彼众生　悉皆回向于菩提
如是行施无所著　亦复不求于果报
名大智者为一切　施因虽少果无量
乃至三有诸众生　一切皆以尊重施
如供养佛及菩萨　缘觉声闻之功德

大智菩萨以方便　　用彼施福行回向
当令一切众生类　　皆悉证得无上觉
如假琉璃宝大聚　　不及一真琉璃宝
回施世间一切众　　不及回施无上觉
菩萨行施于世间　　不作我慢无所爱
修行而得大增长　　如月离障出云中

## 善护品第三十二

菩萨布施济贫乏　　令得富盛度苦恼
果报永灭饿鬼趣　　及得断除诸烦恼
持戒远离畜生趣　　舍八非念得正念
忍辱当得最上色　　如金世间悉爱乐
精进善法获无边　　所有功德不可尽
修行禅定离五欲　　从等持得神通明
智获无边佛法藏　　慧了诸法本来因
佛知三界诸过咎　　为转法轮灭诸苦
菩萨此法得圆满　　佛刹清净众生净
受持佛种并法种　　圣众种及一切法
医世间病最上师　　以智慧说菩提方
宝德藏有种种药　　令众生服悉证道